ROSEMARIE GLÄSER

Phraseologie der englischen Sprache

Max Niemeyer Verlag Tübingen 1986

CIP-Kurztitelaufnahme der Deutschen Bibliothek

Gläser, Rosemarie:
Phraseologie der englischen Sprache / Rosemarie
Gläser. – Tübingen : Niemeyer, 1986.

ISBN 3-484-40109-5

© VEB Verlag Enzyklopädie Leipzig 1986
Alle Rechte vorbehalten. Ohne ausdrückliche Genehmigung des Verlages
ist es nicht gestattet, dieses Buch oder Teile daraus auf photomechanischem
Wege zu vervielfältigen.
Printed in the German Democratic Republic
Lizenzausgabe

Inhaltsübersicht

Vorbemerkung		7
Abkürzungsverzeichnis		9
1.	**Gegenstand und Betrachtungsweisen der Phraseologie**	13
1.1.	Der Gegenstand der Phraseologie: die festen Wortverbindungen	13
1.2.	Die Betrachtungsweisen der Phraseologie	16
1.2.1.	Der Zeichencharakter des Phraseologismus	16
1.2.2.	Die usuelle Geltung des Phraseologismus	19
1.2.3.	Die syntaktische und semantische Festigkeit des Phraseologismus	20
1.2.4.	Zum Verhältnis von Phraseologie, Wortbildungslehre und Syntax	22
1.2.5.	Die Arten der Bedeutung des Phraseologismus	25
1.2.5.1.	Die denotativ-wörtliche Bedeutung	26
1.2.5.2.	Die denotativ-übertragene Bedeutung	28
1.2.5.3.	Konnotationen	31
1.2.6.	Die intensivierende Funktion des Phraseologismus	37
1.2.7.	Phraseologismus und Kollokation	38
1.3.	Der Umfang des phraseologischen Materials	44
1.4.	Grundbegriffe der Phraseologie	50
1.5.	Diachronische Aspekte der Phraseologie	51
2.	**Das Idiom als Prototyp des Phraseologismus**	54
2.1.	Die Graduierung der Idiomatizität	55
2.2.	Grammatische Kriterien der Idiomatizität (Anomalien)	59
2.3.	Die Klassifizierung von Idiomen nach Wortarten	61
3.	**Nichtidiomatisierte Phraseologismen**	63
3.1.	Nominationen	63
3.1.1.	Substantivische Phraseologismen	63
3.1.2.	Adjektivische Phraseologismen	66
3.1.3.	Verbale Phraseologismen	67
3.1.4.	Adverbiale Phraseologismen	69
3.2.	Propositionen	70
4.	**Typologie der Idiome**	71
4.1.	Nominationen	71
4.1.1.	Substantivische Idiome	71
4.1.1.1.	Unilaterale substantivische Idiome	71
4.1.1.2.	Bilaterale substantivische Idiome	75
4.1.1.3.	Multilaterale substantivische Idiome	81
4.1.2.	Adjektivische Idiome	81
4.1.2.1.	Unilaterale adjektivische Idiome	82
4.1.2.2.	Bilaterale adjektivische Idiome	84
4.1.2.3.	Multilaterale adjektivische Idiome	86
4.1.3.	Verbale Idiome	86
4.1.3.1.	Unilaterale verbale Idiome	87
4.1.3.2.	Bilaterale verbale Idiome	90

4.1.3.3.	Multilaterale verbale Idiome	96
4.1.4.	Adverbiale Idiome	97
4.1.4.1.	Unilaterale adverbiale Idiome	97
4.1.4.2.	Bilaterale adverbiale Idiome	99
4.1.4.3.	Multilaterale adverbiale Idiome	101
4.1.5.	Idiomatisierte Präpositionen und Konjunktionen	101
4.2.	Satzähnliche Idiome (Propositionen)	103
4.2.1.	Sprichwörtliche Redensarten	105
4.2.2.	Sprichwörter	109
4.2.2.1.	Semantische, syntaktische und stilistische Merkmale des Sprichworts	110
4.2.2.2.	Soziolinguistische Einordnung der Sprichwörter nach ihrer Herkunft	115
4.2.3.	Gemeinplätze	119
5.	**Anspielungen, Zitate und Losungen**	122
5.1.	Anspielungen	122
5.1.1.	Anspielungen auf die Bibel	123
5.1.2.	Anspielungen auf die Antike	123
5.1.3.	Anspielungen auf die antike Literatur (Zitatfragmente)	124
5.1.4.	Anspielungen auf Werke der englischen Literatur	125
5.2.	Zitate	125
5.3.	Losungen	126
6.	**Routineformeln**	129
6.1.	Begrüßungs- und Abschiedsformeln	132
6.2.	Glückwunschformeln	135
6.3.	Erkundigungsformeln	135
6.4.	Entschuldigungsformeln	136
6.5.	Bedauernsformeln	137
6.6.	Ermutigungs- und Beschwichtigungsformeln	138
6.7.	Erwiderungsformeln	139
6.8.	Zustimmungsformeln	140
6.9.	Ablehnungsformeln	142
6.10.	Einschränkungsformeln	143
6.11.	Warnformeln	144
6.12.	Aufforderungsformeln	145
6.13.	Erstaunensformeln	148
6.14.	Beteuerungsformeln	149
6.15.	Rhetorische Formeln	150
7.	**Die kommunikative Funktion des Phraseologismus**	153
7.1.	Phraseologismen in Texten des Tagesjournalismus	154
7.2.	Phraseologismen in Texten der Belletristik	157
7.3.	Phraseologismen in Fachtexten	161
8.	**Der Phraseologismus als Übersetzungsproblem**	165
8.1.	Äquivalenzbeziehungen im Sprachsystem	166
8.2.	Äquivalenzbeziehungen im Text	170
9.	**Schlußbemerkung**	179

Anmerkungen 180

Deutsch-englisches Terminusverzeichnis 189
Literaturverzeichnis 191
Sachindex 197

Vorbemerkung

Ziel dieser Einführung ist es, das Inventar der phraseologischen Einheiten der englischen Gegenwartssprache in einem systematischen Überblick unter synchronischem Gesichtspunkt darzustellen. Dabei wird das System der Phraseologie nicht auf den zentralen Bereich der festen Wortverbindung in nominativer Funktion eingeschränkt, sondern auf den peripheren Bereich, der satzähnliche Einheiten (Sprichwörter, geflügelte Worte, Gemeinplätze, Routineformeln usw.) einschließt, erweitert. Diese Betrachtungsweise steht im Einklang mit der Auffassung der Phraseologie im weiteren Sinne, wie sie in der neueren Forschung auf dem Gebiet der Anglistik, Germanistik, Romanistik und Slawistik vertreten wird. Schwerpunkt der Untersuchung der Phraseologie des Englischen sind die Modelle und Typen von Phraseologismen im System der Lexikologie und die Funktion von Phraseologismen in der sprachlichen Tätigkeit, d.h. ihre pragmatische Funktion und stilistische Wirkung im Text- und Situationszusammenhang. Deshalb wird dieser aus der kommunikativ-funktionalen Sprachbetrachtung abgeleitete und für die Praxis des Fremdsprachenunterrichts notwendige Analyseaspekt an Textsorten verschiedener Funktionalstile in einem gesonderten Kapitel veranschaulicht. Die Dialektik von Sprachsystem und Sprachverwendung wird weiterhin erläutert an dem Verhältnis von Norm als der im Lexikon fixierten Form eines Phraseologismus (insbesondere eines Idioms) und seiner Variabilität im individuellen Sprachgebrauch, die zu okkasionellen Modifikationen von Idiomen in unterschiedlichen Textsorten zu unterschiedlichen Zwecken führen und bei usueller Verbreitung auf das Sprachsystem zurückwirken kann.

Um Bedürfnissen der Sprachpraktiker entgegenzukommen, wurden unter dem Gesichtspunkt der Sprachtätigkeit auch einige Probleme erörtert, die bei der Übersetzung von Phraseologismen entstehen, und an Textbeispielen aus Übersetzungen von Werken der Belletristik illustriert.

Durch die Vielzahl der theoretischen Ansatzpunkte, methodischen Verfahren und Anwendungsaspekte, die sich aus der komplexen Betrachtung von System- und Tätigkeitsaspekt der Sprache und insonderheit auf dem hier zu untersuchenden Teilgebiet der Lexikologie ergeben, kann diese Einführung in die Phraseologie der englischen Gegenwartssprache nicht auf ein bestimmtes Lehrprogramm der studentischen Ausbildung zugeschnitten sein, sie gestattet vielmehr eine spezifische Auswahl für die Ausbildung von Lehrerstudenten und Erwachsenenbildnern, von Sprachmittlern und nicht zuletzt von Fachübersetzern.

Das phraseologische Material wurde aus folgenden Wörterbüchern gewonnen: *Oxford Advanced Learner's Dictionary of Current English* (1974); *Oxford Dictionary of Current Idiomatic English.* Vol. 1: *Verbs with Prepositions and Particles* (1975), *Oxford Dictionary of Current Idiomatic English.* Vol. 2: *Phrase, Clause and Sentence Idioms* (1983); *Longman Dictionary of Contemporary English* (1978); *Longman Dictionary of English Idioms* (1979) und *Chambers Idioms* (1983).

Zur Veranschaulichung der kommunikativen Funktion von Phraseologismen im Text wurden Romane der englischen und amerikanischen Gegenwartsliteratur, Pressetexte und Fachtexte verschiedener Gebiete herangezogen. In den Überblicksdarstellungen zu den Modellen und Typen der phraseologischen Einheiten ist nahezu jedes Beispiel mit einer Wörterbucheintragung belegt, wobei jedoch bis auf wenige Fälle auf die Angabe der Quelle verzichtet wurde, da sich die Wörterbucheintragungen weitgehend entsprechen.

Das gesamte Manuskript wurde von Mr. Alan Purkiss, Lektor für Englisch an der Sektion

Fremdsprachen der Karl-Marx-Universität Leipzig, unter dem Gesichtspunkt der stilistischen Einordnung der Phraseologismen sowie der Interpretation ihrer konkreten Funktion im Text überprüft. Für zahlreiche wertvolle Hinweise ist ihm die Verfasserin zu Dank verpflichtet.

Rosemarie Gläser

Abkürzungsverzeichnis

Allgemeine Abkürzungen

ae	altenglisch
AE	Amerikanisches Englisch
ALD	Oxford Advanced Learner's Dictionary of Current English
apprec.	(appreciative) aufwertend
arch.	(archaic) archaisch
BE	Britisches Englisch
coll.	(colloquial) umgangssprachlich
comp.	(complement) Ergänzung
derog.	(derogatory) verächtlich, geringschätzig
Dm	Derminatum ‚Grundwort'
Ds	Determinans ‚Bestimmungswort'
euph.	(euphemistic) euphemistisch, verhüllend
F	Formativ
facet(ious)	scherzhaft
fig.	(figurative) bildhaft
frne.	frühneuenglisch (ca. 1500–1700)
humor.	(humorous) humorvoll
impol.	(impolite) unhöflich
jmd.	jemand(em/en)
joc.	(jocular) scherzhaft
LD	Longman Dictionary of Contemporary English
LDEI	Longman Dictionary of English Idioms
lit.	(literary) literarisch gehoben
math.	(mathematical) aus der Mathematik
med.	(medical) medizinisch
mil.	(military) militärischer Fachwortschatz
nau.	(nautical) Fachwortschatz der Seefahrt
old-fash.	(old-fashioned) veraltend
ODCIE 1	Oxford Dictionary of Current Idiomatic English, Vol. 1
ODCIE 2	Oxford Dictionary of Current Idiomatic English, Vol. 2
o. s.	(oneself) selbst
p.	(page) Seite
poet.	poetisch
QS	Quellensprache
rhet.	(rhetoric) rhetorisch
S	Semem
sb.	(somebody) jemand
sl.	(slang) salopp-umgangssprachlich
s o.	(someone) jemand

sth.	(something) etwas
usu.	(usual(ly)) usuell verwendet
vol.	(volume) Band
vs.	(versus) im Gegensatz zu
ZAA	Zeitschrift für Anglistik und Amerikanistik
ZS	Zielsprache
+	vor einer Wortform oder einem Satz bedeutet: nicht normgerecht, abweichend
<	entstanden aus; zurückzuführen auf

Wortarten

A = Adj.	(adjective) Adjektiv
Adv.	(adverb) Adverb
Art./art.	(article) Artikel
def. ~	(definite article) bestimmter Artikel
nondef. ~	(non-definite article) unbestimmter Artikel
zero- ~	Nullartikel
N (noun)	Substantiv
NP	(nominal phrase) Nominalphrase
Part.	(particle) Partikel
PP	(prepositional phrase) Präpositionalphrase
poss. pron.	(possessive pronoun) Possessivpronomen
prep.	(preposition) Präposition
V_i	(intransitive verb) intransitives Verb
V_t	(transitive verb) transitives Verb

Semantische Komponenten

<ABSTRACT>	abstract (Abstraktum)
<ACTIVITY>	activity (Tätigkeit)
<ANIM>	animate (belebt)
<ANIMAL>	animal (Tier, tierisch)
<APPROVAL>	approval (positive Bewertung)
<ARTEFACT>	artefact (vom Menschen hergestelltes Produkt)
<COGNITIVE>	cognitive (auf eine geistige Tätigkeit bezogen)
<COMMON NOUN>	common noun (Appellativum)
<COUNT>	countable (zählbar)
<DOMESTIC>	domestic (Haustier, häuslich)
<EFFICIENCY>	efficiency (Tüchtigkeit, Effektivität)
<EMOTIONAL>	emotional (emotional)
<EVALUATIVE>	evaluative (bewertend)
<FULLGROWN>	fullgrown (ausgewachsen)

<Habitual>	habitual (gewohnheitsmäßig)
<Human>	human (menschlich)
<Imaginary>	imaginary (imaginär)
<Male>	male (männlich)
<Mass Noun>	mass noun (Mengenbezeichnung)
<Material>	material (materiell, stofflich)
<Nature>	nature (Naturerscheinung)
<Non-Count>	non-countable (nicht zählbar)
<Non-Physical>	non-physical (nicht gegenständlich)
<Phenomenon>	phenomenon (Phänomen, Erscheinung)
<Plant>	plant (Pflanze, pflanzlich)
<Proper Noun>	proper noun (Eigenname, nomen proprium)
<Quality>	quality (Eigenschaft, Qualität)
<Relation>	relation (Beziehung, Verhältnis)
<Social Behaviour>	social behaviour (soziales Verhalten)
<Specifiable>	specifiable (spezifizierbar)
<Substance>	substance (Stoff, Substanz)
<Temporal>	temporal (zeitlich)

Prädikats- und Rollentypen

Actional	actional (Handlung)
Agentive	agentive (Handlungsträger)
Dative	dative (Empfänger)
Objective	objective (affiziertes Objekt)

1. Gegenstand und Betrachtungsweisen der Phraseologie

1.1. Der Gegenstand der Phraseologie: die festen Wortverbindungen

Eine linguistische Darstellung des Wortschatzes der englischen Gegenwartssprache muß neben den produktiven Mustern der Wortbildung, die zu neuen Benennungseinheiten führen, auch solche Prozesse berücksichtigen, die größere Fügungseinheiten aus Einzelwörtern hervorbringen bzw. hervorgebracht haben. Als Lehre von den Lexemen hat die **Lexikologie** einerseits die Aufgabe, durch ihre Teildisziplin, die **Wortbildungslehre**,[1] die Bildungsweise und Motiviertheit komplexer Wörter (z. B. Komposita, Ableitungen, Kurzformen und Initialwörter) zu beschreiben und Modelle für Reihenbildungen herauszuarbeiten. Andererseits hat sie die Aufgabe, auch solche lexikalischen Einheiten zu erfassen, die aus Wortgruppen mit einer stabilen morphologischen Struktur bestehen und eine komplexe, nicht immer motiviert erscheinende Bedeutung aufweisen. Diese lexikalischen Einheiten, die gewöhnlich als **Wortgruppenlexeme** oder **Phraseologismen**[2] bezeichnet werden, sind Gegenstand der **Phraseologie** (abgeleitet von griech. *phrasis* = Ausdruck und *logos* = Begriff, Lehre), derjenigen Disziplin der Lexikologie, die der Wortbildungslehre unmittelbar benachbart ist. Obwohl beide Teildisziplinen im Grunde der gleiche Objektsbereich – der Wortschatz (Lexembestand) der Sprache – verbindet und beide die gleichen lexikologischen Begriffe und Beschreibungsmethoden verwenden, wählen sie einen jeweils unterschiedlichen Gegenstandsbereich der Lexik als ihren speziellen Analysegegenstand aus.

Die **Wortbildungslehre** untersucht die komplexen Wörter nach ihren Unterscheidungsmerkmalen gegenüber einfachen Wörtern[3] und klassifiziert die Modelle und Typen, nach denen komplexe Wörter unterschiedlicher semantischer Motiviertheit gebildet sind. So identifiziert die synchronisch orientierte Wortbildungslehre z. B. die lexikalische Einheit *man* als einfaches Wort, das traditionell auch als Wortstamm oder Simplex bezeichnet wird, während sie als komplexe Wörter solche Komposita aufweist wie *manpower* 'the number of workmen needed for a certain type of work, as in industry, the army, or police', *manhour* 'a measure of the amount of work done by one man in one hour', *manslaughter* 'law: crime of killing a person, unlawfully but not intentionally', *manhole* 'an opening, usu. with a cover, on or near the road, through which a man can go down to a place where underground pipes and wires can be examined, repaired, etc.' und solche Ableitungen wie *superman, manhood, manly* und *salesmanship*.

Nur für die historisch bzw. diachronisch orientierte Wortbildungslehre[4] ist es in diesem Zusammenhang interessant, daß *woman* ursprünglich ebenfalls ein komplexes Wort ist und sich etymologisch aus einem Kompositum (ae *wif* + *mon(n)* mit anschließender Assimilation des Reibelautes) herleitet. In der Gegenwartssprache ist seine Motivation jedoch verdunkelt, so daß *woman* nur noch als einfaches Wort bzw. Simplex gilt. (Vgl. dazu auch 1.5.)

Am Rand der Wortbildungslehre und bereits im Bereich der Phraseologie liegen dagegen die **mehrgliedrigen Lexeme** oder **Wortgruppenlexeme**, die mit den Regularitäten, nach denen die Bedeutung eines komplexen Wortes aus den Bedeutungen seiner Konstituenten erschlossen wird, nicht mehr erfaßt werden können. Kaum noch ersichtlich ist der Motivationszusammenhang der einzelnen Konstituenten solcher Wortgruppenlexeme wie *man in the street* 'the average person who represents general opinion', *man about town* 'a rich man who does not work but spends his time at social gatherings, in clubs, theatres', *man of the world* 'an experienced man who knows how people behave', *man of God* 'a priest', *man of letters* 'writer or scholar', *man-of-war* 'a warship of the navy' und *best man* 'bridegroom's friend, supporting him at his wedding'. Daraus erhellt, daß die Bedeutungen der Wortgruppenlexeme ähnlich komplex wie ihre Formativstrukturen sind und aus den Einzelbedeutungen der Konstituenten (bzw. Einzelwörter) nicht mehr erschlossen werden können.

Solche Fügungen als Benennungseinheiten des Wortschatzes werden von der Phraseologie als einer Teildisziplin der Lexikologie im Detail untersucht. Der Gegenstandsbereich der Phraseologie ist aber durch seine offenen Grenzen zur Syntax zugleich weiter als derjenige der Lexikologie. An der Grenze zwischen Phraseologie und Wortbildungslehre liegen die in traditionellen Darstellungen der englischen Wortbildung behandelten **Wortverbände** bzw. **phrases**.[5] Auf die enge Beziehung zur Syntax verweist der Terminus **feste Syntagmen**,[6] eine mögliche Bezeichnung für Phraseologismen sowohl in der Funktion von **Nominationen** als auch von **Propositionen**. Nominationen sind Benennungseinheiten für **Objektabbilder**. Propositionen bestehen aus einer Nomination und einer Prädikation (die in einzelnen Fällen in der Formativstruktur eines Phraseologismus auch reduziert sein kann) und bezeichnen **Sachverhaltsabbilder**. Der Phraseologismus in nominativer Funktion ist durch verschiedene Wortarten vertreten:

Substantive: *man jack* 'a man considered as a single person, in the phrase: every man jack', *man Friday* 'a male general helper who can be trusted';

Adjektive: *man-to-man* 'open' in *(a) man-to-man talk;*

Verben: *to be man and wife* 'to be married';

Adverbien: *to the last man* 'all without exception'; *as one man* 'with the agreement of every one'; *man and boy* 'from boyhood onwards'.

Phraseologismen in propositionaler Funktion umfassen z. B. Sprichwörter wie *Like master, like man* 'If the master is a good employer, the man is a good employee – and vica versa'; *Clothes make the man* und Routineformeln wie *Be a man!* ('Be brave!')

Die angeführten Beispiele mit dem gleichen Stammlexem *man* veranschaulichen, daß der Phraseologismus als Nomination und als Proposition oft durch eine übertragene (meist metaphorische) Bedeutung charakterisiert und somit idiomatisiert ist. Im Grunde ist das Merkmal „Idiomatizität" auch für die Wortbildungslehre von Belang, insofern als bei einem Teil der Komposita eine Konstituente übertragene Bedeutung haben kann, so daß diese an die Stelle der „wörtlichen" denotativen Bedeutung tritt.

Die Idiomatizität beschränkt sich aber nicht auf die Bedeutungsübertragung, sondern kann auch aus anderen semantischen Beziehungen der Konstituenten eines komplexen Worts oder eines Wortgruppenlexems resultieren. Eine solche teilweise übertragene Bedeutung hat z. B. das Kompositum *frogman* 'a skilled underwater swimmer who wears a special apparatus on head and back for breathing, who works under water'. Aus den Konstituenten des Kompositums ist diese Wörterbuchdefinition jedoch nicht ableitbar. Die

Tiermetapher (*frog*) bezeichnet lediglich eine Ähnlichkeit des Bewegungsablaufes bei einem Taucher und einem unter Wasser schwimmenden Frosch. Sie beruht auf einem Analogon, das von der Alltagserfahrung der Sprachträger abgeleitet ist, aber nicht aus der semantischen Zuordnung der Einzelkonstituenten resultiert. *Frogman* repräsentiert daher keineswegs dasselbe Bildungsmuster wie *dustman* 'man employed to remove waste material from dustbin'; eine Interpretation wie 'man who removes frogs from ponds' wäre hier abwegig. An diesem Beispiel zeigt sich bereits ein wesentlicher Unterschied zwischen einem idiomatisierten und einem nichtidiomatisierten Kompositum. Für die Wortbildungslehre sind die idiomatisierten Komposita nicht die dominierende Klasse komplexer Wörter; für die Phraseologie sind dagegen idiomatisierte Wortgruppenlexeme (*man-of-war, pick-me-up, son-in-law*) gerade das Typische. Idiome bilden ihren Kernbereich in allen Wortarten. Das Betonungsmuster zweigliedriger Benennungseinheiten kann dagegen nicht als eindeutiges Kriterium für die Abgrenzung zwischen Wortbildungslehre und Phraseologie angesehen werden, vgl. *frogman* ' – – , *best man* ' – ¸ – , *man Friday* ' – ' – . Idiomatisierte Komposita werden traditionell im Bereich der Wortbildung, nicht aber der Phraseologie[7] behandelt (vgl. ausführlicher 1.2.4.).

Als Teildisziplin der Lexikologie hat die Phraseologie die Aufgabe, die semantischen, syntaktischen und funktionalen Eigenschaften der Phraseologismen (Nominationen und Propositionen) als System zu beschreiben. Die Mehrheit der wortähnlichen Phraseologismen sind keine Einzelbildungen im Sinne unikaler Prägungen, sondern lassen sich grundsätzlich wie die komplexen Wörter in Modelle und Typen einteilen, auch wenn sich einige Phraseologismen einer strengen Einordnung entziehen. In ihrer Gesamtheit bilden die Phraseologismen einen wesentlichen Bestandteil des Wortschatzes einer jeden Sprache und sind Ergebnis der sprachgeschichtlichen Entwicklung, in deren Verlauf die idiomatisierten Wortgruppen eine komplexe Bedeutung angenommen haben. Als lexikalische Einheiten gliedern sie sich organisch in den Gesamtwortschatz ein. Als anwendungsbereite Einheiten sind Phraseologismen im Lexikon gespeichert und brauchen im täglichen Sprachverkehr nur abgerufen zu werden. In der konkreten Sprechsituation werden sie nicht generiert, sondern nur reproduziert. Sie stehen daher dem Sprecher als vorgeprägte Einheiten zur Verfügung, die in den Satz nur einzugliedern sind. Diese Feststellung schließt jedoch nicht aus, daß in der englischen Gegenwartssprache neue Phraseologismen entstehen können, wenn neue Begriffe Benennungen in Form eines Wortgruppenlexems erforderlich machen.

Wenn eingangs die Phraseologismen mit Bezug auf die Nominationen als **feste Wortverbindungen** bezeichnet wurden, so ist darunter zu verstehen, daß sie nicht beliebig abgewandelt werden können, sondern daß sich ihre Eingliederung in den Satz nach syntagmatischen und paradigmatischen Regeln der Grammatik vollzieht. Diese gelten z. B. für die Pluralbildung, für die Zeitformen, für die Flexion der Pronomen usw. Vgl.:

woman of the world: Big girls they were, in long skirts and with their hair done up, looking older than I did, or felt, and apparently far more *women of the world.*

to eat one's heart out: I know now that mother *must have been eating her heart out* while I was in Cambridge ...

to talk shop: The worst blight on the teaching profession is the woman who can think and *talk nothing but shop.*[8]

Das letztgenannte Beispiel deutet bereits gewisse syntagmatische Variationsmöglichkeiten eines Phraseologismus im Kontext an. Okkasionelle Abwandlungen in der individuellen Sprachverwendung sind durchaus möglich, doch finden sie selten ihren Niederschlag im Lexikon. Von solchen gelegentlichen Variationen sind aber diejenigen Phraseologismen zu unterscheiden, die innerhalb des Sprachsystems in begrenztem Umfang Varianten, darunter Synonyme, aufweisen: *as weak as a baby/a kitten/a cat/water; to sleep like a log/a top; Achilles' heel – the heel of Achilles.* Aufgrund ihrer Lexikalisierung sind diese Varianten jedoch kein Gegenbeweis für die prinzipielle Bestimmung des Phraseologismus als feste Wortverbindung, weil es, wie im Detail noch nachzuweisen ist (vgl. 1.2.3.), unterschiedliche Grade der Stabilität eines Phraseologismus gibt. Gegenstand der Phraseologie sind vorrangig die usuellen, lexikalisierten Wortgruppenlexeme (einschließlich ihrer synonymen Varianten einzelner Konstituenten), denen auch okkasionelle Bildungen, die in Texten unterschiedlicher Kommunikationsbereiche jederzeit möglich sind, zugeordnet werden können.

Die in den Randbezirk der Phraseologie fallenden Propositionen (z. B. Sprichwörter, Zitate, Routineformeln s. S. 14) sind feststehende, nur zu reproduzierende Formulierungen, die von einem konkreten Sachverhaltsabbild abstrahiert und zu einem großen Teil im Lexikon gespeichert sind. Auch sie sind okkasionellen Abwandlungen in der konkreten Sprechsituation unterworfen, so daß Varianten entstehen können (vgl. 4.2.2.).

1.2. Die Betrachtungsweisen der Phraseologie

In erster Annäherung wurde der Phraseologismus als Wortgruppenlexem, als feste Wortverbindung, bestimmt. Diese Definition kann nun dahingehend präzisiert werden:

> Ein **Phraseologismus** ist ein usuelles Wortgruppenlexem, das sich durch syntaktische und semantische Stabilität, durch potentiell mehrere Arten der Bedeutung sowie fakultativ durch eine intensivierende Funktion im Text auszeichnet.

Die Definitionselemente dieser für **Nominationen** geltenden Begriffsbestimmung sollen im folgenden Kapitel zugleich im Zusammenhang mit den Betrachtungsweisen der Phraseologie in synchronischer Sicht dargestellt werden. Die Spezifik der **Propositionen** wird im Kap. 1.3. behandelt.

1.2.1. Der Zeichencharakter des Phraseologismus

Als lexikalische Einheit hat der Phraseologismus – wie jedes beliebige Wort – Zeichencharakter. Er benennt ein Denotat der objektiven Wirklichkeit (z. B. eine Erscheinung, einen Gegenstand, ein Lebewesen, eine Handlung, einen Vorgang oder Zustand, eine Eigenschaft oder Relation) und hat somit die gleiche nominative Funktion wie ein nichtphraseologisches Lexem. Deshalb werden Phraseologismen in nominativer Funktion auch als **Wortäquivalente**[9] bezeichnet. Sie verteilen sich auf die Wortarten Substantiv, Adjektiv, Verb, Adverb und auf die Funktionswörter Präposition und Konjunktion und können – mit Ausnahme der Funktionswörter – im Satzkontext bei Wahrung der denotativen Bedeutung durch ein nicht-phraseologisches Lexem ersetzt oder durch ein Syntagma zumindest umschrieben werden.

Vgl. die folgenden Beispiele, die den Phraseologismus als Wortart und seine Substituierbarkeit im Satz vorstellen:

Wortart	Phraseologismus	Substitution/Paraphrase
Substantiv	*red tape*	*officialdom; bureaucratism*
	bread and butter	*livelihood; money*
	every Tom, Dick and Harry	*everyone*
Adjektiv	*shipshape and Bristol-fashion*	*orderly*
	born under a lucky star	*successful and happy*
Verb	*to rack one's brains*	*to think hard*
	to go the way of all flesh	*to die*
	to eat one's heart out	*to grieve bitterly*
Adverb	*by leaps and bounds*	*quickly*
	in next to no time	*rapidly*
Präposition	*in spite of*	–
	by virtue of	–
Konjunktion	*in order to*	–

Bei einer solchen Substitution ist aber von vornherein zu berücksichtigen, daß sie in der Regel nur die Möglichkeit bietet, die denotativ-wörtliche Bedeutung des Phraseologismus wiederzugeben, daß sie aber keine adäquate Entsprechung zu seinen expressiven und stilistischen Konnotationen sein kann,[10] da sie in den meisten Fällen die Bildhaftigkeit des Phraseologismus aufhebt.

Mit den einfachen wie mit den komplexen Wörtern teilt der Phraseologismus die Grundeigenschaft, daß er eine **untrennbare Einheit von Formativ und Semem** bildet. Doch im Unterschied zu diesen Lexemen besteht er nicht aus einer einzigen Wortform, sondern aus zwei oder mehr graphematisch meist getrennten Wortformen, die zwar ihrerseits freie Morpheme als Lexikoneinheiten sind, aber im Phraseologismus, der per definitionem ein Wortgruppenlexem darstellt, eine enge semantische Bindung eingehen. Die für den Phraseologismus typische Mehrgliedrigkeit hat insofern Konsequenzen für die Konstituierung seines Semems, als seine Gesamtbedeutung nicht aus der linearen Folge der einzelnen Wortbedeutungen hervorgeht; das Semem des Phraseologismus ist keine Addition der Einzelbedeutungen, sondern vielmehr ein Produkt aus den einzelnen Semem-Komponenten der Konstituenten, das eine neue semantische Qualität ergibt. Diese Besonderheit des Phraseologismus läßt sich durch einen Vergleich mit der Komponentenstruktur eines einfachen sowie eines komplexen Wortes wie folgt darstellen:[11]

einfaches Wort (Simplex)	komplexes Wort (Kompositum)	
bird	*bird-watcher*	
F(ormativ)	F_1	F_2
S(emem)	S_1	S_2
<+Phenomenon>	Determinans	Determinatum
<+Specifiable>	D_s	D_m
<+Countable>	<+Phenomenon>	<+Phenomenon>
<+Material>	<+Specifiable>	<+Specifiable>
<+Animate>	<+Countable>	<+Countable>
<+Animal>	<+Material>	<+Material>
<−Human>	<+Animate>	<+Animate>
<±Domestic>	<+Animal>	<+Animal>
<±Fullgrown>	<−Human>	<+Human>
	<±Domestic>	<±Male>
	<±Fullgrown>	<+Activity>
		<±Habitual>

Das Kompositum *bird-watcher* sagt etwas über die Tätigkeit des Handlungsträgers aus ('one who studies the habits of birds'), wobei diese nicht unbedingt regelmäßig ausgeübt zu werden braucht. Die Prädikats- und Rollentypen[12], die den propositionalen Gehalt dieses Kompositums ausmachen, sind AGENTIVE^{Dm} + (ACTIONAL) + OBJECTIV^{Ds} + (DATIVE). Der menschliche Handlungsträger ist durch die Komponenten <+Human>, <±Male> und <±Habitual> ausgewiesen. Durch die Komponentenkonfiguration beider Konstituenten ist das Kompositum analysierbar, so daß seine Gesamtbedeutung tatsächlich aus den Bedeutungen der Konstituenten hervorgeht. Ein anderes Ergebnis entsteht, wenn man den Phraseologismus *the/an early bird* hinsichtlich seiner denotativ-wörtlichen Bedeutung in der gleichen Weise darzustellen versucht.

Function word	Wortgruppenlexem	
the/an	*early*	*bird*
article	F_1	F_2
def/non-def	S_1	S_2
	<+Quality>	<+Phenomenon>
	<−Physical>	<+Specifiable>
	<+Relation>	<+Countable>
	<+Temporal>	<+Material>
		<+Animate>
		<+Animal>
		<−Human>
		<±Domestic>
		<±Fullgrown>

Aus dieser Konfiguration der Semem-Komponenten ist lediglich die denotativ-wörtliche Bedeutung dieses Wortgruppenlexems etwa als „a bird early in the year" oder „a bird early in the morning" ableitbar. Sie sagt hingegen nichts über die denotativ-übertragene Bedeutung im Sinne einer anthropomorphen Metapher aus. Die Bedeutung 'a clever, efficient, successful person' entsteht nur durch die Auswahl bestimmter Komponenten der Sememe *early* und *bird* und durch das Hinzutreten neuer Komponenten zu dem Semem *bird*, wobei die Komponenten unterhalb von <ANIMAL> getilgt und durch neue ersetzt werden, etwa <+HUMAN>, <+EVALUATIVE>, <+APPRECIATIVE>, <+EFFICIENCY>. Daraus folgt: Die denotativ-übertragene Bedeutung des Wortgruppenlexems ist aus den Komponenten der denotativ-wörtlichen Bedeutungen der es bildenden Einzelwörter (d. h. aus deren Sememen) nicht mehr ableit- und darstellbar; die lexikalisierte Metapher bedarf einer gesonderten Konfiguration, die nur durch die Hinzufügung neuer Komponenten möglich ist. An diesem Beispiel zeigen sich zugleich die Grenzen der Darstellbarkeit des propositionalen Gehaltes von Lexemen mit Hilfe semantischer Merkmale: Idiome lassen sich mit dem Inventar der Prädikats- und Rollentypen nicht beschreiben. Wie aber gerade die Zusammensetzung des phraseologischen Wortschatzes zeigt, sind die **Idiome** der **Prototyp des Phraseologismus**, wenngleich es daneben auch nichtidiomatisierte Phraseologismen als Wortgruppenlexeme gibt. Unter dem Gesichtspunkt der potentiellen Idiomatizität kann nun die zu Beginn dieses Kapitels gegebene Arbeitsdefinition des Phraseologismus folgendermaßen erweitert werden:

> Ein **Phraseologismus** ist ein stabiles, usuelles Wortgruppenlexem, dessen Formativ sich aus mehreren Konstituenten (Einzelwörtern) zusammensetzt und dessen Semem aus einer spezifischen Auswahl und Kombination von Semem-Komponenten der Konstituenten entsteht, wobei zusätzlich neue Komponenten und im Extremfall solche Komponenten hinzutreten können, die keinerlei Bezug zur denotativ-wörtlichen Bedeutung der Konstituenten mehr haben, was zur **Idiomatisierung** des Phraseologismus führt.

1.2.2. Die usuelle Geltung des Phraseologismus

Die usuelle Geltung trifft für alle Einheiten des Lexikons zu, das den Wortschatz einer Sprachgemeinschaft registriert, definiert und zum Teil auch normiert. Zwar können unter den Phraseologismen okkasionelle Bildungen in der Alltagskommunikation, in der Presse und Publizistik, in der Belletristik und in verschiedenen anderen Tätigkeitssphären[13] entstehen und eine begrenzte Verwendung finden, doch sind sie für den phraseologischen Wortschatz insgesamt nicht repräsentativ. Kennzeichnend für den Phraseologismus ist gerade, daß er lexikalisiert ist, daß seine Verwendung bestimmten situativen Beschränkungen unterliegt und daß er bis zu einem gewissen Grade sogar institutionalisiert ist. Diese Feststellung gilt für Nominationen wie für Propositionen (insbesondere Routineformeln, vgl. Abschnitt 6). Diese Merkmale sind besonders für den Sprachvergleich und die Übersetzung in die Fremdsprache relevant (vgl. Abschnitt 8).

1.2.3. Die syntaktische und semantische Festigkeit des Phraseologismus

Einen überzeugenden Nachweis für die syntaktische und semantische Festigkeit des Phraseologismus liefern der **Eliminierungs-** und der **Substitutionstest**. Eine willkürliche Eliminierung von Konstituenten formt den Phraseologismus zu einem Syntagma um und entzieht ihm gleichzeitig seinen idiomatischen Gehalt, selbt wenn das entstehende Syntagma grammatisch korrekt ist. Als Beispiel soll das verbale Idiom *to kill two birds with one stone* gelten. Der Eliminierungstest führt zu anderen propositionalen Aussagen, wenn er auf eine oder mehrere Konstituenten angewandt wird:

        to kill birds with one stone
        to kill birds with stones (vs. birdshot)
        to kill with one stone (Objekt wird nicht spezifiziert)
        to kill two birds with stone(s).

Dieser Versuch zeigt außerdem, daß die Zahlwörter *two* und *one* inhaltlich motiviert sind und gerade die antithetische Aussage dieses Idioms bilden. Sie sind somit unverzichtbare Bedeutungskonstituenten.

In ähnlicher Weise ist eine Substitution von Konstituenten bei einem Idiom in der Regel ausgeschlossen. Selbst ein begrenzter Austausch mit Hilfe synonymer Varianten oder aufgrund eines ähnlichen tertium comparationis ist nur dort möglich, wo diese Varianten bereits lexikalisiert sind (vgl. S.88). Wenn auch semantisch-syntaktisch und empirisch möglich, aber unidiomatisch, wären folgende Syntagmen:

        to kill three birds with one stone
        to kill two sparrows with one stone
        to kill two birds with two stones
        to finish two birds with one stone
        to kill two birds with one bullet
        to kill two birds with a rifle usw.

Unter der prinzipiellen semantischen und syntaktischen Stabilität eines Phraseologismus ist zu verstehen, daß er eine festgefügte Einheit des Lexikons ist und daß seine syntagmatische und paradigmatische Eingliederung in den Satz nach syntaktischen Regeln erfolgt. Seine Festigkeit ist jedoch nicht absolut zu sehen, sondern kann im Laufe der Zeit durch den Sprachgebrauch gelockert und durch usuelle Varianten einzelner Konstituenten modifiziert werden.

Der Eliminierungs- und Substitutionstest sind nicht die einzigen Verfahren, mit denen man die Festigkeit eines lexikalisierten Phraseologismus überprüfen kann. Andere sind die **Aufhebung der Negation** (*in next to no time* →⁺ in next to some time), die **Passivtransformation** (*to kick the bucket* →⁺ the bucket was kicked), der **Austausch des Artikels** (*to drop a brick* →⁺ to drop the brick) usw. Diese Verfahren sind allerdings wenig zur Ermittlung morphologischer und synonymer Varianten geeignet. Einen Einblick in die tatsächlichen und potentiellen Varianten einzelner Konstituenten von Phraseologismen kann man erst anhand eines repräsentativen Korpus dieser Wortgruppenlexeme aus allgemeinsprachlichen englischen Wörterbüchern und Idiomsammlungen gewinnen. Besonders wertvoll sind dabei Angaben aus Texten der Gegenwartssprache, die auf Tendenzen einer veränderten Verwendung von Phraseologismen hinweisen.[14] Daran zeigt sich, daß Idiome synonyme Varianten einzelner Konstituenten bilden können, ohne dadurch aber die Stilebene zu wechseln, was sonst ein häufiges begleitendes Merkmal eines Synonyms ist. In einigen Fällen erreicht das Variantenangebot das Ausmaß einer Reihenbildung, wodurch die oft postulierte Unikalität des konkreten Phraseologismus[15] in Frage gestellt wird. Die Variabilität von Konstituenten, die im Lexikon bereits verzeichnet ist, kann daher eher als Beweis für die **relative Stabilität** des Phraseologismus gelten.

Eine untergeordnete Rolle spielen hierbei morphologische Varianten wie *Achilles' heel* vs. *the heel of Achilles; Procrustes' bed* vs. *the bed of Procrustes; a labour of Hercules* vs. *a Herculean labour*. Stärker verbreitet sind synonyme oder funktional motivierte Varianten substantivischer, adjektivischer, verbaler oder adverbialer Konstituenten eines Phraseologismus.

Varianten von Substantiven:

to be in *accord/harmony/tune* with sb./sth.; *to have a flair/gift* for; to tear to *pieces/shreds*; to pull oneself up by one's *bootlaces/bootstraps*; to bury one's *head/face* in one's *apron/bedclothes/handkerchief*; to make the best of a bad *job/bargain*.

Weit verbreitet sind **Varianten des tertium comparationis** bei stereotypen Vergleichen:

to swear like *a trooper/a bargee/a fishwife*; to work like *a horse/a slave/a navvy*; as thick as *a cable/hailstones/blackberries/thieves*; as black as *coal/ink/jet/midnight/pitch/soot*. (Zu den adjektivischen und verbalen Vergleichen s. Abschnitt 4.1.2.1. und 4.1.3.1.)

Varianten von Adjektiven:

a *holy/sacred* cow; a *closed/sealed* book; a *silent/sleeping* partner.

Varianten von Verben:

to *clean/cleanse* the Augean stables; to *put/fill* new wine in old bottles; to *close/shut* one's eyes to sth.; to *wriggle/squirm* like an eel.

Varianten von Adverbien:

every now and *then/again*; *on/upon* my word.

Vereinzelt können auch **Varianten von Präpositionen** auftreten:

in/at the dead of night.

Eine andere Form der Abwandlung von Phraseologismen, die aber eine allgemeine lexikalische Erscheinung darstellt, sind komplementäre **Analogiebildungen**. So entstand nach dem Idiom *man Friday* 'a loyal and hard-working servant and helper'[16] der Neologismus *girl Friday* 'a girl or young woman who is employed to do various duties, often including those of a secretary in the office of a business company'. Diese Bezeichnung kann man u. a. in Stellengesuchen und -angeboten in englischen Tageszeitungen finden. Eine ähnliche Analogiebildung ist *woman of the world* ('an experienced woman who knows how to behave') zu *man of the world*. Da solche Bildungen auch für die Wortbildungslehre von gewissem Interesse sind, soll im folgenden Abschnitt kursorisch auf einige generelle Gemeinsamkeiten und Unterschiede zwischen Phraseologie und Wortbildungslehre einerseits und Phraseologie und Syntax andererseits eingegangen werden.

1.2.4. Zum Verhältnis von Phraseologie, Wortbildungslehre und Syntax

Wortbildungslehre und Phraseologie als Teildisziplinen der Lexikologie haben in mehrfacher Hinsicht Berührungspunkte. Eine Gemeinsamkeit liegt darin, daß die als Ergebnis der Wortbildung entstandenen komplexen Wörter und die aus mehreren Einzellexemen durch Phraseologisierung hervorgegangenen Wortgruppenlexeme **Benennungseinheiten** sind, die im Bezeichnungssystem der Sprache eine Lücke schließen und durch **Lexikalisierung** zum Allgemeinbesitz der Sprachgemeinschaft werden. Die Wortbildung und die Bildung von Wortgruppenlexemen sind Quellen für die ständige Bereicherung des Lexikons; durch ihre Produktivität, neben der aber noch andere Einflüsse wirken, erhält es den Charakter eines offenen Systems.

Das Vorhandensein von Modellen und Typen zur Bildung neuer Lexeme aus unterschiedlichen Konstituenten ist nicht nur ein Kennzeichen der Wortbildung, sondern auch der Bildung phraseolgischer Einheiten. Komplexe Wörter und Wortgruppenlexeme erlauben eine Modellierung nach ihren unmittelbaren Konstituenten und den daraus entstehenden Bedeutungsstrukturen, wobei aber eine solche direkte Zuordnung nur für nichtidiomatisierte Lexeme möglich ist. Auf Idiome ist eine Analyse nach Prädikats- und Rollentypen nicht mehr anwendbar (vgl. 1.2.).

Einzelnen Modellen der Bildung von Komposita können jedoch sowohl Wörter mit denotativ-wörtlicher als auch denotativ-übertragener, d. h. idiomatischer Bedeutung zugrunde liegen, so daß die daraus resultierenden Wörter oberflächliche Ähnlichkeiten in der Formativstruktur haben. Das gilt beispielsweise für eine Reihe Wortbildungen, die zwischen Kompositum und Ableitung angesiedelt sind und aus einem Substantivstamm (N), einem Verbstamm (V) und dem Suffix -er_N bestehen[17]: *record holder, housebreaker* 'N + ₁(V + er_N). In semantischer Hinsicht gehören diese komplexen Wörter jedoch zu den Ableitungen, da die deverbalen Konstituenten in der Regel nicht als Simplizia auftreten, sondern nur innerhalb des komplexen Wortes existieren. Trotz des gleichen Bildungsmusters bestehen aber grundsätzliche semantische Unterschiede zwischen Bildungen wie *bottle-opener* 'an instrument that opens bottles' und *eye-opener* 'something surprising, which makes a person see the truth he did not formerly believe', dem das verbale Idiom *to open sb.'s eyes* 'to make a person realize the whole truth' entspricht. Die idiomatische Bedeutung der Basis geht auf das komplexe Wort über, vgl.:

    (*open a bottle*)   + -er_N *bottle-opener* vs.

    (*open sb.'s eyes*)   + -er_N *eye-opener*

Weitere Beispiele für dephraseologische Derivation sind *boot-licker* < to lick sb.'s boots 'to flatter sb., to behave in a servile way'; *face-saver* < to save one's face 'to avoid losing one's honour or reputation'. Ausgangsbasis solcher idiomatischer Ableitungen können aber auch Verben mit einer Präpositionalphrase, adjektivische Wortgruppenlexeme und sogar Propositionen sein, vgl.:

fence-sitter 'opportunist' < *to sit on the fence* 'not commit oneself; remain neutral'; *down-and-outer* < *(to be) down and out* 'out of work, and forced to live on charity'; *all-rounder* 'a person with ability to do a number of jobs satisfactorily' < *(to be) all round*; *do-it-yourselfer* 'Heimwerker, Bastler' als Ableitung von dem Slogan *do it yourself* 'one who does practical jobs like house-painting, carpentry, interior decorating etc. with the help of a manual and/or one's own commonsense instead of employing a tradesman'.

An der Grenze zwischen Kompositum und Ableitung liegt auch das komplexe Wort *fifth columnist* 'one of a group of people in a town, country etc. who try to help the people with whom that town or country is at war'; das Basis-Idiom lautet *fifth column*.

Andererseits können von substantivischen Idiomen Adjektive abgeleitet werden. Lexikalisiert ist *smart-alecky* als Ableitung von *smart aleck* 'informal, a person who annoys others by claiming to know everything and trying to sound clever'; *matter-of-factly* 'sth. precisely known, probable, measurable, unarguable' von *(a) matter of fact* und *arty and crafty* als Ableitung von der irreversiblen Paarformel *arts and crafts*.

Ein anderes Modell adjektivischer Ableitungen von substantivischen Wortgruppen, das gleichermaßen auf idiomatische Basen anwendbar ist, hat die Struktur $(^1N^2 + {}_1N^1) + \text{-ed}_A$ und die Bedeutung 'having/characterized by $N^2 + N^1$ (s)', wobei die zweite substantivische Konstituente oft eine Ähnlichkeit mit der ersten hinsichtlich eines menschlichen Körpermerkmals ausdrückt: *club-footed, humpbacked*.[18] Diese Ähnlichkeitsbeziehung gilt jedoch nur mittelbar für Idiome wie *bull-headed* 'clumsy, impetuous, obstinate'; *chicken-hearted* 'lacking in courage'; *ham-fisted* 'informal, derog, clumsy'; *lily-livered* 'cowardly'; *pig-headed* 'stupid, obstinate, unwilling to listen to sensible advice', weil diese Idiome kein Körpermerkmal, sondern eine menschliche Charaktereigenschaft bezeichnen.

Auch in dem Modell adjektivischer Suffixableitungen $(^1A + {}^1N) + \text{-ed}_A$ berühren sich komplexe Wörter und Idiome als Ausgangsbasen: *broad-shouldered, flat-footed*[19] als Bezeichnungen menschlicher Körpermerkmale aufgrund der Beschaffenheit von Körperteilen im Unterschied zu Ableitungen von idiomatischen Basen, die eine menschliche Charaktereigenschaft oder Verhaltensweise zum Ausdruck bringen: *broken-hearted* 'overcome by grief'; *hard-headed* 'clever, practical, not influenced by emotion'; *level-headed* 'calm and having good sense'; *light-fingered* 'likely to steal'; *mealy-mouthed* 'derog., not frank or sincere in what one says, squeamish in the choice of words'.

Im Gesamtsystem der Modelle und Typen der Wortbildung sind Ableitungen und Komposita auf der Grundlage von Phraseologismen (insbesondere Idiomen) jedoch keine Massenerscheinung, da sich Wortgruppenlexeme durch ihre aus mehreren Einzelwörtern bestehende Formativstruktur nur bedingt als Wortbildungsbasen eignen. Außerdem besteht keine zwingende Notwendigkeit zu Ableitungen von Wortgruppenlexemen, da diesen im lexikalischen Paradigma in einer Vielzahl von Fällen bedeutungsverwandte Lexeme an der Seite stehen, die ihrerseits für komplexe Wörter besser geeignet sind. So fehlen substantivische Ableitungen zu den adjektivischen Idiomen *full of beans* 'informal, full of health, good spirits and energy' und *down-at-heel* 'untidy, uncared for', obwohl ⁺*fullness of beans* und ⁺*down-at-heelness* theoretisch bildbar wären (vgl. *matter-of-factness*). Ihre synonymen Entsprechungen in Form einfacher Wörter weisen jedoch lexikalisierte substantivische Ableitungen auf: *lively – liveliness; untidy – untidiness*. So zeigen die wenigen produktiven Modelle der Ableitung von Phraseologismen das enge Wechselverhältnis von Wortbildung und Phraseologie in der lebendigen Kommunikation und seine Rückwirkungen auf das Lexikon als Teil des Sprachsystems.

Die Grenzziehung zwischen den Lexemen, die in den Untersuchungsbereich der Wortbildungslehre fallen, und denjenigen, die vorzugsweise dem der Phraseologie zugewiesen werden, ist weitgehend traditionell und bis zu einem gewissen Grade sogar willkürlich. In beiden Bereichen müssen Randerscheinungen, die sich einer systematischen Beschreibung der jeweiligen sprachlichen Einheiten entziehen, aus methodischen Gründen vernachlässigt werden. Sie sind ein Beweis für die in jeder natürlichen Sprache wirkende Dialektik von Logischem und Historischem. Sie zeigen sich vor allem in den Unsicherheiten bei der Aufnahme idiomatisierter Komposita in Idiomwörterbücher und -sammlungen wie auch bei ihrer Behandlung in einschlägigen Arbeiten zur Theorie der Phraseologie und Idiomatik. So verzeichnet das *'Dictionary of Idioms'* von W. S. Fowler als Idiome solcher Komposita wie *bed-sitter, bombshell, call-girl, pigeon-hole* usw. In ähnlicher Weise klassifiziert das Wörterbuch *'Chambers Idioms'* solche Komposita wie *aftermath, brainchild, eye-opener* usw. als Idiome. Das nach sprachpraktischen Gesichtspunkten zusammengestellte Material von W. McMordie und R. C. Goffin, *'English Idioms and How to Use Them'*, verzeichnet ebenfalls Komposita wie *blackmail, bluejacket, drawing-room* usw. Eine Ausnahme bildet das *'Longman Dictionary of English Idioms'*, das idiomatisierte Komposita konsequent ausschließt, während das *'Oxford Dictionary of Current Idiomatic English'* (Vol. 2: *Phrase, Clause & Sentence Idioms*) einen Teil der idiomatisierten Komposita berücksichtigt hat. In der theoretischen Abhandlung *'Idiom Structure in English'* von A. Makkai bilden idiomatisierte Komposita einen wesentlichen Bestandteil des untersuchten Materialkorpus.

Diese Diskrepanzen erklären sich z. T. aus der britischen und amerikanischen Forschungstradition auf dem Gebiet der Idiomatik, die keine deutliche Abgrenzung zwischen Phraseologie und Wortbildung vornimmt, während in sowjetischen Untersuchungen der festen Wortverbindungen die idiomatisierten Komposita der Wortbildungslehre zugewiesen werden. Das ausschlaggebende Kriterium für ihre Zuordnung zu den Modellen und Typen der Wortbildung ist in den meisten Fällen das Betonungsmuster (der Starkton auf der ersten Konstituente), während das orthographische Kriterium (Zusammenschreibung mit oder ohne Bindestrich oder Getrenntschreibung) dabei faktisch keine Rolle spielt.

Im Interesse einer systematischen und für Lehrzwecke überschaubaren Darstellung des Systems der englischen Phraseologie ist es üblich geworden, die idiomatisierten Komposita und ihre weiteren Ableitungen nicht in die Beschreibung phraseologischer Einheiten einzubeziehen, sondern dem System der Wortbildung zuzuweisen. Eine solche methodisch bestimmte Entscheidung darf jedoch nicht die Problemsicht einengen und über die Tatsache hinwegtäuschen, daß es zwischen beiden Teildisziplinen der Lexikologie eine breite Zone von Übergangsfällen gibt und daß eine Reihe formaler und semantischer Gemeinsamkeiten zwischen den Bildungsmustern von komplexen Wörtern einerseits und Wortgruppenlexemen andererseits bestehen.

Eine **Abgrenzung zwischen Phraseologie und Syntax** läßt sich vornehmen, wenn man die Merkmale von Wortgruppen vergleicht. Wortgruppenlexeme unterscheiden sich durch ihre Benennungsfunktion und ihre syntaktische und semantische Festigkeit von freien Fügungen, die nach den Regeln der Syntax gebildet und nicht im Lexikon gespeichert sind, weil sie nicht für kollektive Objekt- oder Sachverhaltsabbilder stehen, vgl. *a red blouse* vs. *a/the red carpet* 'not formal, especially good treatment'; *to open a window* vs. *to open the floodgates* 'not formal, to allow free expression to emotions, criticisms etc. that have been restrained or prevented'; *down by the riverside* vs. *down in the mouth* 'not formal, showing discouragement, distress or unhappiness', *boys and girls* vs. *babes and sucklings* 'innocent children'. Voraussetzung für die Bildung solcher Syntagmen und Wortgruppenlexeme ist die semantische Verträglichkeit (**Kompatibilität**) der Einzelwörter. Kommen im Sprachgebrauch bestimmte Einzelwörter in bevorzugten Kombinationen beständig vor, ohne aber eine feste Bindung einzugehen, spricht man von **Kollokationen** (vgl. ausführlicher 1.2.7.). Sie können Benennungseinheiten sein (z. B. *folding door, migratory bird*) oder lediglich als Syntagmen auftreten (*a wide spectrum, a pretty garden, to come to conclusions, to* *open an account*). Kollokationen haben keine denotativ-übertragene Bedeutung. In der Regel werden sie in der Kommunikation frei gebildet und nur dann reproduziert, wenn sie bereits einen solchen Grad der Festigkeit erreicht haben, daß sie als feste, nichtidiomatisierte Wortgruppen lexikalisiert sind.

Weitere **Berührungspunkte zwischen Phraseologie und Syntax** bestehen in den **satzähnlichen Phraseologismen**. Diese Propositionen, die als vollständige Sätze (Sprichwörter, Zitate, Gemeinplätze) oder Ellipsen (darunter Formeln) auftreten können, liegen im Randbezirk des phraseologischen Systems (vgl. 1.3.). Sie haben keine Benennungsfunktion, sondern fungieren als festgefügte kommunikative Einheiten der Rede. Als fertige Einheiten werden sie reproduziert und in den gesprochenen oder geschriebenen Text eingefügt. Darin unterscheiden sie sich von einem nach den Regeln der Syntax gebildeten Satz oder Teilsatz, der von der jeweiligen Textumgebung abhängig ist und nicht isoliert existieren kann. So unterscheidet sich z. B. ein Sprichwort wie *Clothes make the man*, das zur Bekräftigung einer Aussage in einen Text eingegliedert werden kann oder auch entbehrlich ist, von einer syntaktischen Struktur wie *the man who was just crossing the street; Do you see the man on the bicycle over there? He is a most reliable man.* usw., die keine isolierten, usuellen Einheiten der Rede sind, sondern von bestimmten Kontexten abhängen.

Außerhalb des Untersuchungsbereichs der Phraseologie liegen auch solche in Texten der Publizistik vorkommende Bildungen von Wortgruppen wie *on-the-scene announcer, out-of-town tour, over-the-counter sales, army-cum-theatrical argot* oder längere Bildungen wie *the leave-it-up-to-the-council type politics* (Marxism Today, Nov. 1983, p. 30), *the Soviet-threat-to-a-strategic-area-explanation* (ibid., p. 8). Hierbei handelt es sich um nichtlexikalisierte und nichtidiomatisierte Strukturen, die nicht zu den Wortgruppenlexemen mit Benennungsfunktion gehören, sondern die nach Gesichtspunkten der Sprachökonomie und Informationsverdichtung okkasionell im Redeakt der schriftlichen oder mündlichen Kommunikation verwendet werden, wobei die längeren Bildungen vorzugsweise im schriftlichen Text auftreten. Ihre Struktur ist oft eine ad-hoc-Prägung eines Textautors und daher kaum in einem Modell zu verallgemeinern. Die Tendenz im Sprachalltag besteht darin, solche durch Juxtaposition von Einzelwörtern gebildete Verklammerungen in der Funktion eines Attributs zu verwenden. Als Reduktionen von Relativ- bzw. Partizipialsätzen sind sie daher eher Beschreibungsgegenstand der Syntax als der Lexikologie.

1.2.5. Die Arten der Bedeutung des Phraseologismus

Die wortähnlichen Phraseologismen, die hier näher untersucht werden sollen, haben **potentiell** alle Systemeigenschaften des Lexems. Sie benennen ein Denotat, genauer gesagt, eine Klasse von Denotaten (d. h. begrifflichen Abbildern), indem sie diese verallgemeinern. Es gibt jedoch eine Untergruppe von Phraseologismen, in der Hauptsache Substantive, die statt einer generalisierenden eine individualisierende Bedeutung haben und nur einmal existierende Objekte, d. h. **Unika**, benennen (z. B. Personen, Abstrakta, Institutionen oder auch Ereignisse). Der unikale Charakter solcher Phraseologismen, die faktisch die Funktion von Eigennamen haben, zeigt sich in dem obligatorischen Gebrauch des bestimmten Artikels und der Singularform: *the golden calf; the judgement of Paris; the Flying Dutchman; the Red Cross; the Red Crescent; the Wars of the Roses* (nur Plural); *the Glorious Revolution; the Thirty Years' War.*[20]

Als Wortgruppenlexem stimmt der Phraseologismus mit anderen nichtphraseologischen Lexemen darin überein, daß er mehrere Arten der Bedeutung haben kann, ohne daß diese allerdings überall vollständig vorhanden zu sein brauchen. Die **denotativ-übertragene Bedeutung** ist jedoch die Voraussetzung für die Idiomatizität, während die **expressiven und stilistischen Konnotationen** oft zusammenwirken und das Kriterium für die Zuordnung zu einer bestimmten Sprachgebrauchsebene sind.[21]

Die **denotative Bedeutung** bildet das Zentrum jedes Semems und umfaßt sowohl das Objektabbild (den „begrifflichen Kern") als auch die übertragene Bedeutung. Beide haben eine enge Wechselbeziehung in bezug auf die Motivation der übertragenen Bedeutung und in der Regel auch die gleiche usuelle Geltung. Das Objektabbild als Teil der denotativen Bedeutung wird gelegentlich auch als „wörtliche", „litterale", „konkrete" oder „gegenständliche" Bedeutung bezeichnet. Bei der folgenden Bedeutungsanalyse wird zwischen denotativ-wörtlicher und denotativ-übertragener Bedeutung unterschieden, da der Phraseologismus im Textzusammenhang häufig in beiden Bedeutungen interpretiert werden kann und dadurch eine spezifische stilistische Wirkung erzielt.

Der denotativen Bedeutung in ihrer Gesamtheit sind periphere Komponenten zugeordnet, die die **expressiven und stilistischen Konnotationen** eines Wortgruppenlexems bilden. Sie sind weniger usuell als die denotative Bedeutung und bieten Möglichkeiten für die individuelle (okkasionelle, aktuelle) Verwendung eines Lexems. Unter bestimmten Voraussetzungen des kollektiven Sprachgebrauchs können konnotative Bedeutungskomponenten ein Teil der denotativen Bedeutung werden. Im folgenden werden die Termini denotativ-wörtliche Bedeutung zur Bezeichnung des Objektabbildes und denotativ-übertragene Bedeutung für das Ergebnis einer metaphorischen oder metonymischen Bedeutungsübertragung verwendet.

1.2.5.1. Die denotativ-wörtliche Bedeutung

Als Benennungseinheit befindet sich der Phraseologismus in einem weitläufigen Netz semantischer Beziehungen zu anderen Wörtern im Lexikon. Wenn man in dieser Verflechtung die denotativ-wörtliche Bedeutung genauer untersucht, erweisen sich als markante Knoten die **Synonymie** und **Polysemie**. Als **Synonymie** gilt im allgemeinen die Erscheinung, daß der gleiche Begriff (das Objektabbild) durch verschiedene Lexeme benannt wird,[22] wobei sich aber deren Sememe durch bestimmte Komponenten, die oft undifferenziert als „Bedeutungsnuancen" bezeichnet werden, und durch ihre Zugehörigkeit zu verschiedenen Stilebenen voneinander unterscheiden. Phraseologismen können daher als Synonyme zu einfachen und komplexen Wörtern auftreten und wie andere Wörter Synonymreihen mit ihnen aufbauen, wobei Dubletten die unterste Grenze bilden. Hierzu zählen beispielsweise die *phrasal verbs*, die als besonders produktive Gruppe von Phraseologismen an die Seite der *hard words* treten und diese in bestimmten kommunikativen Situationen ersetzen (vgl. ausführlicher 4.1.3.2., Modell 3). Im allgemeinen wird das *hard word* dem anspruchsvollen literarischen bzw. wissenschaftlichen Text mit einem hohen Fachlichkeitsgrad zugeordnet, während die *phrasal verbs* und die von ihnen abgeleiteten Substantive in technischen, ökonomischen, journalistischen Texten sowie in der Umgangssprache stark verbreitet sind. Einem *hard word* können ein oder mehrere *phrasal verbs* als Synonyme entsprechen: *to accomplish – to bring about; to tolerate – to put up with; to disintegrate – to fall apart; to discard – to throw out, to throw aside; to advance – to gain ground, to come forward.*

Synonymreihen, in denen einfache und komplexe Wörter und Wortgruppenlexeme mit unterschiedlichen stilistischen Konnotationen auftreten, können faktisch in allen Wortarten, die Denotate bezeichnen, vorkommen. Als Beispiel sollen die synonymen Entsprechungen zu dem Adjektiv *crazy* dienen. Folgende verbale und adjektivische Idiome, die einen solchen Geistes- bzw. Gemütszustand mit bestimmten Bedeutungsnuancen bezeichnen, kommen dafür in Betracht:

to have bats in the belfry 'coll., to have strange ideas; be slightly mad'; *to have a tile / screw loose* 'sl., to be rather mad'; *to be as mad as a hatter* 'to be very mad or silly'; *(to be) as mad as a March hare* 'acting in a silly or mad way'; *(to be) off one's rocker* 'sl., crazy, out of one's mind'. Diese Idiome zeigen aber Unterschiede in den stilistischen Konnotationen.

Ein bekanntes Beispiel für Synonyme zu verbalen Idiomen ist das Verb *die*. Zu den einfachen Wörtern *decease* (im juristischen Sinne) und *expire* (literarisch gehoben) treten eine Reihe von Wortgruppenlexemen mit stilistischen Unterschieden: *to go to one's (long) account* (euph. / old-fash.); *to join the (great) majority* (old-fash., euph.); *to go the way of all flesh* (pompous); *to pay the debt of nature* (old-fash., rather lit.); *to bite the dust / kiss the dust* 'coll., often humor., [of a person]) to die or become ill'; *to breathe one's last* (rather rhet.); *to go west* (coll. [of people]); *to kick the bucket* (coll., often humor.).

Diese Idiome erstrecken sich, wie die stilistischen Markierungen der Wörterbücher ausweisen, von der literarisch-gehobenen Stilebene (wo die rhetorischen und euphemistischen Konnotationen auftreten) bis zur Umgangssprache und zum Slang. (Zu den Arten der expressiven Konnotationen vgl. S.31).

Auch im Bereich der Adverbien können Synonyme als Idiome auftreten. Als Beispiel soll das Modaladverb **quickly** dienen: *by leaps and bounds* 'not formal, very quickly'; *in less than no time* 'rapidly'; *in a flash* 'quite or very suddenly, quickly'; *at the drop of a hat* 'immediately and willingly'; *before you can say Jack Robinson* 'coll., very quickly'. Auch hier liegen die Synonyme überwiegend auf der Ebene der Umgangssprache.

Die Synonymie unter Idiomen kann sich auch auf **Wortgruppenlexeme** aus **unterschiedlichen Denotatsbereichen** erstrecken, d. h., auf die Bezeichnung des gleichen Denotats mit unterschiedlichen „Bildern". Dieser onomasiologische Vorgang wurde bereits an den synonymen Varianten für die einfachen Wörter *mad, to die* und *quickly* deutlich. Diese aus unterschiedlichen „Bildsphären" stammenden, auf eine Metapher oder Metonymie zurückgehenden Idiome können zwar im Textzusammenhang den gleichen oder einen ähnlichen kommunikativen Effekt erzielen, sind aber aufgrund ihres Bildgehaltes und auch ihrer Verwendungshäufigkeit nicht deckungsgleich. Sie können sich durch ihre expressiven oder stilistischen Konnotationen unterscheiden.

Substantivische Idiome:

the apple of discord 'cause of dispute, argument of rivalry' – zugleich Anspielung auf die Antike (vgl. 5.1.2), im literarischen Text bevorzugt und auf Personen oder Sachverhalte bezogen; *the bone of contention* 'a subject that causes an argument or disagreement whenever it is discussed' – nur auf Sachen bezogen.

Adjektivische Idiome:

alive and kicking 'not formal, still living, in good health, and active' – ursprünglich auf den Fischfang bezogen; stilistisch markiert; *hale and hearty* 'in good health, fit and well' – stilistisch neutral. Beide Idiome gehören zu den Paarformeln; ihre Konstituenten sind unumkehrbar (vgl. S. 85); *born with a silver spoon in one's mouth* 'born of wealthy parents; born the heir to a fortune or comfortable living'; *born under a lucky star* 'successful and happy, either for the whole of one's life on one occasion when one has a stroke of luck'. Beide Idiome sind stilistisch neutral, unterscheiden sich jedoch durch Bedeutungskomponenten der Dauer bzw. der Quelle des angenehmen Lebens.

Verbale Idiome:

to see how the land lies 'not formal, to learn or find out the full details of a situation, esp. before acting or taking a decision' – stilistisch markiert; *to see which way the wind is blowing* 'see what is likely to happen, what others think' – stilistisch neutral; *to see which way the cat jumps* 'to see what other people are doing or thinking; see what event will happen' – die Angaben zu den stilistischen Konnotationen dieses Idioms in den einschlägigen Wörterbüchern schwanken zwischen neutral bis umgangssprachlich und „slightly old-fashioned".

1.2.5.2. Die denotativ-übertragene Bedeutung

Eine weitere Eigenschaft der denotativen Bedeutung, die der Phraseologismus mit anderen Lexemen teilt, ist seine **potentielle Polysemie**, d. h. die Fähigkeit, mehrere Sememe zu tragen und damit unterschiedliche Denotate bzw. Denotatsklassen zu benennen. Mit der übertragenen Bedeutung, die im Wörterbuch gewöhnlich mit dem Hinweis „*fig(urative)*" gekennzeichnet ist, wird eine überaus häufig auftretende Form der Polysemie als Tendenz oder bereits als Ergebnis ausgewiesen. Wenn diese Bedeutungsübertragung völlig lexikalisiert ist und ihrerseits das ursprüngliche Objektabbild im gegenwärtigen Sprachgebrauch ersetzt hat, liegt ein **Idiom** vor. In Ergänzung der auf S. 19 vorgenommenen Begriffsbestimmung kann nun das Idiom definiert werden als

> **Phraseologismus**, der sich durch eine übertragene (metaphorische oder metonymische) Bedeutung auszeichnet und nur in dieser usuell verwendet wird. Die übertragene Bedeutung des Phraseologismus, d. h. seine Idiomatizität, entsteht aus einer spezifischen Auswahl und Kombination von Komponenten aus den Sememen der ihn bildenden Konstituenten, wobei zusätzlich neue Komponenten aufgenommen werden und im Extremfall solche Komponenten hinzutreten können, die keinerlei Bezug zum Objektabbild des Phraseologismus mehr haben.

Diese Definition gilt sowohl für Nominationen als auch für Propositionen. Typisch für Sätze (Sachverhaltsaussagen) mit übertragener Bedeutung sind Sprichwörter und eine Reihe Routineformeln (vgl. 4.2.2. und 6).

Die Art der Bedeutungsübertragung ist entweder eine **Metapher** oder eine **Metonymie**. Daneben gibt es noch andere **asystematische Möglichkeiten** der Idiomatisierung, z. B. durch Kontraktion von Einzelwörtern mit verdunkelter Bedeutung und Umdeutung des ganzen Wortgruppenlexems (*Good-bye*; *How do you do?*). Die usuelle Bedeutung eines Idioms ist in der Regel monosem. Selbst wenn seine ursprüngliche denotative Bedeutung noch transparent ist, so wird sie doch nicht aktualisiert. Sofern eine solche Wortgruppe in denotativ-wörtlicher Bedeutung verwendet wird, ist sie nicht mehr ein Wortgruppenlexem, sondern ein Syntagma. Eine Ausnahme bilden Wortspiele in bestimmten Kontexten, wo mit dem ständigen Variieren zwischen der denotativ-wörtlichen und der denotativ-übertragenen Bedeutung eines Phraseologismus (wie übrigens auch anderer einfacher oder komplexer Wörter) bestimmte stilistische Wirkungen beabsichtigt und auch erzielt werden (vgl. Einzelbeispiele aus 7.2.).

Es gibt jedoch nicht wenige Phraseologismen, die neben verschiedenen denotativ-wörtlichen auch mehrere denotativ-übertragene Bedeutungen aufweisen und in doppelter Hinsicht polysem sind. Dieses Merkmal trifft insbesondere auf *phrasal verbs* zu. Das folgende Beispiel kann als typisch gelten.

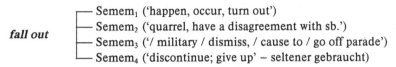

fall out
- Semem$_1$ ('happen, occur, turn out')
- Semem$_2$ ('quarrel, have a disagreement with sb.')
- Semem$_3$ ('/ military / dismiss, / cause to / go off parade')
- Semem$_4$ ('discontinue; give up' – seltener gebraucht)

Übertragene Bedeutung haben hier die Sememe 1 bis 4. In einzelnen Fällen kann die Polysemie sogar an die Grenze der **Homonymie** führen, wenn die Sememe weit auseinander liegen. Es wäre jedoch ungerechtfertigt, grundsätzlich das Nebeneinander von „gegenständlicher" und „idiomatischer" Bedeutung als Homonymie anzusehen,[23] zumal wenn zwischen den Sememen noch ein auf Komponentengemeinsamkeit beruhender Bedeutungszusammenhang erkennbar ist. Der denotativen Bedeutung eines *phrasal verb* in der Allgemeinsprache können z. B. mehrere denotative Bedeutungen in den Fachsprachen an der Seite stehen, ohne daß bereits Homonymie vorliegt. Eine solche Entwicklung bahnt sich bei dem *phrasal verb* "come up" an.

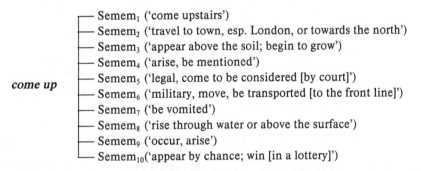

come up
- Semem$_1$ ('come upstairs')
- Semem$_2$ ('travel to town, esp. London, or towards the north')
- Semem$_3$ ('appear above the soil; begin to grow')
- Semem$_4$ ('arise, be mentioned')
- Semem$_5$ ('legal, come to be considered [by court]')
- Semem$_6$ ('military, move, be transported [to the front line]')
- Semem$_7$ ('be vomited')
- Semem$_8$ ('rise through water or above the surface')
- Semem$_9$ ('occur, arise')
- Semem$_{10}$ ('appear by chance; win [in a lottery]')

Übertragene Bedeutungen haben in diesem polysemen Wortgruppenlexem nur die Sememe 4,5,9 und 10, aber alle 10 Sememe sind usuelle Bedeutungen, wenn auch in unterschiedlichen Kommunikationsgemeinschaften.

Der Motivationszusammenhang eines Idioms kann im Grunde nur von der diachronischen Sprachbetrachtung aufgedeckt werden (vgl. 1.5.). Die synchronische Sprachbetrachtung der Gegenwartssprache nimmt die Idiome als lexikalische Gegebenheiten hin. Für sie ist es von untergeordnetem Interesse, daß es zu einer „übertragenen" Wortverbindung „immer eine gleich lautende (homonyme) freie, mit wörtlicher oder „litteraler" Bedeutung gibt",[24] da die Rückführung eines Idioms auf die denotativ-wörtliche Bedeutung zugleich die Grenzen der Phraseologie überschreitet und den Phraseologismus (bzw. das Idiom) in ein Syntagma umwandelt. Hieran zeigen sich abermals die Grenzen zwischen Phraseologie und Syntax (vgl. 1.2.4.).

Die folgende Tabelle soll einige nur diachron erklärbare Motivationszusammenhänge zwischen beiden Aspekten der denotativen Bedeutung veranschaulichen.

denotativ-wörtliche Bedeutung als Syntagma		denotativ-übertragene Bedeutung als Idiom	Motivation des Übertragungsverhältnisses
red tape	(red ribbon)	excessive use of formalities in public business; too much attention to rules and regulations	Metonymie (abgelegte Akten wurden in England mit einem rotgemusterten Band zusammengeschnürt)
white elephant	(elephant with white skin; albino)	costly or troublesome possession useless to its owner	Metapher
bread and butter	(a slice of bread spread with butter)	livelihood (BE sl., money)	Metapher (Anspielung auf notwendige Existenzmittel)
rolling stone	(a stone rolling from a slope)	unsteady person	Metapher
to drop a brick	(drop a brick when unloading a car)	(coll.) do or say sth. indiscreet	Metapher
to spill the beans	(shed beans)	give away information, esp. sth. not intended to be made known	Metapher
to let sth./sb. down	(lower/put or take down)	disappoint	Metapher

Diese Übersicht ließe sich beliebig durch andere Beispiele erweitern. Sie belegt auch, daß die übertragene Bedeutung der angeführten Wortgruppenlexeme aus einer Konfiguration der Sememe der Konstituenten Adj. + N und V_t + NP resultiert. Zu adjektivischen und adverbialen Idiomen lassen sich dagegen kaum Entsprechungen in denotativ-wörtlicher Bedeutung finden.

Bei einigen Idiomen tritt ausschließlich **metaphorische Polysemie** auf, d. h. mehrere übertragene Bedeutungen sind usuell, vgl.:

to get under one's skin
- $Semem_1$ ('annoy, irritate')
- $Semem_2$ ('coll. be / become an infatuation')

Die denotativ-wörtliche Bedeutung, etwa in dem Kontext „This syringe gets well under one's skin" wäre entmetaphorisiert und innerhalb des Syntagmas möglich. Metaphorische Polysemie kann auch bei Substantiven vorkommen, vgl.:

lame duck
- $Semem_1$ ('coll., a person who is weak or a failure in some way')
- $Semem_2$ ('an organization, business in financial difficulties')
- $Semem_3$ ('a disabled ship')

Charakteristisch für den Wortschatz als offenes System ist gerade, daß die Bedeutungsdifferenzierung als ein ständiger Prozeß in der Allgemeinsprache und in den Fachsprachen wirkt, so daß mit einer zunehmenden Polysemie einfacher und komplexer Wörter sowie von Wortgruppenlexemen in der Tendenz zu rechnen ist.

1.2.5.3. Konnotationen

Als zusätzliche Bedeutungen kann ein Phraseologismus Konnotationen unterschiedlicher Art tragen. Diese lassen sich in zwei Hauptgruppen, den **expressiven und stilistischen Konnotationen,** zusammenfassen. In stärkerem Maße als die denotative Bedeutung, die stets das „interindividuell invariante rationale Abbild der Merkmalstruktur einer Erscheinung, Eigenschaft oder Beziehung der Realität" ist[25] und zusammen mit einem Formativ im sprachlichen Zeichensystem auftritt, sind Konnotationen von Einstellungen, Wertungen und Emotionen der Sprachträger bestimmt, doch lassen sich auch hier aus der subjektiven Sprachverwendung Verallgemeinerungen hinsichtlich des gesellschaftlichen Sprachgebrauchs treffen. Die expressiven und stilistischen Konnotationen gehen als periphere Komponenten in die Beschreibung des Semems eines Lexems ein und sind der denotativen Bedeutung zugeordnet. Trotz individueller Schwankungen bei dem Einzelsprecher lassen sich diese Konnotationen als Invariante der Komponentenstruktur eines Semems systemhaft darstellen. Unter bestimmten Bedingungen der gesellschaftlichen Sprachverwendung[26] können Konnotationen in Denotationen umschlagen.

Expressive und stilistische Konnotationen können bei Substantiven, Adjektiven, Verben und Adverbien auftreten. Neben den lexikalisierten Konnotationen gibt es solche, die okkasionell in der konkreten Sprechsituation entstehen und z. B. in Texten der Tagespresse eine wichtige Rolle spielen (vgl. 7.1.).

Für die **expressiven Konnotationen,** die auch in den einschlägigen Wörterbüchern zur Charakterisierung von Wörtern und Wortgruppen verwendet werden, empfiehlt sich folgende Unterteilung: (1) abwertend: **derog(atory)**; (2) unschicklich oder verboten: **taboo**; (3) verhüllend oder geboten: **euph(emistic)**, (4) scherzhaft **humor(ous)**, **joc(ular)**, **facet(ious)**; (5) aufwertend **apprec(iative)**.[27]

Beispiele für **derog.**

mutton dressed (up) as lamb 'coll., used to describe a middle-aged or elderly person, esp. a woman, who dresses, uses hair-styles and make-up etc. in a style suitable only for sb. much younger'; *dressed / done up like a dog's dinner* 'coll., wearing bright showy clothes, esp. to impress other people'; *(as) common as muck* 'coll., of a woman, family etc., having rough low-class manners; behaving in a way that is not regarded as polite'; *to breed like rabbits* 'to produce large numbers of children'. Auffällig an diesen Idiomen ist ihr Auftreten auf der Stilebene der Umgangssprache.

Beispiele für **taboo**

Eine schwächere Form des verbotenen Sprachgebrauchs bezeichnet der Wörterbuchhinweis „*impolite*", z. B. *damn / bugger all* 'impol., coll., nothing at all'; *to shit bricks* 'impol., sl., to be very anxious or worried'; Taboo-Ausdrücke kommen zumeist auf der Stilebene des Slang vor: *shit hot* 'sl., very good'; *Get stuffed!* 'Be quiet! exclamation expressing violent contempt'; *fuck me* 'sl., used to express annoyance, dissatisfaction'. Eine Reihe dieser Idiome gehören zu den kommunikativen Formeln. (Vgl. Abschnitt 6)

Beispiele für **euph.**

Typische Beispiele für emotionale Einstellungen der Sprecher zu einem unangenehmen Sachverhalt sind die zahlreichen Euphemismen für die Denotate Tod und Sterben: *the great divide* 'death; when regarded as separating the dead from the living'; dazu die Verben *to be called home; to go to meet one's maker; to go to one's (long) account; to join the (great) majority; to pay the debt of nature* [bereits veraltet]. Andere Euphemismen können sich auf den Sachverhalt des Alterns beziehen: *of a certain age* '[of women] no longer young; middle-aged'; *senior citizen* 'an old person. esp. one over the age of 60 [for a woman] or 65 [for a man]'; andere Euphemismen bezeichnen Partnerbeziehungen: *to live in sin* [im Veralten begriffen].

Beispiele für **joc.** / **humor.** bzw. **facet.**

Auch bei diesen Phraseologismen sind die expressiven und stilistischen Konnotationen eng miteinander verbunden. *Darby and Joan* 'often humor., a typical old married couple, esp. when very happily married'; *all in the / a day's work* 'coll., often hum., no more than is usual or expected'; *to tighten one's belt* 'to go without food (when there is little available); become frugal'; *to have a bun in the oven* 'coll., often humor., [of a woman] to be expecting a baby'. Humorvolle Konnotationen begegnen auch bei einigen Synonymen für das Verb *to die*: *to bite the dust; to kick the bucket; to go to Davy Jones's locker* 'the bottom of the sea, meaning death by drowning'. Bei einigen Idiomen ist die humorvolle Bedeutung nicht allgemeiner, sondern nur häufiger Sprachgebrauch.

Beispiele für **apprec.**

a rough diamond 'an uncultured, uncouth person who has good and useful qualities'; *up and coming* 'informal, likely to add to the progress, success, popularity one has begun to achieve'; *an eager beaver* 'informal, sb. who is, or who makes himself, particularly enthusiastic and busy about sth., often in minor matters and, without any particular need'; *to know sth. inside out* 'know, be skilled in, every aspect of sth.' In diesen Beispielen ist die positive Bewertung bereits Teil der denotativen Bedeutung.

Eine zusätzliche Art von Konnotationen, die sich mit den Phraseologismen mit dem Charakter einer Anspielung berühren (vgl. Abschnitt 5), könnte man als **kulturhistorische Konnotationen** bezeichnen. Anspielungen auf die Bibel können mitunter noch einen pathetischen Gefühlswert haben: *the prodigal son; a good Samaritan*. Mit Anspielungen auf die Antike kann oft eine rhetorische Wirkung beabsichtigt werden: *halcyon days* 'lit. and poet., calm and peaceful days'; *to rise like a phoenix from the ashes; under the aegis of sb.* 'with [moral or financial] support of sb.'. Ein nicht unwesentlicher Teil kulturhistorischer Konnotationen von Idiomen geht auf das Brauchtum der Indianer zurück: z. B. *to bury the hatchet; to go on the war path; to smoke the pipe of peace*.

Eine weitere Gruppe von Konnotationen sind **politische Konnotationen**. Sie sind oft mit bestimmten Schlagwörtern der Publizistik verbunden und nicht selten mit negativen Assoziationen verknüpft. So signalisiert z. B. das Idiom *big stick* ('the threat of force') einen Ausspruch von Theodore Roosevelt („Speak softly and carry a big stick. You will get far.") und assoziiert die monopolistische Gewaltpolitik des kalten Krieges und Sanktionen gegen die demokratischen und sozialistischen Länder, wie sie von den USA in der Nachkriegszeit ausgeübt wurde.[28] Häufig wird auch der politische Phraseologismus *law and order* in euphemistischer Weise in den Medien der bürgerlichen Presse verwendet, wenn damit die Unterdrückung nationaler Befreiungsbewegungen in Ländern, die noch von imperialistischen Mächten abhängig sind, verhüllt werden soll. Insofern erhält die im Idiomwörterbuch gespeicherte denotative Bedeutung von *law and order* 'public order; an orderly condition of society characterized by obedience to and respect for the established laws and customs' (LDEI) aktuelle politische Konnotationen.[29]

Zusammenfassend ist festzustellen, daß kulturhistorische und politische Konnotationen – im Unterschied zu abwertenden, euphemistischen und humorvollen Konnotationen eines Phraseologismus – mit Bezug auf das Sprachsystem nur schwer objektiviert werden können, weil sie in den meisten Fällen an einen konkreten Kontext und eine spezifische Sichtweise der Kommunikationspartner gebunden sind. Bei ihrer Dekodierung im Textzusammenhang nutzt der Empfänger sein Hintergrundswissen, bringt aber zugleich individuelle Erfahrungen und Wertungen mit ein.

Die **stilistischen Konnotationen**, die einfachen Wörtern, komplexen Wörtern und Wortgruppenlexemen eigen sind, haben ebenfalls einen soziolinguistischen Aspekt, insofern als das betreffende Lexem einer durch den gesellschaftlichen Sprachgebrauch fixierten Stilebene und einer Tätigkeitssphäre zugeordnet wird. Daher verwenden die meisten einsprachigen Wörterbücher eine Skala von Stilmerkmalen (Stilsignatoren), die in ihrer Gesamtheit als *usage labels*, *style markers* oder auch als *stylistic values* bezeichnet werden, mit denen eine lexikalische Einheit nach der Stilebene und gegebenenfalls nach ihrer Zugehörigkeit zu einer Tätigkeitssphäre (*registers* wie *legal, economic, scientific, religious*) gekennzeichnet werden kann. Es ist jedoch dabei zu berücksichtigen, daß die stilistische Konnotation als Fachgebietsbezug nicht mit der fachsprachlichen Spezialbedeutung eines Lexems verwechselt werden darf; letztere ist Teil der denotativen Bedeutung.

Eine Markierung der Stilebene im Sprachsystem ist stets auf die neutrale Stilebene, die durch eine „stilistische Null-Konnotation"[30] bzw. die Abwesenheit einer Stilfärbung gekennzeichnet ist, bezogen. Ihr sind die Stilebenen des gehobenen (schriftsprachlichen) und des umgangssprachlichen (meist mündlichen) Sprachgebrauchs zugeordnet. Auf dieser Grundlage kann man zwischen **stilistisch gehobenen** und **stilistisch gesenkten Konnotationen** unterscheiden.[31] Aus verschiedenen Ansätzen der lexikographischen Praxis, der Stilistik und des Fremdsprachenunterrichts[32] hat sich eine Hierarchie der Stilebenen entwickelt, die durch stilistische Konnotationen signalisiert werden. Sie gliedert sich in folgende Stufen bzw. Ebenen des Sprachgebrauchs und damit in Typen stilistischer Konnotationen:

Stilistisch gehoben: förmlich (*formal*)
                    literarisch oder poetisch (*literary, poetic* bzw. *rhetorical*)
                    archaisch (*archaic*)
                    fremder Herkunft (*foreign*)

Normalsprachlich (*neutral*)

Stilistisch gesenkt: umgangssprachlich (*colloquial*)
                    salopp (*slang*)
                    vulgär (*vulgar, taboo words*)

Die Zuordnung der Phraseologismen zu den einzelnen Stilebenen schwankt in den einsprachigen englischen Wörterbüchern und Idiomsammlungen beträchtlich. Das betrifft insbesondere die Unterscheidung zwischen den Konnotationen *slang* und *colloquial*. Deshalb verwenden die Wörterbücher der Longman-Reihe als zusätzlichen Terminus die Konnotation *not formal* als Gegenpol zu *formal* mit dem Hinweis, daß Lexeme mit dieser Kennzeichnung dort akzeptabel sind, wo Wörter mit den Konnotationen *colloquial* bzw.

slang nicht angemessen wären. Das '*Oxford Dictionary of Current Idiomatic English*' verwendet für eine Grobklassifikation der Phraseologismen die Stilsignatoren *formal* und *informal* (letzterer ist nur gegen *taboo* abgegrenzt).

Die in den Wörterbüchern zu beobachtende Unsicherheit in der Zuordnung von Lexemen zur umgangssprachlichen oder saloppen Stilebene läßt sich bis zu einem gewissen Grade aus der Tatsache erklären, daß repräsentative Befragungen größerer Sprechergruppen über die Verwendungsweise lexikalischer Einheiten schwer durchführbar sind[33] und die in der Wörterbucharbeit insgesamt angestrebte Stilmarkierung ohne ein gewisses Maß an subjektiv begründeter Normierung nicht getroffen werden kann. Hinzu kommt, daß weder die Konstituentenstruktur noch die Bildhaftigkeit der Idiome Rückschlüsse auf die Stilebene erlaubt, sondern nur der gesellschaftliche Sprachgebrauch über die Einstufung eines Lexems als dichterisch, förmlich, archaisch, umgangssprachlich, salopp oder vulgär entscheidet. So geben allein die kommunikativen Normen Aufschluß über die Tatsache, daß in der englischen Gegenwartssprache die Idiome *small fry, hot dog, skeleton in the cupboard* als stilistisch neutral; *hot potato, blue funk, green fingers* dagegen als umgangssprachlich gelten, während *big banana, big shot* und *the whole caboodle* zu den Slang-Wörtern gezählt werden.

Als Entwicklungstendenz läßt sich jedoch feststellen, daß in der Gegenwartssprache auf den oberen Stilebenen Phraseologismen (und insbesondere Idiome) weitaus schwächer vertreten sind als auf den unteren. Außerdem sind Phraseologismen mit der stilistischen Konnotation *formal* häufiger belegt als mit den Konnotationen *poetic* und *archaic*. Diese Feststellung gilt für Nominationen und Propositionen gleichermaßen.

Beispiele für **formal**

Die mit der Konnotation '*formal*' gekennzeichneten Lexeme werden in der Regel im distanzierten, förmlichen Schriftverkehr mit Dienststellen oder zu öffentlichen Anlässen verwendet. Sie wirken oft gewählt und betont seriös. Im mündlichen Sprachgebrauch kommen sie vor allem in öffentlichen Ansprachen (darunter in Parlamentsreden) vor.

Substantive: *a case in point* 'rather formal, a relevant example'; *cold comfort* 'rather formal, no consolation at all'; *the compliments of the season* 'formal, a greeting esp. appropriate to a certain time of year, esp. Christmas'; *a bone of contention* 'formal, a cause of argument or quarrelling'.

Adjektive: *bowed down with sth.* 'formal, worried or troubled by having to deal with sth. difficult'; *gainfully employed* 'earning one's own income'.

Verben: *to beg the question* 'formal, to take for granted the very point that needs to be proved'; *to give a good account of o.s.* 'rather formal, to do well'; *to turn one's coat* 'formal, to change from one side [esp. in politics] to the other'.

Adverbien: *to boot* 'formal, in addition'; *with one accord* 'formal, [everybody] in agreement'; *under the aegis of so.* 'formal, with the moral or financial support of so.'; *by courtesy of sb.* 'formal, by the kind permission, or favour, of sb. or some group'.

Konnotationen der Förmlichkeit tragen auch eine Reihe kommunikativer Formeln der mündlichen Rede, z. B. *I beg to differ* 'formal, I disagree'; *to the best of my knowledge* 'formal, as far as I know'; *in all conscience* 'formal, being fair and reasonable'. (Vgl. auch 6.14. und 6.15.)

Beispiele für **literary** oder **poetic** bzw. **rhetorical**

Substantive: *the alpha and omega* 'lit., the beginning and the end; the main or essential part' (gleichzeitig Anspielung auf das griechische Alphabet (vgl. 5.1.2.); *gall and wormwood* 'lit., the cause of great and lasting bitterness'; *passage of arms* 'lit., fig., combat, dispute'.

Adjektive dieser stilistischen Konnotation überschneiden sich oft mit dem Merkmal *'formal';* in einem bestimmten Kontext können solche Kollokationen wie *hermetically sealed* und *irretrievably lost* eine rhetorische Wirkung erzielen.

Verben: *to lend an / one's ear to sb.* 'to listen'; *to remove the scales from sb.'s eyes* 'rather rhet., to make sb. who has been deceived able to realize the truth about sb. or sth.';*to take up the cudgels for sb.* 'rhet., fight for sb., support strongly'.

Adverbien: *above and beyond* 'rather rhet., greater than, more than'; *between Scylla and Charybdis* 'between two great dangers'. Poetisch konnotiert ist das Adverb *once upon a time* [der Anfang englischer Märchen].

Beispiele für **archaic**

Diese Konnotation ist bei Phraseologismen sehr schwach ausgeprägt. Beispiele für Substantive sind *days of yore* 'golden days' und alte Rechtsausdrücke wie *goods and chattels* 'all movable property' [heute bereits scherzhaft und z. T. umgangssprachlich gebraucht]. Archaisch in der Gegenwartssprache wirkt die Form einiger Gebote der englischen Bibel von 1611, die in einigen Kirchen Englands noch verwendet wird: *Thou shalt not kill. Thou shalt not steal.* Gebote bilden eine Untergruppe der satzähnlichen Phraseologismen (vgl. S. 47).

Von Phraseologismen mit der Konnotation '*archaic*' sind diejenigen zu unterscheiden, die im Veralten begriffen sind und durch die Konnotationen *dated, old, old-fashioned* oder *rather old-fashioned* in den Wörterbüchern ausgewiesen werden. Im Laufe der Sprachentwicklung können sie zu Archaismen werden. Vgl. Substantive wie *a curtain lecture* 'old-fash., a private scolding given by a wife to her husband'; Adjektive wie *stone blind* 'becoming rare: completely blind; unable to see at all'; Verben mit Übergang zur Konnotation 'coll' wie *to bell the cat* 'coll., rather old-fash., to take a risk or do something that is dangerous, esp. for the good of others'; *to dodge the column* 'coll., old-fash., to avoid work or avoid doing one's duty'; Adverbien wie *in a certain condition* 'old: pregnant'; *all abroad* 'coll., old-fash., confused and unable to understand'. (Vgl. auch S. 51)

Beispiele für **foreign**

Unter den aus unterschiedlichen Sprachen entlehnten Phraseologismen, die nicht anglisiert worden sind, kommen einige nur im gewählten schriftlichen Sprachgebrauch, andere nur in der Fachsprache vor. Insofern umfaßt diese heterogene Gruppe sowohl klischeehafte Wendungen als auch notwendige Sachbezeichnungen (z. B. der Naturwissenschaften und des Völkerrechts).

Substantive: *casus belli* 'the case of war'; *conditio sine qua non* 'an inevitably necessary condition'; *El Dorado* ' a place where it is easy to make money / often only in theory, or in the imagination'; *a coup de grâce* 'a finishing stroke'; *dolce far niente* 'sweet to do nothing; the very pleasant state of idleness'.

Verben: *to be given carte blanche* 'formal, to be allowed complete freedom to act as one thinks best'.

Konversationsformeln: *comme il faut* 'according to etiquette; well-behaved'; *cui bono?* 'for whose advantage?' *;pacta sunt servanda* 'Formel des Völkerrechts: Verträge sind einzuhalten'; *cum grano salis* 'to take with a grain of salt, with scepticism'. Bezug auf die Naturwissenschaften haben die Latinismen *in situ*; *in vitro*; *in statu nascendi*. Sie gehören zu den Internationalismen.

Auf der **neutralen Stilebene** ist ein Großteil der Phraseologismen in nominativer Funktion angesiedelt. Stilistisch neutral sind auch Sprichwörter, Zitate und ein Teil der Konversationsformeln.

Substantive: *skeleton in the cupboard* 'a closely-kept secret concerning a hidden cause of shame'; *daily dozen* 'physical exercise done every day, esp. every morning'.

Adjektive: *as clear as crystal* 'very clear'; *safe and sound* 'properly, safe and uninjured'; *bred in the bone* 'well established'.

Verben: *to stand on ceremony* 'to behave in a very formal way'; *to build castles in the air* 'to have dreams and plans which are very unlikely to come true'; *to work like magic* 'to be very effective'.

Adverbien: *off the cuff* 'without planning, unprepared'; *with might and main* 'very vigorously'; *in less than no time* 'immediately'.

Beispiele für **colloquial**

Substantive: *green fingers* 'coll., skill in gardening'; *forty winks* 'coll., a short sleep or nap taken during the day'; *every man Jack* 'coll., every person' – in emphatischer Funktion

Adjektive: (nur prädikativ verwendbar) *full of beans* 'coll., very lively, full of vigour, health'; *fine and dandy* 'coll., fine, satisfactory'; *as right as rain* 'coll., perfectly sound and healty'.

Verben: *to lead sb. up the garden path* 'coll., mislead sb.'; *to play ducks and drakes with sb.* 'coll., to cause confusion or difficulties to sb. or sth.'; *to make a go of* 'coll., to make success of a job, duty'.

Adverbien: *in a blue funk* 'coll., in a state of great fear'; *hammer and tongs* 'coll., vigorously, and sometimes violently'; *before you can say Jack Robinson* 'coll., very quickly'.

Beispiele für **slang**

Substantive: *reach-me-downs* 'sl., ready-made garments'; *big banana* 'sl., an important or influential person'; *the whole caboodle* 'sl., of persons and things, all the lot'.

Adjektive: *off one's rocker* 'sl., crazy, mad'; *cheesed off* 'sl., bored and depressed'; *clued up on sth.* 'sl., be well informed or knowledgeable about sth.'.

Verben: *to come across with* 'sl., to provide [money or information] when needed'; *to have a ball* 'sl., to enjoy oneself'; *to get one's books* 'sl., to be dismissed from one's job'; *to kip down* 'sl., to go to bed, sleep'; *to eff and blind* 'sl., curse and swear'.

Adverbien: *on the never-never* 'sl., on the hire-purchase system'; *on the razzle-dazzle* 'sl., in excitement; in a bustle'; *up the creek* 'sl., in serious difficulties'.

Auf der Stilebene des Slang kommen ebenfalls Routineformeln vor (vgl. Abschnitt 6).

Beispiele für Phraseologismen mit der stilistischen Konnotation 'vulgar' lassen sich dagegen kaum von denjenigen mit der expressiven Konnotation 'taboo' trennen. In den ausgewerteten Idiomwörterbüchern der Allgemeinsprache ist dieser Wortschatz wegen seiner Zugehörigkeit zu bestimmten Gruppensprachen ("the language of the underworld")[34] in sehr geringem Maße vertreten und beschränkt sich in der Hauptsache auf kommunikative Formeln (vgl. Abschnitt 6)

Fachspezifische Bedeutungen, die im Wörterbuch durch einen Hinweis auf ein bestimmtes **Register** gekennzeichnet sind, kommen häufig bei *phrasal verbs* vor: *to kick off* (sport) 'start (a match, game)'; *to open up* (military) 'begin to fire'; *to operate on sb.* (med.) 'perform surgery on sb.'; *to knock them in the aisles* (theatre) 'score a great success with 'them' [the audience]'; *to go into sb.'s favour* (legal) 'be decided in sb.'s favour'; *to have in sight* (nautical) 'appear above the horizon, become visible'; *to keep on one's feet* (boxing) 'not be knocked out'. Durch den Bezug auf mehrere Fachwortschätze kann die Polysemie bei manchen *phrasal verbs* noch vergrößert werden, z. B. bedeutet *come in* in der Fachsprache des Sports 'finish a race', in der Sprache der Politik dagegen 'gain power' *come up* hat in der Fachsprache des Militärs die Bedeutung 'to be transported (to the front line)', in der Rechtssprache jedoch 'to come to be considered (by a court)'.

Insgesamt gelten die fachspezifischen Konnotationen dieser Phraseologismen nur innerhalb des Wortschatzes der Allgemeinsprache, die ihrerseits ständig zur Aufnahme von Wörtern und Wendungen aus den Fachsprachen tendiert. In den Fachwortschätzen sind diese lexikalischen Einheiten jedoch nicht mehr konnotiert. Selbst wenn sie polysem sind und mehreren Fachgebieten angehören können, wird ihre denotative Bedeutung durch die Systematik der Fachbegriffe innerhalb einer Fachsprache monosemiert. In Fachwörterbüchern spielen stilistische Konnotationen nur noch insofern eine Rolle, als Wörter und Wortgruppen der Umgangssprache als Jargon oder Slang gegenüber Termini, die stets stilistisch neutral sind, unterschieden werden können. Eine solche Markierung ist jedoch nicht die allgemeine Praxis.

Von den Phraseologismen, deren Fachgebietszugehörigkeit im Wörterbuch ausgewiesen ist, sind solche zu unterscheiden, die aus den Fachwortschätzen in die Allgemeinsprache eingegangen sind und ihren ursprünglichen Fachbezug nicht mehr erkennen lassen, so daß sie ohne eine derartige Markierung im Wörterbuch auftreten. Beispiele: *rank and file* (Militär); *a baker's dozen* (Bäckereihandwerk); *to have butterflies in the stomach* (Theater); *to blow a fuse* (Elektrotechnik); *alive and kicking* (Fischfang); *in harness* (Landwirtschaft). (Vgl. sprichwörtliche Redensarten 4.2.1. und Sprichwörter 4.2.2.2.). In der englischen Gegenwartssprache sind sie stilistisch neutral oder haben die Konnotation 'colloquial'.

1.2.6. Die intensivierende Funktion des Phraseologismus

Grundsätzlich können Phraseologismen im Satz- und Textzusammenhang eine intensivierende Funktion ausüben, indem sie dazu beitragen, eine Aussage zu akzentuieren oder zu pointieren. Diese Funktion ist aber als fakultatives Merkmal des Phraseologismus anzusehen, weil sie nicht für alle Arten des Phraseologismus gilt. Sie trifft insbesondere auf

Idiome zu, die gerade durch ihre expressiven und stilistischen Konnotationen einem Text emotionale Expressivität, Anschaulichkeit und Eindringlichkeit verleihen. In der Umgangssprache sind ausdrucksverstärkende Phraseologismen in nominativer Funktion besonders häufig anzutreffen. In der Schriftsprache sind sie weitgehend von der jeweiligen Textsorte und dem Funktionalstil abhängig (vgl. auch Abschnitt 7).

Faktisch können Phraseologismen aller Wortarten (mit Ausnahme der Funktionswörter) intensivierend wirken. Werden sie durch ein nichtphraseologisches Lexem ersetzt, büßt die Aussage einen Teil ihrer Ausdruckskraft ein. Auch außerhalb eines Textzusammenhangs kann man die intensivierende Funktion eines Phraseologismus feststellen, indem man ihn substituiert oder paraphrasiert:

the wear and tear of time	– 'obsolescence'
a mare's nest	– 'false alarm'; 'a wrong story'
good-for-nothing	– 'worthless'
dressed to kill	– 'extravagantly dressed'
to work like a horse	– 'to work extremely hard'
to pay through the nose	– 'to pay a very high price'
in deep waters	– 'in great difficulties'
out of the blue	– 'unexpectedly'

In adjektivischen und verbalen Vergleichen hat der Phraseologismus häufig die Funktion eines Gradadverbs.

Sprichwörter und Zitate (sofern sie nicht aus der Fachliteratur stammen) können in einem Text die persönliche Argumentation eines Autors unterstützen. Eine ähnliche Funktion haben rhetorische Formeln, die den Standpunkt eines Sprechers bekräftigen oder relativieren oder aber einen Sachverhalt paraphrasieren bzw. kommentieren.

1.2.7. Phraseologismus und Kollokation

Da der Begriff der **Kollokation** in britischen Untersuchungen zur Theorie der Idiome und in der Arbeit an allgemeinsprachlichen Wörterbüchern eine zentrale Stellung einnimmt, soll er – trotz seiner unterschiedlichen Verwendung in den einzelnen Konzepten – in seiner Abgrenzung gegenüber dem Phraseologismus und insbesondere dem Idiom kursorisch behandelt werden. Dabei werden abermals die Grenzen zwischen Lexikologie und Syntax deutlich.

In derjenigen Richtung, die an das theoretische und methodische Erbe von J. R. Firth anknüpft, bezeichnet der Terminus *collocation* die bevorzugte, gewohnheitsmäßige Kombination von Einzelwörtern in einer syntaktischen Einheit, ohne daß diese eine Benennungsfunktion auszuüben braucht.[35] Voraussetzung dafür ist die semantische Verträglichkeit (Vereinbarkeit) von Wörtern, die auch als **Kollokabilität** bzw. **Kompatibilität**[36] bezeichnet wird und eine Eigenschaft des Sprachsystems ist. Die Kollokation bezieht sich auf den empirisch leicht nachweisbaren Tatbestand, daß im gesellschaftlichen Sprachgebrauch bestimmte Kombinationen von Wörtern möglich, andere hingegen nicht üblich und nicht akzeptabel sind, weil sie gegen die Norm verstoßen. Grundsätzlich könnten beliebige Adjektive und Substantive, Substantive und Verben, Verben und Adverbien, sofern sie auf der gleichen Stilebene liegen und einen empirisch wahren Sachverhalt ausdrücken, miteinander verbunden werden. Nach den Normen der Kollokabilität sind jedoch bestimmte Verknüpfungen von Wörtern in der englischen Gegenwartssprache nicht akzeptabel. Korrekt ist *strong coffee*, abweichend ⁺*powerful coffee*; normgerecht ist *a smooth runnig of a conference*, abweichend ⁺*a frictionless running of a conference*. Ebenso verhalten sich zueinander *to commit an error* vs. ⁺*to commit a jubilee* und *to pay by installments* vs. ⁺*to pay by leaps and bounds*. Somit ist die Kollokabilität eine semantisch-syntaktische Eigenschaft, die zu bestimmten Selektionsbeschränkungen lexikalischer Einheiten im Satz führt.

Eine andere Auffassung der Kollokation beruht auf der begrifflichen Assoziation, die ein Sprecher zwischen einzelnen Wörtern herstellt. So ruft ein isoliertes Wort wie *grass* eine Assoziation mit *green* hervor; ähnliches gilt für *night* und *dark*. Diese Interpretation der Kollokation liegt bereits auf psycholinguistischem Gebiet, so daß sie der Phraseologie keinen unmittelbaren Ansatzpunkt bietet.[37]

Von theoretischem und methodischem Wert für die Phraseologie ist dagegen die Auffassung des Begriffs der Kollokation, wie sie in der britischen Lexikographie vertreten wird. Die Autoren einsprachiger Lernwörterbücher und Idiomwörterbücher stehen vor der Aufgabe, dem Benutzer zuverlässige Angaben über die Verbindbarkeit bestimmter Wörter, den Grad der Festigkeit und die Idiomatisierung von Wortverbindungen an die Hand geben zu müssen. Stellvertretend dafür kann die Begriffsbestimmung der Kollokation durch A. P. Cowie gelten: "A collocation is by definition a composite unit which permits the substitutability of items for at least one of its constituent elements (the sense of the other element or elements, remaining constant)."[38] Insofern gelten sowohl zweigliedrige als auch mehrgliedrige syntaktische Einheiten als Kollokation. Die hauptsächlichen syntaktischen Muster sind Adj. + N und Verb + Objekt. A. P. Cowie und seine Mitautoren des 'Oxford Dictionary of Current Idiomatic English' unterscheiden zwischen "*open collocations*" und "*restricted collocations*".[39]

Offene Kollokationen gestatten einen freien Austausch von Konstituenten einer syntaktischen Einheit, d. h. ihre paradigmatische Veränderung, z. B. *to fill the sink – to empty, drain, clean the sink; to fill the sink, basin, bucket*.

Bei **restringierten Kollokationen** ist ein solcher Austausch nur noch in einer Richtung möglich, weil bei Wortverbindungen aus zwei Konstituenten bereits eine Konstituente eine Bedeutung angenommen hat, die sie außerhalb dieser Wortverbindung nicht aufweist, d. h. es werden neue Semem-Komponenten aufgenommen. Cowie verweist darauf, daß solche Wortverbindungen, bei denen eine Konstituente in denotativ-wörtlicher Bedeutung ("*literal sense*") und die andere in denotativ-übertragener Bedeutung ("*figurative sense*") auftritt, auch als "*semi-idioms*" bezeichnet werden: z. B. *blind alley*. Andere Wortverbindungen erlauben einen Austausch von Konstituenten nur innerhalb einer bestimmten Gruppe von Lexemen mit einem gemeinsamen semantischen Merkmal: *cardinal error, sin, virtue, grace* (eine abstrakte, positiv oder negativ gewertete Charaktereigenschaft oder Verhaltensweise).

Für den lexikalischen Bereich, der für die Füllung einer „Leerstelle" in einer restringierten Kollokation in Betracht kommt, hat sich in deutschsprachigen anglistischen Arbeiten der Terminus *range of collocability* bwz. *collocational range*[40] als Umschreibung für den Kollokabilitätsbereich eingebürgert. Die Einzelwörter, die für die Reihenbildung einer Kollokation geeignet sind, d. h. kollokieren, haben eine bestimmte semantische

Ähnlichkeit; sie teilen ein bestimmtes Merkmal der denotativen Bedeutung. Eine solche Reihe bildet z. B. das Verb *commit* mit einem aus einem Abstraktum bestehenden Objekt, das eine mit negativen Konnotationen versehene (meist negativ bewertete) Handlung bezeichnet:

to commit a crime, a sin, outrages, an offence
 a mistake, a serious error, a coarse blunder
 murder, suicide.

Nicht kollokabel wären demzufolge ⁺to commit a jubilee, a wedding, an anniversary, marriage.

Das Verb *entertain* kann mit Objekten, die das Ergebnis einer geistigen Tätigkeit ausdrücken, kollokieren:

(not) entertain (the) idea, notion, suggestion, proposal, doubt, suspicion.[41]

Das Verb *levy* zieht nach sich Objekte, deren gemeinsames semantisches Merkmal eine finanzielle Verpflichtung ist, vgl.:
to levy a fee, taxes, a fine, a ransom on sb., soldiers, troops.

Einen ähnlichen *collocational range* hat das Verb *freeze*, vgl.:
to freeze prices, wages, incomes, salaries, army expenditures.

Das in denotativ-übertragener Bedeutung verwendete Verb *explode* kollokiert mit Abstrakta, die das (unhaltbare) Ergebnis einer geistigen Tätigkeit bezeichnen, vgl.:
to explode a myth, belief, an idea, a notion, theory.[42]

Andererseits kann auch ein in denotativ-übertragener Bedeutung auftretendes Verb bei gleichbleibendem abstrakten Objekt substituiert werden: vgl. *to catch, capture, seize, grip sb.'s imagination.*[43]

Das Verb *propose* kollokiert mit Substantiven in der Funktion eines Objekts, die auf eine zukünftige, noch zu lösende Aufgabe bezogen sind, vgl.:
to propose a motion, a plan, a change, a short rest, an early holiday, marriage, a toast (jeder Toast enthält etwas Zukünftiges in Form eines Wunsches oder einer Absichtserklärung).

Die angeführten Beispiele haben verdeutlicht, daß die **restringierte Kollokation eine Unterart des Phraseologismus** ist. Das von Cowie in diesem Zusammenhang genannte Beispiel *blind alley* ist dagegen ein Idiom; es erfüllt alle Bedingungen der auf S. 28 gegebenen Definition. Restringierte Kollokationen sind nichtidiomatisierte Phraseologismen in Form syntaktischer Wortverbindungen, wodurch sie sich von Phraseologismen in nominativer Funktion unterscheiden. Für das Anliegen dieses Lehrbuches soll der Begriff der restringierten Kollokation dahingehend erweitert werden, daß er auch nichtidiomatisierte Phraseologismen in nominativer Funktion einschließt wie *the noble savage; an angry young man; the gentle reader, malice aforethought; a moot point.* (Vgl. ausführlicher Abschnitt 3.1.1.) Zu restringierten Kollokationen dieser Art wären auch Bezeichnungen für die Gruppenbildung von Tieren zu zählen wie *a flight of birds, locusts; a herd of deer, cattle, swine; a flock of geese, sheep; a swarm of locusts, flies, bees; a shoal of fish; a brood of chicken; a school of whales; a pack of wolves.*

Wie die Analyse eines größeren Materialkorpus jedoch zeigt, gibt es Übergangsfälle zwischen den offenen und restringierten Kollokationen einerseits sowie zwischen restringierten Kollokationen und Idiomen andererseits. Dieser Sachverhalt entspricht durchaus der Sprachwirklichkeit, da die Entstehung fester Wortgruppen aus freien syntaktischen Wortverbindungen und die Idiomatisierung einer festen Wortverbindung (einer Nomination wie Proposition) stets ein latenter Vorgang ist, den man in der phraseologischen Forschung mit solchen Termini wie „halbfeste Wortverbindung", "semi-idiom", "degrees of frozenness", "phraseological collocation" usw. zu erfassen versuchte.[44] So ist auch der Begriff der offenen Kollokation relativ, denn selbst hier gibt es, wie bereits erwähnt, **Grenzen der Kollokabilität**. Vgl. pretty woman, girl, colour, flower, garden, village vs. handsome man, boy, airliner, typewriter, overcoat, vessel.[45] Restringierte Kollokationen und Idiome haben gemeinsam, daß sie lexikalisiert sind, d. h. im Lexikon ihren festen Platz haben und in der Rede reproduziert werden, während offene Kollokationen jederzeit frei gebildet werden können und Einheiten der Syntax sind. Da restringierte Kollokationen feste, in der Regel nichtidiomatisierte Wortverbindungen sind, ist es gerechtfertigt, sie gemeinsam mit den Idiomen unter dem Oberbegriff Phraseologismus bzw. Wortgruppenlexem zusammenzufassen, wobei aber Unterschiede zwischen Nominationen und Propositionen bzw. Teilen davon als Prädikationen nicht übersehen werden dürfen. Das Verhältnis zwischen offenen Kollokationen als Einheiten der Syntax, restringierten Kollokationen und Idiomen als Einheiten des Lexikons soll an zwei typischen Beispielen veranschaulicht werden.

Nominalphrase als Einheit der Syntax (NP = Adj. + N) offene Kollokation	Wortgruppenlexeme/Phraseologismen als Einheiten des Lexikons	
	restringierte Kollokation	Idiom
white *alloy*		
cliffs	*white ensign*	*white feather*
clouds	'the flag used by the British navy'	'a sign of unwillingness to fight; lack of courage'
hair		
light		
lilies	*white flag*	*white lie*
meat	'a sign that one accepts defeat'	'a lie told so as not to hurt someone else, and therefore not thought of as a bad action'
pepper		
wine		
white linen	*white heat*	a white-collar job/worker
white Christmas	'the temperature at which a metal turns white, usu. after being red/ when it becomes white-hot instead of red-hot'	'professional, business and clerical employment; office/indoor work'
white wedding		
	white hunter	
	'a white man who is paid to lead and advise a group of people hunting for animals in Africa'	*white paper* 'an official report from the British government on a certain subject'
	white lead	
	'poisonous compound of lead carbonate, used in paints'	*white hope* 'the person who one expects will bring great success'
Zusammenfassung:	Zusammenfassung:	Zusammenfassung:
Diese Kollokationen können als syntaktische Wortgruppen jederzeit produziert werden; ihnen liegt die syntaktische Struktur einer Prädikation zugrunde, z. B. *the alloy is white*. Sie bilden eine offene Reihe.	Diese Kollokationen als Untergruppe der Phraseologismen sind feste Wortverbindungen, die reproduziert werden. Sie sind nicht idiomatisiert. Sie haben nominative Funktion.	Diese Phraseologismen sind aufgrund ihrer metaphorischen oder metonymischen Bedeutungsübertragung Idiome und können nur reproduziert werden.

1.2.7.

Verbalphrase als Einheit der Syntax (VP = V + NP)	Wortgruppenlexeme/Phraseologismen als Einheiten des Lexikons	
offene Kollokation	restringierte Kollokation	Idiom
run als Verb der eigenen oder veranlaßten (Fort)bewegung	*run* in übertragener Bedeutung als Verb des 'Betreibens'	*run* als Teil der Gesamtbedeutung eines Idioms
to run a race *to run a mile* (in ... min.) *to run a horse* *to run a car* (at a rally) *to run a train* (on oil) *to run the water* (till it gets hot) *to run a hot bath* (Die letztgenannten beiden Beispiele deuten bereits den Übergang zu den restringierten Kollokationen an; sie werden aber wegen ihrer denotativ-wörtlichen Bedeutung hier aufgeführt.)	*to run a farm* *to run a hotel* *to run a club* *to run the country* 'control it' *to run a candidate* *to run a risk* *to run a temperature* (Diese beiden restringierten Kollokationen liegen bereits an der Grenze der Idiome, weil *run* hier nicht mehr die Bedeutung des absichtlichen 'Betreibens', sondern eher eines von außen bewirkten Vorganges hat.)	*to run the gauntlet* 'to risk danger, anger, criticism, etc.' *to run it fine/close* 'not formal) to leave the least amount of time, money, etc.; possible before the end of a limit for finishing or doing something' *to run one's head against a brick wall* '(coll.) to try to do or obtain something difficult with very little hope or success' *to run with the hare and hunt with the hounds* '(rather lit.) to try to remain friendly with or offer support to two very different types of people or groups'
Zusammenfassung: Die denotativ-wörtliche Bedeutung von *run* als Verb der eigenen oder veranlaßten (Fort)Bewegung ist in diesen offenen Kollokationen transparent.	Zusammenfassung: Die denotativ-übertragene Bedeutung von *run* als Verb des 'Betreibens' eines Vorhabens/Unternehmens führt bei diesen restringierten Kollokationen bereits an die Grenze der Idiomatisierung, auch wenn sie nicht bildhaft sind.	Zusammenfassung: In diesen Phraseologismen ist die Bedeutung von *run* nicht mehr aus der Gesamtbedeutung erschließbar, sondern in diese voll integriert. Die beiden letztgenannten Idiome sind sprichwörtliche Redensarten.

1.3. Der Umfang des phraseologischen Materials

Die Schwierigkeiten einer Eingrenzung der Phraseologie als eines Teilsystems der Lexikologie erwachsen nicht nur aus einer Vielzahl oft widersprüchlicher Ansätze in der internationalen Forschung,[46] sondern vor allem aus der Tatsache, daß sich hierbei zwei Einteilungsprinzipien durchkreuzen. Geht man von der anfangs gegebenen Definition (vgl. S. 13) aus, daß Phraseologismen **feste Wortverbindungen** sind, dann ist diese Begriffsbestimmung weit genug, um sowohl Nominationen als Objektabbilder als auch Propositionen als Sachverhaltsabbilder erfassen zu können, da der Terminus „Wortverbindung" noch nicht aussagt, ob es sich um eine Einheit der Lexik oder der Syntax, die im Lexikon gespeichert ist, handelt. Definiert man hingegen den Phraseologismus als Wortgruppen**lexem** (vgl. S. 16 und S. 19), so ist er eine komplexe Benennungseinheit und gilt nur für Nominationen. Propositionen, wie Sprichwörter, geflügelte Worte, Zitate, Formeln usw., die in den einschlägigen Arbeiten zur englischen Phraseologie sowie in Idiomwörterbüchern vertreten sind,[47] blieben hierbei unberücksichtigt. F ü r ihre Aufnahme in das System der Phraseologismen sprechen jedoch ihre usuelle Geltung, ihre Reproduzierbarkeit, ihre syntaktische und semantische Stabilität und – in den meisten Fällen – ihre Idiomatizität.

Ein weiteres Einteilungsprinzip für die Phraseologismen, das aber zugleich neue Probleme aufwirft, könnte die Idiomatizität sein, hauptsächlich repräsentiert durch die Art ihrer Bedeutungsübertragung als Metapher oder Metonymie, wie sie in der Hauptsache bei Nominationen, sprichwörtlichen Redensarten und Sprichwörtern anzutreffen ist, oder die semantische Umdeutung, wie sie bei einer Reihe von Routineformeln auftritt. Unter diesem Gesichtspunkt könnte man zwischen nichtidiomatisierten Phraseologismen (restringierten Kollokationen) und Idiomen in nominativer Funktion unterscheiden und ähnliche Konstituentenstrukturen miteinander vergleichen. Eine solche Gegenüberstellung wäre nach verschiedenen Wortarten etwa in der folgenden Weise möglich:

Wortart	nichtidiomatisierter Phraseologismus (restringierte Kollokation)	idiomatisierter Phraseologismus (Idiom)
Substantiv	*the line of least resistance* *a/the blessing in disguise* *a/the foregone conclusion*	*a/the Jack of all trades* *a/the skeleton in the cupboard* *a/the black market*
Adjektiv	*deaf and dumb*	*rough and ready*
Verb	*to make the best of a bad bargain* *to cut a long story short*	*to make a mountain of a molehill* *to paint the town red*
Adverb	*before long* *once in a while*	*before you can say Jack Robinson* *once in a blue moon*

Bei den nichtidiomatisierten Phraseologismen ist die denotativ-wörtliche Bedeutung noch transparent, wobei es jedoch Übergangsfälle zwischen der denotativ-wörtlichen und der denotativ-übertragenen Bedeutung und verschiedene Grade der Idiomatizität gibt (vgl. Abschnitt 2.1.). Das Kriterium der Idiomatizität ist zwar ein mögliches, aber einseitiges Einteilungsprinzip, weil es eine zu starre und mitunter auch willkürliche Zuordnung der einzelnen Wortverbindungen nach sich zöge.[48] In der folgenden Darstellung wird die Idiomatizität daher in ein nach Abbildfunktionen der Phraseologismen gegliedertes Gesamtsystem der Phraseologie integriert und bei der semantischen Analyse der nach der Konstituentenstruktur der Phraseologismen aufgestellten Modelle berücksichtigt (vgl. S. 61).

In Anbetracht der heterogenen Zusammensetzung des phraseologischen Bestandes als Teil des Lexikons ist es sinnvoll und zweckmäßig, zwischen einem **zentralen** und einem **peripheren Bereich der Phraseologie** zu unterscheiden.[49] Im Zentrum dieses Systems stehen die Phraseologismen in nominativer Funktion, vertreten durch die Wortarten Substantiv, Adjektiv, Verb und Adverb als Arten von **Objektabbildern** (mit denotativer und konnotativer Bedeutung) und den Wortarten Präposition und Konjunktion (die nur operative Bedeutung haben). Die Phraseologismen des zentralen Bereiches sind eindeutig **Wortäquivalente** und überwiegend **Idiome**. Im Satzkontext können sie, wie bereits erwähnt, durch ein nichtphraseologisches Lexem ersetzt oder umschrieben werden. Als Kriterien für die Zuordnung eines Wortgruppenlexems zum zentralen Bereich der Phraseologie gelten daher:

Lexikalisierung
nominative Funktion
Reproduzierbarkeit
usuelle Verwendung
semantische und syntaktische Stabilität
± Idiomatizität.

Beispiele für diesen Bereich sind **Substantive** wie *common sense, blessing in disguise, Black Maria, hot dog, cold war*, **Adjektive** wie *full of beans, bred in the bone, shipshape and Bristol fashion*; **Verben** wie *to pay attention, to pay through the nose, to run the gauntlet, to be up to sth.*; **Adverbien** wie *once in a while, once in a blue moon, every now and then, from down under*, **Präpositionen** wie *by virtue of* und **Konjunktionen** wie *in order to*.

In einem dem Zentrum abgewandten peripheren Bereich der Nominationen sind solche Phraseologismen anzusiedeln, die zwischen Nominationen und Propositionen stehen, da sie teilweise auf Propositionen zurückgehen. Aufgrund ihrer denotativ-übertragenen Bedeutung sind sie aber Idiome. In diese Übergangszone der Phraseologie gehören:

1. **Sprichwortfragmente**, die als Signalwörter das ganze Sprichwort als Proposition assoziieren, z. B. *the early bird* (catches the worm), *a new broom* (sweeps clean), *too many cooks* (spoil the broth). (Vgl. Abschnitt 4.2.1.)

2. **Sprichwörtliche Redensarten**, die ebenfalls Nominationen sind, aber leicht in Sprichwörter umgewandelt werden können: *to throw out the baby with the bathwater, to back the wrong horse, to put the cart before the horse*. (Vgl. Abschnitt 4.2.1.)

3. **Literarische Anspielungen**, die teils Fragmente literarischer Zitate, teils geflügelte Worte aus der Bibel sind und eine Proposition – gleichsam als Hintergrundwissen des Sprechers – implizieren; *the green-eyed monster* (für 'jealousy' (Shakespeare); die volle Proposition lautet: "It [jealousy] is the green-eyed monster which doth mock the meat it feeds on." Othello, III, 3), *to sow the wind and reap the whirlwind* (Bibel). (Vgl. Abschnitt 5.1.)

Diese drei Untergruppen enthalten fast ausschließlich Idiome. Eine Ausnahme bilden lediglich **Zitatfragmente**, die keine denotativ-übertragene Bedeutung haben, wie *A little knowledge* (is a dangerous thing); *Believe in God* (and keep your powder dry). Durch ihre Idiomatizität unterscheiden sich die Sprichwortfragmente, sprichwörtlichen Redensarten und literarischen Anspielungen von solchen Phraseologismen des peripheren Bereiches, die zwar ebenfalls durch nominative Funktion, usuelle Geltung, syntaktische und semantische Stabilität gekennzeichnet, aber nur teilweise idiomatisiert[50] sind, weil ihre Bedeutung aus einer Konstituente des Wortgruppenlexems noch erschlossen werden kann. Dazu gehören die Paar- bzw. Zwillingsformeln und die stereotypen Vergleiche.

4. **Paar- oder Zwillingsformeln** sind Verbindungen von zwei Nominationen, die aber, da sie durch die Konjunktion *and* bzw. *or* verbunden sind, eine semantische Ganzheit bilden. Während die Paarformeln mit *and* einen komplexen Begriff benennen (z. B. *bread and butter* = livelihood), sind die Paarformeln mit *or* im Grunde Ausdruck einer alternativen Sachverhaltsaussage (z. B. *dead or alive; neck or nothing*), was bei diesen Wortgruppenlexemen die Nähe zur Proposition deutlich macht. Ein Wesensmerkmal dieser Paarformeln ist die Unumkehrbarkeit ihrer Konstituenten, weshalb sie auch, sofern sie durch Substantive und Adjektive vertreten sind, als **irreversible binominals**[51] bezeichnet werden. Aber auch Verben und Adverbien können Paarformeln bilden: *touch and go, wait and see; up and down, sooner or later*.

5. **Stereotype Vergleiche** verbinden zwei verschiedene Aussagen über eine Handlung, einen Vorgang oder einen Zustand bzw. eine Eigenschaft mit Hilfe eines Vergleichsbildes, wobei sie, syntaktisch gesehen, Ellipsen von zwei Vergleichssätzen sind. Daraus erklärt sich ihre Mittlerstellung zwischen den Nominationen und den Propositionen. Der Vergleich *as old as the hills* ist eine Ellipse aus *as old as the hills are; to work like a slave* geht zurück auf die Proposition *to work (as hard) as a slave (does)*. Stereotype Vergleiche sind anschauliche, bildhafte Ausdrücke, die sich aber von den vollidiomatisierten Phraseologismen dadurch unterscheiden, daß das Vergleichselement (tertium comparationis) durch ein Einzelwort (explizit durch ein Adjektiv, implizit durch ein Verb) ausgedrückt wird, während es bei Idiomen, die auf einer Metapher beruhen, fehlt (vgl. *(to be) as busy as a bee; to work like a horse* vs. *(to be) an eager beaver*).

Die **äußerste Randzone** des Gesamtbestandes an Phraseologismen bilden **Propositionen**, die komplexe Sachverhalte abbilden und in der Regel als vollständige Sätze, in der Ausnahme als Ellipsen (d. h. Reduktionen vollständiger Sätze) auftreten. Hinsichtlich ihrer usuellen Verwendung und ihrer Idiomatizität weisen diese Phraseologismen jedoch beträchtliche Unterschiede auf. Den Idiomen des zentralen Bereichs und der Übergangszone am nächsten stehen:

1. **Sprichwörter**: Sie sind Allgemeingut der Sprachgemeinschaft und enthalten eine in den meisten Fällen allgemeingültige Aussage in metaphorischer oder gleichnishafter Einkleidung. Ihr Wahrheitsgehalt als Volksweisheit kann jedoch nicht als absolut gelten, da die Generationen verschiedener Gesellschaftsformationen ihre Lebenserfahrungen in das Sprichwortgut eingebracht haben und manche Sprichwörter in ihrem Wahrheitsgehalt sogar einander widersprechen (vgl. Abschnitt 4.2.2.). Der propositionale Charakter der Sprichwörter äußert sich auch in verschiedenen Satztypen: *Every cock crows on his own dunghill. – Why keep a dog and bark yourself? – Let sleeping dogs lie. – Never spur a willing horse. – More haste, less speed.*

2. **Gemeinplätze**: Sie sind Aussprüche, die sich von den Sprichwörtern darin unterscheiden, daß sie keine Lebensweisheit mit einer didaktischen Absicht ausdrücken, sondern eine bekannte Tatsache, die trivial und sogar banal anmuten kann, bezeichnen. Ihre kommunikative Funktion besteht zumeist darin, daß sie als Pausenfüller in ein Gespräch eingefügt werden, vgl. *You never can tell. – We live and learn. – Enough is enough. – One never knows.*

3. **Zitate**: Von den Sprichwörtern unterscheiden sie sich darin, daß ihr Ursprung nicht anonym ist, sondern anhand von Quellen belegt werden kann. Dazu zählen literarische Quellen wie die Bibel, die Literatur der Antike und Moderne, Aussprüche von Staatsmännern, Heerführern, Philosophen usw. Die Verbreitung von Zitaten in der Sprachgemeinschaft ist weitgehend abhängig vom Bildungshintergrund des Einzelsprechers. Zitate sind in der Regel vollständige Sätze, die auch metaphorisiert sein können. Als Sachverhaltsaussagen können sie historische, soziokulturelle und politische Konnotationen haben: *England expects every man to do his duty.* (Nelson); *What will Mrs. Grundy say?* (Morton); *Speak softly and carry a big stick. You will get far.* (Roosevelt). Aussprüche von Dichtern und Schriftstellern, die infolge ihrer Volkstümlichkeit zu Sprichwörtern geworden sind, werden als **Geflügelte Worte** (*winged words*) bezeichnet:[52] *Brevity is the soul of wit.* (Shakespeare); *They also serve who only stand and wait.* (Milton).

4. **Gebote und Maximen** als Lebensregeln unterschiedlicher Herkunft und Geltungsbereiche, z. B. religiöse Gebote der Bibel wie *Thou shalt not kill. – Thou shalt not steal.* Charakteristisch ist ihre heute archaisch anmutende Form, die auf das Frühneuenglische, in dem die *Authorized Version* der englischen Bibel von 1611 abgefaßt ist, zurückgeht.

5. **Losungen** als festgefügte Sätze mit Appellcharakter. Sie können einen politischen, sozialen oder auch kommerziellen Inhalt (als Werbelosungen) haben. Sie sind oft einprägsame Formulierungen, die sich durch Kürze, Prägnanz und bestimmte Stilmittel (darunter Alliteration und Endreim) auszeichnen. Politische Losungen: *Ban the Bomb. – Workers of the World Unite.* Losung der Umweltschützer Englands: *Keep Britain Tidy.* Kommerzielle Losung: *Value for Money. – Don't be vague – ask for Haig* (Whisky-Reklame).

Von diesen Phraseologismen des peripheren Bereichs, die Sachverhaltsabbilder bezeichnen, sind diejenigen Phraseologismen zu unterscheiden, die als **kommunikative Formeln** der Herstellung, Aufrechterhaltung oder Beendigung des Kontaktes der Kommunikationspartner dienen und in bestimmten Situationen im zwischenmenschlichen Umgang verbindlich sind. Sie sind z. T. Ausdruck der phatischen Funktion (d. h. der Kontaktfunktion) der Sprache. Sie werden unter dem Sammelbegriff **Routineformeln**[53] zusammengefaßt.

6. **Routineformeln** sind syntaktisch und semantisch feste Fügungen mit usueller, oft institutionalisierter Geltung, haben zumeist denotativ-wörtliche, selten denotativ-übertragene Bedeutung und können in einzelnen Fällen von expressiven und / oder stilistischen Konnotationen begleitet sein. Idiomatisierte Routineformeln treten z. B. unter Gruß- und Erkundigungsformeln auf, deren ursprüngliche Bedeutung heute nicht mehr transparent ist, vgl. *How do you do?* als ritualisierte Formel bei der Vorstellung; *Come again?* als Bitte um Wiederholung einer Formulierung; *Hear! hear!* als Zustimmungsformel, *Well, I never!* als Ausdruck des Erstaunens; *My foot!* als Ausruf der Entrüstung (mit dem Charakter einer Interjektion). Routineformeln dieser Art haben Berührungspunkte

mit den in der mündlichen Kommunikation (meist im Dialog) üblichen Vertextungselementen, die im Englischen unter dem Begriff *gambits* bekannt sind und in Arbeiten zur Gesprächsanalyse eine zentrale Rolle spielen (vgl. Abschnitt 6.1.).

Insgesamt dürfen diese festen Wortverbindungen als die äußerste Grenze des Gesamtbestandes an Phraseologismen, die die Phraseologie als Teilsystem der Lexikologie zu beschreiben und zu klassifizieren hat, angesehen werden. Die Tatsache aber, daß diese Ausdrücke in den einschlägigen einsprachigen Wörterbüchern enthalten sind und einen wichtigen Bestandteil aller Idiomsammlungen bilden, verdeutlicht ihre Relevanz für die Lexikologie, die Lexikographie, die Stilistik und nicht zuletzt die Soziolinguistik, weil die Routineformeln kommunikativen Normen unterliegen.

Die Gliederung des phraseologischen Materials in **Zentrum, Übergangszone** und **Peripherie der Phraseologie** soll durch das folgende Schema veranschaulicht werden. In dieser Darstellung ist nur eine allgemeine Zuordnung der Nominationen und Propositionen, aber keine quantitative Aussage über ihre Repräsentanz im Gesamtkorpus möglich. Die Schraffur soll andeuten, daß nichtidiomatisierte Phraseologismen in der Minderheit vertreten sind und daß Idiome den Prototyp des Phraseologismus unter den Nominationen wie unter den Propositionen (mit Ausnahme der äußersten Randzone) darstellen.

Die Binnenstruktur des phraseologischen Materials.

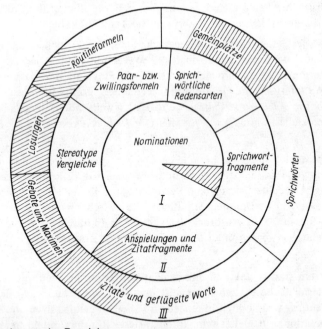

Legende: Gliederung der Bereiche
    I. Zentraler Bereich: Nominationen
    II. Übergangszone: Reduktionen von Propositionen
    III. Peripherer Bereich: Propositionen bzw. deren Ellipsen
    ▨▨▨ nichtidiomatisierte Phraseologismen
    ☐ Idiome

Das vorstehende Schema vereinigt unter dem Oberbegriff Phraseologismus Nominationen und Propositionen. Die Idiome dominieren eindeutig im Zentrum, in der Übergangszone sowie in weiten Teilen der Peripherie der Phraseologie. Die nichtidiomatisierten Phraseologismen im Bereich des Zentrums sind die bereits erwähnten restringierten Kollokationen, im Bereich der Peripherie der überwiegende Teil der Gemeinplätze, Zitate, Losungen, Gebote und Routineformeln.

Die Binnengliederung des phraseologischen Wortschatzes läßt sich aber auch als **Baumdiagramm** darstellen, wobei der Bereich der Nominationen genauer untergliedert werden kann, die differenziert auftretende Idiomatizität in den einzelnen Untergruppen der Propositionen jedoch nicht mehr darstellbar ist. Darüber hinaus läßt sich die denotative Nähe von Sprichwortfragmenten und Sprichwörtern, Zitatfragmenten und Zitaten in der Übergangszone und in der Peripherie nur durch eine parallele Anordnung auf der untersten Stufe der Verzweigung des Baumgraphen andeuten. Zum Zwecke der Vereinheitlichung werden unter dem Oberbegriff „Propositionen" **partielle Propositionen** (d. h. Reduktionen von Propositionen) und **vollständige Propositionen** einander gegenübergestellt.

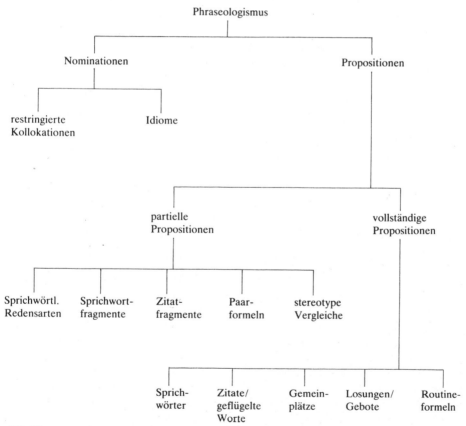

Die Wortarten der Phraseologismen im Zentrum und in der Übergangszone bleiben in beiden Schemata unberücksichtigt; sie werden in den einzelnen Kapiteln der Typologie der Idiome (vgl. Abschnitt 4.1.) herausgearbeitet.

1.4. Grundbegriffe der Phraseologie

Der Terminus **Phraseologie** wird in theoretischen Arbeiten oft in doppelter Bedeutung gebraucht, denn er umfaßt

1. den **Gegenstandsbereich der Phraseologie** als einer Teildisziplin der Lexikologie im System der Linguistik (die Phraseologie als Lehre von den festen Wortverbindungen) und

2. den **Gesamtbestand an festen Wortverbindungen** (Nominationen und Propositionen), die zum Lexikon der Sprache gehören und den Angehörigen der Sprachgemeinschaft als fertige lexikalische und kommunikative Einheiten reproduktiv zur Verfügung stehen.

In der folgenden Darstellung des phraseologischen Systems der englischen Gegenwartssprache soll der Terminus nur im erstgenannten Sinne verwendet und seine zweite Bedeutung zur besseren Verständlichkeit als „phraseologischer Wortschatz des Englischen" bzw. als „Inventar phraseologischer Einheiten" umschrieben werden. Als Grundbegriffe werden dabei die Termini **Phraseologismus** und **phraseologische Einheit** s y n o n y m gebraucht.[54] Phraseologismen werden übergreifend als feste Wortverbindungen verstanden, unabhängig davon, ob sie als Nominationen oder als Propositionen auftreten.

Die synchronische Analyse der Phraseologismen in nominativer Funktion hat das Ziel, diese festen Wortverbindungen auf der Grundlage ihrer unmittelbaren Konstituenten (Einzelwörter, die eine feste Verbindung eingegangen sind) in **Modellen** zu beschreiben und zu systematisieren. Die **Modelliertheit** bzw. Modellhaftigkeit[55] ist somit ein Grundbegriff der Phraseologie-Forschung. Analog zu den Modellen der Wortbildungslehre, die auf den „formalen Baumustern"[56] bzw. den Regeln beruhen, nach denen komplexe Wörter (z. B. aus einfachen Wörtern und Affixen) gebildet sind oder gebildet werden, sind die Modelle der Phraseologie diejenigen systemhaften morphologischen Strukturen, die den bereits existierenden oder jederzeit bildbaren Wortverbindungen in Form einfacher Wörter (im Unterschied zur Wortbildung nicht in Form von Wortstämmen und Affixen) zugrunde liegen. Modelle lassen sich erst dann aufstellen, wenn die betreffende morphologische Struktur infolge ihrer häufigen Verwendung reihenbildend wirkt. Im phraseologischen Wortschatz gibt es jedoch auch einmalige, asystematische Bildungen, die sich aufgrund ihrer sprachgeschichtlichen Entwicklung oder anderer Faktoren keinem Modell zuordnen lassen.

Ähnlich wie das Wortbildungsmodell kann das phraseologische Modell Träger unterschiedlicher semantischer Strukturen, die als **Typen**[57] bezeichnet werden, sein. Während bei einem Wortbildungsmodell eine systematische Zuordnung von Typen relativ leicht möglich ist, bietet sie bei phraseologischen Modellen infolge der Idiomatizität der Bedeutung erhöhte Schwierigkeiten. Überdies sind manche Typen schwach frequentiert, was sich aus der unzureichenden und fehlenden Motiviertheit vieler Phraseologismen erklärt. Unter dem Grundbegriff **Motiviertheit** bzw. **Motivation** wird die noch mögliche empirische Deutbarkeit eines idiomatisierten Phraseologismus durch den Vergleich seiner denotativ-wörtlichen und denotativ-übertragenen Bedeutung verstanden[58] (vgl. solche in unterschiedlicher Weise motivierten Idiome wie *whodunit, dog in the manger; down and out; to eat one's words; from down under*).

Grundbegriffe der Phraseologie sind schließlich die bereits erörterten Eigenschaften des Phraseologismus **Lexikalisierung**, **usuelle Verwendung**, **Reproduzierbarkeit**, **semantische und syntaktische Stabilität** und die **(potentielle) Idiomatizität**. Sie werden ergänzt durch die **Variation** des Phraseologismus, die einerseits innerhalb lexikalisierter Varianten von Konstituenten, andererseits durch subjektive Modifikationen von Phraseologismen im Redeakt möglich ist.[59] Variationen dieser Art können auf das Sprachsystem zurückwirken und sind wertvolle Indizien für die diachronische Betrachtung des phraseologischen Wortschatzes.

1.5. Diachronische Aspekte der Phraseologie

Da jede Sprache Ergebnis einer historischen Entwicklung ist und in engem Zusammenhang mit den gesellschaftlichen Verhältnissen der Sprachgemeinschaft steht, weist sie faktisch auf allen Systemebenen Relikte älterer Sprachzustände auf. Unter historischen Relikten in der Gegenwartssprache sind solche Erscheinungen zu verstehen, die entweder nicht mehr analysierbar oder in Hinblick auf Analogiebildungen nicht mehr produktiv sind. Im Grunde kann daher nur die dialektische Betrachtungsweise von Gegenwartssprache und Sprachgeschichte, von Synchronie und Diachronie, der Struktur und Funktionsweise einer Sprache gerecht werden. Eine rein synchronische Betrachtung hat aber dann ihre methodische Berechtigung, wenn ein Ausschnitt aus einer sprachlichen Ebene detailliert beschrieben und erklärt werden soll.

In der Phraseologie ist es notwendig und möglich, die synchronische und diachronische Betrachtungsweise miteinander zu verbinden, auch wenn im Mittelpunkt der Untersuchung die Gegenwartssprache steht. Ein Teil der phraseologischen Einheiten des modernen Englischen hat bereits ein beträchtliches sprachgeschichtliches Alter. So können Phraseologismen einzelne Konstituenten enthalten (Wörter wie *hale, pikestaff, sandboy, span, spick*), die heute bereits archaisch oder im Veralten begriffen sind und nur noch wendungsintern[60] auftreten: in Zwillingsformeln wie *hale and hearty, spick and span* und in stereotypen Vergleichen wie *as happy as a sandboy, as plain as a pikestaff*. Ein weiteres historisches Relikt sind **Alliterationen** (*as blind as a bat*), **Assonanzen** (*a stitch in time saves nine*) und **Binnenreime** (*wear and tear*). Sprachgeschichtlich bedingt sind nicht zuletzt bestimmte Anomalien in der Formativstruktur von Phraseologismen wie das Fehlen des Artikels (*at hand, by heart*) oder die unmotiviert erscheinende Verwendung des Singulars oder Plurals (*to give a / helping / hand; to make friends with sb.*).

Wie die lexikographische Forschung nachgewiesen hat, sind einige in der englischen Gegenwartssprache noch existierende Phraseologismen im Veralten begriffen. Zwar werden sie noch von Sprechern der älteren Generation verwendet, sie sind aber nicht mehr lebendiger Besitz der gesamten Sprachgemeinschaft.[61] In den neuesten Idiomwörterbüchern werden sie daher mit dem Hinweis "*old-fashioned*" bzw. "*rather old-fashioned*" ('*Longman Dictionary of English Idioms*') oder "*dated*" ('*Oxford Dictionary of Current Idiomatic English*', Vol. 2) gekennzeichnet. Solche Angaben über den aktuellen Verbreitungsgrad ("*usage notes*"; "*provenance and currency*") eines Phraseologismus deuten auf bestimmte Veränderungen im gegenwärtigen Sprachgebrauch hin und ermöglichen durch mehrere, in bestimmten Zeitabständen vorgenommene synchronische Vergleiche, schließlich diachronische Aussagen. Beispiele für veraltende Phraseologismen sind *a curtain lecture* 'old-fash., a private scolding given by a wife to her husband'; *an out-and-outer* 'old-fash., coll., a person or thing regarded as a perfect example of its type, esp. someone or something considered to be very bad'; *to cross the Rubicon* 'old-fash., to make a decision, choose a course of action, or act in a way that cannot be changed'; *to be in low water* 'not formal, rather old-fash., discouraged, esp. through not having enough money' und die Routineformel *Gee wizz* (!) 'dated US. informal, exclamation of astonishment'. (Vgl. auch S. 35)

Ein stets diachronisch wirkender Prozeß ist die **Idiomatisierung**, selbst wenn sie in der Gegenwartssprache nur in größeren Zeiträumen beobachtet werden kann. Voraussetzung für die Idiomatizität eines Phraseologismus ist die Polysemie der in die feste Wortverbindung eingegangenen Einzelwörter oder zumindest eines Einzelwortes (vgl. 2.1.). Das Auftreten von Polysemie ist ein natürlicher, zu allen Zeiten wirkender, universeller Vorgang, der daraus resultiert, daß die Sprecher in der Lage sind, mit einem begrenzten Vorrat an sprachlichen Zeichen eine unbegrenzte Menge außersprachlicher Sachverhalte zu kommunizieren und das Zeicheninventar ihren kommunikativen Bedürfnissen anzupassen. An konkreten Beispielen läßt sich Polysemie durch Bedeutungserweiterung oder -übertragung (die Aufnahme eines neuen Semems durch das gleiche Formativ) an Affixen, einfachen und komplexen Wörtern sowie an Wortgruppenlexemen nachweisen.[62]

Der Übergang von offenen zu restringierten Kollokationen und schließlich zu Idiomen kann nur aus einem Vergleich dieser Wortgruppen in verschiedenen Kontexten historischer Quellen erschlossen werden, so daß die diachronisch orientierte Phraseologieforschung vor der Aufgabe steht, die Kollokabilität von Wörtern in früheren Sprachperioden aufgrund aktueller Textbelege rekonstruieren zu müssen. Relativ einfach nachvollziehbar ist die Idiomatisierung an einigen Routineformeln, bei denen sich mit der semantischen Umdeutung zugleich eine Veränderung der Formativstruktur herausgebildet hat. So beinhaltet *How do you do?* in der Gegenwartssprache nicht mehr die Frage nach dem persönlichen Befinden des Angesprochenen, sondern beschränkt sich auf den ritualisierten Sprechakt des Vorstellens, wobei diese Formel von einem paralingualen Element, dem Händedruck zwischen den vorgestellten Personen, begleitet wird. In ähnlicher Weise hat die Verabschiedungsformel *Good-bye* nicht mehr den Charakter eines ursprünglichen Segenswunsches (*God be with ye / you*), sondern wird durch ihre morphologische Reduktion zu *Bye-bye!* bzw. *Bye!* zu einer weitgehend sinnentleerten kommunikativen Formel (vgl. auch Abschnitt 6.1.).

Ein weiterer Nachweis diachronischer Betrachtungsmöglichkeiten der Phraseologie sind einige Wortbildungsprozesse, denen phraseologische Einheiten als Basen zugrunde liegen, wie z. B. die **dephraseologische Derivation**[63] und die **komplementäre Analogiebildung** zu Phraseologismen, die durch ein natürliches Geschlecht markiert sind, vgl. *art-for-arter* (< *art for art's sake*), *fence-sitter* (< *to sit on the fence*), *fifth-columnist* (< *fifth column*); *girl Friday* als Analogon zu *man Friday*, *woman of the world* zu *man of the world* (vgl. Abschnitt 1.2.3. und 1.2.4.). Komplementäre Analogiebildungen zu Idiomen können kurzlebig sein oder aber als Neologismen Eingang in das Wörterbuch finden. So entstand Mitte der sechziger Jahre ein neues Paradigma von Nullableitungen auf der Grundlage von *phrasal verbs* als Analogiebildungen zu *sit-in* 'of workers, students etc., demonstration by occupying a building (or part of it) and staying there until their grievances are considered or until they themselves are ejected'. Neubildungen in der Tagespresse wie *wade-in*, *teach-in*, *listen-in*, *kneel-in*, *pray-in* u. a. m. bezeichneten Aktionen im Zusammenhang mit dem Kampf der afroamerikanischen Bevölkerung der USA gegen Rassendiskriminierung, die sich in der gewaltlosen Besetzung der für Weiße reservierten Verkehrsmittel, kulturellen Einrichtungen, Kirchen u. a. m. äußerten. Von diesen Neubildungen ist nur *teach-in* lexikalisiert worden in der Bedeutung 'coll., discussion of a subject of topical interest (as held in a college, with students, staff and other speakers)'. Zu den phraseologischen Neologismen gehören *a Catch-22 situation* (vgl. Abschnitt 5.1.4. und 7.2.) und *The Iron Lady* (die von britischen Journalisten verwendete Bezeichnung für Premierministerin Margaret Thatcher).

Eine diachronische Betrachtung erweist sich auch bei solchen Phraseologismen als notwendig, die zwar kein auffälliges sprachgeschichtliches Merkmal in ihrer Formativstruktur haben, sich aber auf historisch bedingte und in der Gegenwart nicht mehr existierende Denotate oder Sachverhalte (in der Hauptsache Realien) beziehen. Ohne spezielles soziokulturelles Hintergrundwissen ist der Durchschnittssprecher der Gegenwartssprache nicht mehr in der Lage, die Herkunft einer Reihe verbaler Idiome, darunter sprichwörtlicher Redensarten aus verschiedenen Tätigkeitssphären, zurückzuverfolgen, da sich das gesellschaftliche Bewußtsein im Laufe mehrerer Generationen verändert hat. Doch kann gerade die Etymologie solcher Idiome über gesellschaftliche Veränderungen beim Übergang vom Mittelalter zur Neuzeit Aufschluß geben, z. B. in der Landwirtschaft, in den Gewerben, in der Gerichtsbarkeit, im Militärwesen. Nach Auskunft des LDEI hat das Idiom *to kick the bucket* seinen Ursprung im Fleischerhandwerk: "bucket in this phrase perhaps means a beam from which pigs were hung by their heels after being killed". Für das Idiom *to pull s. o.'s leg* führen Ch. Fernando und R. Flavell (p. 27) eine mittelalterliche Exekutionspraxis als Erklärung an: "the old practice of pulling the legs of a man in the process of being hanged to speed his death and so spare his agony". Für einige heute verdunkelte Idiome sind unterschiedliche Deutungen vorgeschlagen worden. Das Idiom *to send to Coventry* ('not formal, to punish s. o. by not speaking to him') geht auf eine noch im 19. Jh. in der englischen Armee übliche Maßnahme zurück, derzufolge undisziplinierte Offiziere von London nach dem damals abgelegenen Coventry strafversetzt wurden. Die Deutung des LDEI besagt dagegen: "probably from an old story that soldiers on military duty in Coventry were greatly disliked by the people of the town, who carried on their lives as if the soldiers were not there".

Besonders geeignet für diachronische soziolinguistische Exkurse sind Sprichwörter (vgl. Abschnitt 4.2.2.2.). Bei einigen von ihnen gehen semantische Umdeutungen mit Veränderungen der Formativstruktur konform, vgl. *It is no use spoiling the ship for a ha'p'orth of tar* in der heutigen Bedeutung 'the folly of false economy of failing to achieve one's purpose to save in a small amount'. In diesem Kontext ist das Wort *ship* jedoch eine volksetymologische Umdeutung von *sheep* (vgl. S. 114). Andererseits ist in der Gegenwartssprache die Tendenz zu beobachten, daß Sprichwörter umgeformt werden. So begegnet das traditionelle Sprichwort *You can't eat your cake and have it* in jüngster Zeit in der Form *You can't have your cake and eat it.*[64] Über das Entstehen neuer Sprichwörter und sprichwörtlicher Redensarten im 20. Jh. geben Standardwerke wie das '*Concise Oxford Dictionary of Proverbs*' Auskunft.

Diese wenigen Beispiele sollten veranschaulichen, daß die diachronische Betrachtungsweise den Blick für Veränderungen von Phraseologismen in der unmittelbaren Gegenwart schärfen und das Wirken der schöpferischen Kräfte der Sprachgemeinschaft verdeutlichen kann.

2. Das Idiom als Prototyp des Phraseologismus

Die Idiomatik – weniger ihre theoretische Reflexion als Idiomatizität – gehört zu denjenigen Erscheinungen des Wortschatzes, die dem Durchschnittssprecher empirisch leicht zugänglich sind, weil sie offenbar intuitiv beherrscht werden, die aber einer adäquaten theoretischen Beschreibung und Erklärung beträchtliche Hindernisse in den Weg stellen. Ein Grund dafür ist bereits darin zu sehen, daß der Begriff **Idiom** im Englischen wie im Deutschen mehrdeutig ist und von der Semantik, der praktischen Stillehre und dem Fremdsprachenunterricht als Terminus unterschiedlich gebraucht wird.[65] In Lehrbüchern für den Fremdsprachenunterricht ist es üblich, eine lexikalische Einheit, die aufgrund ihrer Formativ- oder Bedeutungsstruktur von dem Äquivalent in der Muttersprache erheblich abweicht und mit einem Minimalkontext eingeprägt werden muß, als „Idiom" zu bezeichnen und als besonders übungsintensiv hervorzuheben. Eine ähnliche Auffassung findet man mitunter in der praktischen Stilistik („Stillehre"), die den Lernenden in der Mutter- wie in der Fremdsprache zunächst rezeptiv, später produktiv zu einem stilistisch und situativ angemessenen Sprachgebrauch befähigen will und auf die Beherrschung von Idiomen besonderen Wert legt.[66] Demgegenüber versteht die lexikalische Semantik unter einem Idiom eine feste Wortverbindung, deren Gesamtbedeutung nicht mehr aus den Relationen und der Funktion der Konstituentenseméme hervorgeht.[67] Dieses als **Idiomatizität** (engl. *idiomaticity*, russ. *idiomatičnosť*) bekannte semantische Wesensmerkmal des Phraseologismus, das zum Idiom führt, wird von einzelnen Lexikologen als „Umdeutung", „Bedeutungsübertragung",[68] „Bedeutungsisolierung",[69] „Bedeutungsanomalie"[70] oder auch als „exosememische Bedeutung"[71] umschrieben, aber kaum erschöpfend erklärt. Es läßt sich als latente Eigenschaft jeder restringierten Kollokation bzw. jeder festen (auch satzartigen) Wortverbindung auffassen und nur als allgemeine Tendenz beschreiben. An den phraseologischen Modellen ist die Idiomatizität stets erneut zu überprüfen.

Die Tatsache, daß das Idiom der Prototyp des Phraseologismus ist und im phraseologischen Inventar den Hauptteil der Nominationen und Propositionen ausmacht, kann als Grund dafür angesehen werden, daß in der von den Kollokationen ausgehenden britischen Forschungsrichtung[72] und der den Modellen der Stratifikations- bzw. Transformationsgrammatik verpflichteten amerikanischen Forschungsrichtung[73] das **Idiom als Oberbegriff für phraseologische Einheiten aller Art** verwendet wird. Demgegenüber erhebt die sowjetische Forschungsrichtung[74] den **Phraseologismus zum Oberbegriff**, erweitert ihn bei den Nominationen auf terminologische Wortverbindungen und onymische Einheiten (Erläuterung s. S. 65) und ordnet ihm die Idiome unter. Beide Richtungen begegnen sich in der Abstufung der Idiomatizität als Korrelat zu verschiedenen Graden der Festigkeit einer Wortverbindung, und zwar in dem Bemühen um eine widerspruchsfreie Klassifizierung des Gesamtbestandes phraseologischer Einheiten und in der Integration des Textes in die auf das Sprachsystem gestützte Beschreibung und Erklärung dieses Sprachmaterials.

2.1. Die Graduierung der Idiomatizität

Wie bereits an mehreren Beispielen erläutert wurde (vgl. S. 19), läßt sich die Bedeutung eines Idioms nicht mit Prädikats- und Rollentypen wie die eines komplexen Wortes beschreiben, weil sie nicht aus den Sememen der einzelnen Konstituenten ableitbar ist, sondern aus einer spezifischen Auswahl und Anordnung der semantischen Komponenten der Einzelwörter resultiert. Dabei können solche Komponenten in die Gesamtbedeutung eines Idioms eingehen, die nicht in den Konstituentenbedeutungen angelegt sind und faktisch neu hinzukommen. Eine wesentliche Voraussetzung für die Bildung eines Idioms ist dabei die Polysemie mindestens einer Konstituente, so daß bei der entstehenden neuen semantischen Konfiguration eine Bedeutungsvariante (genauer: ein Semem) ausgewählt wird. Dieser Gedanke liegt der von U. Weinreich vorgeschlagenen Definition des Idioms zugrunde:

> "A phraseological unit that involves at least two polysemous constituents, and in which there is a reciprocal contextual selection of subsenses, will be called an idiom. Thus some phraseological units are idioms; others are not."[75]

Wendet man diese Definition auf die Idiome *early bird*, *hot dog* und *red herring* an, so hat jede Konstituente dieser Wortgruppenlexeme einige "subsenses", d. h., sie ist polysem. In Wörterbucherklärungen der Einzellexeme findet man jedoch keine Bedeutungskomponente, derzufolge *early bird* als 'efficient person', *hot dog* als 'hot sausage' und *red herring* als 'phony issue' realisiert wird, abgesehen davon, daß solche Idiome in ihrer denotativ-übertragenen Bedeutung stets als selbständige Wörterbucheinheit verzeichnet sind.

Ein weiterführender Ansatz für eine Präzisierung des Idiom-Begriffs ist Weinrichs Unterscheidung zwischen **unilateralen** und **bilateralen Idiomen** innerhalb der reziproken Beziehungen ihrer Konstituentenbedeutungen.[76] **Unilateral** sind solche Idiome, bei denen noch eine Konstituente ihre denotativ-wörtliche Bedeutung bewahrt hat und eine teilweise Entschlüsselung des Idioms ermöglicht: *to charge an account* 'to record sth. to sb.'s debt'. Idiomatisiert ist in diesem Idiom nur das Verb; das Objekt hat denotativ-wörtliche Bedeutung.[77] Als **bilaterale** Idiome gelten nach U. Weinreich dagegen solche Wortgruppenlexeme, bei denen beide Konstituenten in denotativ-übertragener Bedeutung usuell verwendet werden, z. B. *to rub noses with sb.* 'to be familiar with sb.'.

Weinrichs Graduierung der Idiomatizität bietet theoretische Vorzüge, weil sie zunächst eine Grobgliederung der Idiome in nominativer Funktion hinsichtlich der Zahl der idiomatisierten Konstituenten ermöglicht und auf alle Wortarten anwendbar ist. So können bei unilateralen **substantivischen** Idiomen des Modells Adj. + N entweder das Adjektiv oder das Substantiv, aber nicht beide gleichzeitig metaphorisiert sein. Eine Metaphorisierung des Adjektivs liegt vor in *cold war*, *black market*, *white lie*, eine metonymische Bedeutung in *mental note*, *nodding acquaintance* 'only a slight knowledge of a subject, less often, a person'. Metaphorische Bedeutung trägt das Substantiv in *hot dog*, *green belt*, metonymische in *private eye* 'private detective'.

Bei den unilateralen **verbalen** Idiomen des Modells V_t + NP kann entweder das Verb oder die als Objekt verwendete Nominalphrase metaphorische oder metonymische Bedeutung haben. Metaphorisiert ist das Verb in *to pocket an insult* 'endure it without protest' und *to roll back the years*. Dagegen hat das Objekt metaphorische Bedeutung in *to serve two* *masters* 'to be divided in one's loyalty, or between two opposite principles', metonymische Bedeutung in *to save one's skin* 'coll., to escape from a danger' und *to get the sack* 'to become unemployed'. In ähnlicher Weise kann bei den verbalen Idiomen des Modells V_i + PP das Verb oder die Präpositionalphrase metaphorisiert sein. Metaphorische Bedeutung hat das Verb in *to rise to the occasion*, die PP in *to pay through the nose* 'coll., to pay a very high price for sth.' und *to buy sth. for a song* 'to by sth. for a mere trifle'.

Auch bei den unilateralen **Adverbien** ist nur eine Konstituente metaphorisiert, so daß die Gesamtbedeutung des Idioms noch teilweise aus den Bedeutungen der Konstituenten erschließbar ist: *in the heat of the moment* 'impetuously', *at the dead of night* 'in the middle of the night'.

Im Unterschied zu den unilateralen Idiomen haben bei den **bilateralen** beide Konstituenten übertragene Bedeutung. So sind bei dem Modell Adj. + N beide Konstituenten metaphorisiert: *lame duck, white elephant, golden handshake*. Das gleiche Prinzip gilt für das Modell N + PP: *man-of-war, skeleton in the cupboard*.

In ähnlicher Weise sind bei den bilateralen **Verben** des Modells V_t + NP beide Konstituenten metaphorisiert und Teil der idiomatischen Gesamtbedeutung: *to toe the line* 'to obey orders given to one as a member of a group or party', *to smell a rat* 'to suspect sth. wrong', *to settle / balance accounts* 'to punish or get revenge'. Gleiches gilt für das Modell V_i + PP: *to stick in one's throat* 'not to be readily acceptable', *to make to one's heels* 'to run away'. Bilaterale adjektivische Idiome sind *bred in the bone* und *spick and span*.

Bei bilateralen **Adverbien** ist der ganze Ausdruck (meist eine PP) metaphorisiert: *from pillar to post* 'from one place to the other'; *with might and main* 'forcibly', *head over heels* 'upside down'.

Mit zunehmender Konstituentenzahl eines Idioms und der damit wachsenden Komplexität der semantischen Beziehungen innerhalb des Wortgruppenlexems ist es notwendig, eine über die von U. Weinreich postulierten bilateralen Idiome hinausreichende Kategorie, die der **multilateralen Idiome**, einzuführen, zumal sich die Idiomatizität auch auf längere Wortverbindungen, die an der Grenze zur Proposition liegen, erstrecken kann. Das gilt insbesondere für sprichwörtliche Redensarten und Sprichwortfragmente: *to cut off one's nose to spite one's face* 'to do sth. to one's disadvantage because one is angry', *to burn the candle at both ends* 'to work hard', *to keep a civil tongue in one's head* 'not to be rude'; *a bird in the hand*; *a fool and his money* (vgl. auch 4.2.1.). Beispiele für multilaterale adverbiale Idiome sind: *in less than no time* 'immediately', *before you can say Jack Robinson* 'quickly'.

Bei der Einteilung der Idiome in unilaterale, bilaterale und multilaterale können sich im Einzelfalle Zuordnungsprobleme ergeben, wenn bei den Konstituenten mitunter verschiedene Interpretationen möglich sind. Außerdem bietet die Sprachwirklichkeit immer wieder Übergangsfälle, namentlich dann, wenn die Beschreibung des Idiombestandes einer Sprache auf der Grundlage von Materialkorpora, die aus Wörterbüchern, Idiomsammlungen und Texten gewonnen wurden, durchzuführen ist und eine eklektische Auswahl relativ gesicherter und häufig zitierter Beispiele, wie sie in linguistischen Untersuchungen noch vorkommt, überwunden werden soll. In dieser Hinsicht hat auch U. Weinreich nur einen sehr schmalen Ausschnitt des Idiombestandes der englischen Gegenwartssprache überprüft. Am konkreten Einzelbeispiel zeigt sich, daß sich in manchen Fällen das historisch entstandene und sich ständig verändernde Inventar der Phraseologismen einem arbiträr ordnenden logischen Zugriff letztlich entzieht. Statt widerspruchsfreier Kategorien können daher – ähnlich wie in der Wortbildungslehre – nur allgemeine Merkmalscharakteristika in Form von Modellen und Typen herausgearbeitet und bestimmte Entwicklungstendenzen angedeutet werden.[78]

Die von U. Weinreich vorgeschlagene und erweiterte Graduierung der Idiomatizität nach unilateralen, bilateralen und multilateralen Idiomen ist ein möglicher Arbeitsansatz, der in der folgenden Darstellung (Abschnitt 4.1.) an einem Materialkorpus von ca. 1800 nominativen phraseologischen Einheiten erprobt werden soll. Der Grad der Idiomatizität ist hierbei das leitende Prinzip für die Zuordnung der phraseologischen Modelle in den einzelnen Wortarten auf der Grundlage ihrer Konstituentenstrukturen.[79]

Die Notwendigkeit einer Graduierung der Idiomatizität entsteht faktisch bei allen taxonomischen Versuchen in der Phraseologie-Forschung. A. Rothkegel entwickelt für die deutsche Sprache eine Klassifikation von Phraseologismen, die sie als „feste Syntagmen" (im Unterschied zu „variablen Syntagmen") bezeichnet und auf Nominationen beschränkt, so daß satzähnliche Phraseologismen außerhalb der Betrachtung bleiben.[80] Ihr semantisches Unterscheidungskriterium ist die „exozentrische Determination", bei der beide „Klassen" (d. h. Konstituenten) im Verhältnis der „kompletten Inklusion" zueinander stehen und sich gegenseitig determinieren (z. B. *kalte Ente, Kohldampf schieben, gang und gäbe, auf Schritt und Tritt*). Die denotative Bedeutung liegt außerhalb beider Konstituenten des Ausdrucks. Die exozentrische Determination läßt sich noch weiter untergliedern. Bei der „endozentrischen Determination" stehen dagegen die beiden „Klassen" in einem Verhältnis der „partiellen Inklusion" zueinander, so daß eine Konstituente ihre „eigenständige, singuläre" (d. h. denotativ-wörtliche) Bedeutung hat (*blinder Passagier, Fahrt ins Blaue, schwarzer Markt, leer ausgehen*). Insofern lassen sich die endozentrische und exozentrische Determination Rothkegels mit den unilateralen und bilateralen Idiomen Weinreichs vergleichen. Das Kriterium der Determination überträgt Rothkegel auf ihre nach syntaktischen Gesichtspunkten vorgenommene Klassifikation der Phraseologismen aufgrund der in einem festen Syntagma dominierenden Wortarten (Substantiv, Adverb, Präposition, Verb).

K. D. Pilz[81] gründet seine breit angelegte und an deutschen Beispielen illustrierte Klassifikation der Phraseologismen, für die er den Oberbegriff „Phraseolexem" einführt, auf ihre Satzgliedfunktion und die syntaktischen Beziehungen der Konstituenten untereinander. Sein System hat gegenüber dem von A. Rothkegel den Vorzug, daß es auch die satzähnlichen Phraseologismen konsequent subklassifiziert; die „Satzlexeme" reichen von „phraseologischen Formeln" bis zu den Sprichwörtern und berücksichtigen auch Grenzfälle. Semantische Kriterien spielen dagegen keine Rolle.

Eine semantische und syntaktische Grundlage hat B. Frasers für verbale Idiome des Englischen skizziertes Schema der Idiomatizität, das als "*frozenness hierarchy*" bekannt geworden ist. Zum Nachweis für das syntaktische Verhalten der Phraseologismen und die Beweglichkeit bzw. Festigkeit ihrer Konstituenten verwendet Fraser einige syntaktische Operationen des Modells der generativen Transformationsgrammatik.[82] Dabei beruft er sich nur auf seine eigene Sprachkompetenz (des Amerikanischen Englisch) und verzichtet auf eine Erweiterung seiner Klassifikation auf Idiome anderer Wortarten. Zur Illustration verwendet er ein schmales Beispielmaterial. Frasers "*frozenness hierarchy*" hat folgende Stufen:

L6 – *Unrestricted* (L steht für Lexem; hier sind freie Fügungen aller Art möglich, z. B. *to close a door, to pay homage to sb.*);

L5 – *Reconstitution* (vergleichbar mit halbfesten Fügungen; Passivtransformation und Nominalisierungstransformation sind möglich: *to keep one's word; to let the cat out of the bag*);

L4 – *Extraction* (Passivbildung und die Einfügung eines Ortsadverbs sind möglich: *to break the news to sb.; to hit the nail on the head; to take interest in; to worry about*);

L3 – *Permutation* (Umstellung von Konstituenten ist möglich, z. B. *to bring down the house; to put on some weight; to teach new tricks to an old dog*);

L2 – *Insertion* (Einschub von Konstituenten, z. B. von Attributen, ist möglich: *to give ground to; to bear witness to; to give the benefit of doubt to; to run into*);

L1 – *Adjunction* (Bildung des Gerundiums ist möglich: *to kick the bucket; to burn the candle at both ends; to give birth to; to insist on*);

L0 – *Completely Frozen* (nicht mehr interpretierbare, unmotiviert erscheinende Idiome, die keinerlei Veränderungen zulassen: *to bite off one's tongue; to build castles in the air; to face the music; to sit on pins and needles*).

Frasers Konzept veranschaulicht zugleich die transformationelle Defektivität vieler Idiome, d. h. ihre Unfähigkeit, syntaktische Veränderungen einer nichtidiomatisierten syntaktischen Wortgruppe zu durchlaufen (vgl. ausführlicher S. 60 ff.).

Die von A. Makkai[83] ausgearbeitete Klassifikation englischer Idiome (im Sprachraum des "Standard American English") gründet sich auf ein umfangreiches und repräsentatives Beispielmaterial, das Nominationen aller Wortarten und einen Großteil der Propositionen (Sprichwörter, Zitate und Routineformeln) abdeckt. In Anlehnung an Ch. F. Hokkett erweitert Makkai jedoch sein System auch auf Modelle idiomatisierter Komposita, die er als "*phrasal compound idioms*" bezeichnet (z. B. *blacklist, greenroom, hothouse; book worm, fishwife, forefinger*), wodurch die Grenzen zwischen Phraseologie und Wortbildung verwischt werden. Er belegt seine aus führenden englischen Wörterbüchern zusammengestellten Idiomklassen durch statistische Werte über die Art und Häufigkeit ihrer Verwendung, die u. a. durch Informantenbefragungen ermittelt wurden. Die Idiomklassifikation Makkais beruht teils auf semantischen, teils auf syntaktischen Kriterien (dem Verhalten der Idiome gegenüber syntagmatischen und paradigmatischen Veränderungen im Satz) und gliedert sich in zwei Hauptgruppen, die "*lexemic idioms*" und die "*sememic or cultural-pragmemic idioms*". Obwohl diese Unterscheidung auch terminologisch weitgehend von der Stratifikationsgrammatik beeinflußt ist, wird dadurch nicht ihre allgemeine Aussagekraft beeinträchtigt. Die "*lexemic idioms*" umfassen folgende Klassen:

1. *phrasal verb idioms* (darunter die 100 häufigsten, meist einsilbigen Basisverben, die mit Adverbien *phrasal verbs* bilden, wie z. B. *come across, drive about, move along*, und in den meisten Fällen substantivische Ableitungen zulassen);

2. *tournure idioms* (verbale Idiome mit verschiedenen Unterklassen, z. B. mit obligatorischem *it*: *to break it up; to step on it*; obligatorischem bestimmten oder unbestimmten Artikel: *to bite the dust; to blow a fuse*);

3. *irreversible binomial idioms* (unumkehrbare Paarformeln verschiedener Wortarten, z. B. *coffee and cream; null and void; to hem and haw; by and large*);

4. *phrasal compound idioms* (mit Hinweis auf verschiedene Betonungsmuster idiomatisierter Komposita wie *blackboard, blackmail* neben substantivischen Idiomen wie *black belt* und *hot dog*, dazu adjektivische Idiome wie *open-hearted* und stereotype Vergleiche wie *(as) dead as a doornail; quick as lightning*);

5. *incorporating verb idioms* (zumeist Rückableitungen von idiomatisierten Komposita, z. B. *to eaves-drop, to boot-lick, to job-hunt*);

6. *pseudo-idioms* (eine Mischgruppe von Reim- oder Ablautverdopplungen in Komposita oder als Paarformeln, z. B. *helter-skelter, chit-chat, kith and kin; tit for tat*).

Zur Klasse der *"sememic or cultural-pragmemic idioms"* gehören:

1. *proverbs* (Sprichwörter wie *Don't count your chickens before they are hatched; Too many cooks spoil the broth.*);
2. *familiar quotations* (geflügelte Worte als volkstümliche Zitate, z. B. *Not a mouse stirring. – Brevity is the soul of wit.* (Hamlet));
3. *idioms of institutionalized politeness* (Routineformeln wie *May I ask who's calling? Do you mind if I smoke? How about a drink?* Grußformeln wie *How do you do? So long.*);
4. *idioms of institutionalized understatement* (Klischees wie *It (he) wasn't exactly my cup of tea.; I wasn't too crazy about him.*);
5. *idioms of institutionalized hyperbole* (Klischees wie *He won't even lift a finger.* und Gemeinplätze wie *You'll never know! You learn something new every day!*)

Trotz ihrer offenen Grenzen zur Wortbildungslehre ist Makkais Klassifikation englischer Idiome die bisher umfassendste Darstellung des phraseologischen Inventars der englischen Gegenwartssprache. Aufgrund des theoretischen Ansatzes werden nichtidiomatisierte Phraseologismen (restringierte Kollokationen) in diesem System nicht behandelt.

2.2. Grammatische Kriterien der Idiomatizität (Anomalien)

Wie in unterschiedlichen Beschreibungs- und Klassifizierungsansätzen von Idiomen verschiedener Sprachen hervorgehoben wurde,[84] ist die Verletzung grammatischer Regeln in Form morphologischer und syntaktischer Anomalien ein deutlicher Beweis für Idiomatizität. Der Ursprung dieser Anomalien ist aber nur noch in diachronischer Sicht erklärbar; das System der Gegenwartssprache bietet dafür keinen Anhaltspunkt. Das betrifft z. B. das Fehlen des Artikels in solchen Präpositionalphrasen wie *in harness* ('working, employed'), *by heart, at hand, to hand* ('in one's possession, within reach'), *in depth* ('thoroughly'), *at ease, in stock* – oder das Fehlen des Possessivpronomens in *cap in hand* ('humbly'), *to give tongue to* ('say aloud'), *to take in hand* ('to take a person or thing under one's control').

Auch der Gebrauch des Singulars erscheint aufgrund seiner Unmotiviertheit als normal in solchen verbalen Idiomen wie *to give an ear to sb.* (metonymisch für 'to listen to sb.'); *to give an eye to sb.* (metonymisch für 'to arrest one's notice by being seen'); *to give sb. the glad eye* ('a look of sexual invitation'), desgleichen in den substantivischen Idiomen *the evil eye* ('a look that shows one's disapproval or one's desire to cause harm or injury'); *the naked eye* ('the eye alone, without the help of any scientific instrument') und the *private eye* ('private detective'), weil das Sinnesorgan *eye* stets paarig existiert und funktioniert.

Unlogisch erscheint andererseits der Gebrauch des Plurals in den verbalen Idiomen *to make friends with sb.* und *to whisper airy nothings* ('trivial or superficial remarks, empty compliments') sowie die Verwendung des Singulars in *to give one's blessing* ('to give formal approval to sth.') gegenüber dem Idiom *to count one's blessings* ('to remember the ways in which one is fortunate'). Unmotiviert ist auch der Plural in dem als Substantiv oder als prädikatives Adjektiv verwendbaren Idiom *one too many* ('slightly too much alcohol, i. e. enough to make a person drunk; too clever, strong, powerful, etc. for someone.').[85]

Von dieser morphologischen bzw. syntaktischen Anomalie ist jedoch grundsätzlich die **transformationelle Defektivität** eines Idioms[86] zu unterscheiden. Dabei ist zu berücksichtigen, daß syntagmatische und paradigmatische Restriktionen auch für nichtphraseologische lexikalische Einheiten gelten und zumeist als Merkmal in der Sememstruktur angelegt sind.

So ergeben sich z. B. für eine Reihe von Idiomen charakteristische Restriktionen im **Gebrauch des Artikels**. Zu den artikellosen Idiomen *by heart, out of mind*, die bereits unter den Anomalien erwähnt wurden, treten solche, die nur mit dem bestimmten Artikel vorkommen, wie *the golden age* ('a time in history when everyone was happy'); *the moment of truth; the root of all evil; the Black Death; to get the sack; up to the mark; to the minute.* Nur mit dem unbestimmten Artikel stehen dagegen: *a different kettle of fish; a rolling stone; in a nutshell; to a frazzle* ('completely, thoroughly').

Andere Restriktionen, von denen einige als Anomalien gelten können, betreffen den **Gebrauch des Plurals**. Obligatorisch ist er in solchen Idiomen wie *the ups and downs of life; the do's and don't's; many happy returns of the day.* Nur im Singular möglich sind dagegen die Idiome *to catch on the wrong foot* ('to do sth. when someone is not ready or prepared'); *to bury the hatchet; bound hand and foot* ('completely unable to move or act'), dazu auch substantivische Idiome, die als Unika keinen Plural bilden können, wie *the thread of Ariadne; the Gordian knot* (vgl. auch Abschnitt 5.1.2.).

Weitere Restriktionen gelten für die Ableitung eines attributiven Adjektivs, das als Konstituente eines substantivischen Idioms auftritt, aus einer ursprünglichen Prädikation. So kann ein Idiom wie *sleeping partner* ('person who provides a share of the capital of a business but does not share in the management') nicht auf die Konstruktion ⁺the partner is sleeping / asleep (gegenüber *sleeping dogs* – the dogs are sleeping / asleep) zurückgeführt werden; Gleiches gilt für *golden handshake* ('a large payment given to a person leaving a company or organization') oder *wet blanket* ('a dull or boring person who spoils other people's happiness'). Bei den meisten Idiomen des Modells Adj. + N ist eine Transformation des Attributs in ein Prädikat ausgeschlossen.

Einer Restriktion unterliegt auch die Verwendung von **Gradadverbien** in Idiomen, die Adjektive oder Adverbien enthalten. Modifikationen wie ⁺a very hot potato oder ⁺a rather lame duck wären zwar grammatisch korrekt, aber als Syntagmen mit denotativ-wörtlicher Bedeutung auf ein konkretes Objekt bezogen. Die denotativ-übertragene Bedeutung von *hot potato* ('something difficult or dangerous to deal with') und von *lame duck* ('a person that is weak or a failure in some way') wäre damit aufgehoben.

In ähnlicher Weise ist auch die **Komparation** von Adjektiven oder Adverbien, die als Konstituenten eines Idioms auftreten, bestimmten Restriktionen unterworfen. So würde sich die Formulierung *a hotter dog* nicht auf *hot dog* als 'hot sausage' beziehen, sondern auf ein anderes Denotat, 'an excited hunting dog'; *a blacker sheep* wäre in seiner denotativ-wörtlichen Bedeutung ein Einzelexemplar einer bestimmten Kreuzungsrasse von Schafen (z. B. *blackhead*).[87]

Bei verbalen Idiomen treten vor allem Restriktionen bei der **Nominalisierung** und bei der **Bildung des Passivs** auf. Insofern sind folgende Nominalisierungen blockiert:

⁺ John's coming round after the operation
(*to come round* 'to regain consciousness');
möglich wäre aber als Syntagma *John's coming home from a long journey.*

⁺ My friend is a taker of silk und ⁺ My friend's taking silk (*to take silk* hat eine metonymische Bedeutung: 'to become a king's / queen's counsel').

Dagegen bestehen diese Restriktionen nicht bei dem Idiom *to run a risk*, so daß die Nominalisierung *My friend is a runner of risks.* (vs. *My friend is a runner of long distances.*) durchaus möglich ist. Dieses Beispiel beweist anschaulich, daß diese Restriktionen nicht automatisch und ausnahmslos wirken, sondern bei jedem Idiom im einzelnen getestet werden müssen, wobei die sprachliche Kompetenz der *native speakers* eine unentbehrliche Instanz und das Korrektiv für die linguistische Beschreibung ist. Einzelne Idiomwörterbücher wie das '*Longman Dictionary of English Idioms*' und das '*Oxford Dictionary of Current Idiomatic English*', *Vol. 2*, versehen die Idiom-Einträge mit ausführlichen grammatischen Hinweisen, die sich auch auf solche Restriktionen beziehen.

Ein bewährtes Mittel zur Unterscheidung bzw. Abgrenzung zwischen einem verbalen Idiom und einem Syntagma ist die P a s s i v t r a n s f o r m a t i o n . Auf ein Idiom ist sie nicht anwendbar, sondern nur in dem Falle, wenn das verbale Wortgruppenlexem auf seine denotativ-wörtliche Bedeutung und damit auf eine andere Sachverhaltsaussage zurückgeführt wird. So bezieht sich der Satz *a brick was dropped by John* nicht auf den Sachverhalt 'John made a mistake', sondern auf die Situation 'John dropped a brick when unloading a lorry'. Nicht bildbar sind folgende Passivformen: ⁺the bucket was kicked (bezogen auf das Idiom *to kick the bucket* 'to die') und ⁺the line is being toed by all members of this trade union (von *to toe the line* 'not formal, to obey orders; accept the ideas, principles of another person or group').

Wie bereits erwähnt (vgl. Abschnitt 1.2.3.), können die syntagmatischen Restriktionen eines Idioms, die zugleich ein Beweis für seine semantische und syntaktische Stabilität sind, durch den E l i m i n i e r u n g s t e s t und den P e r m u t a t i o n s t e s t nachgewiesen werden. Die Eliminierung einer Konstituente führt aber in der Regel zum Verlust der Idiomatizität: ⁺to sow one's oats (vs. *to sow one's wild oats* 'coll., to enjoy oneself while young, esp. in a wild manner') wäre nur eine Aussage über einen Vorgang in der Landwirtschaft und hätte keine idiomatische Bedeutung.

Der S u b s t i t u t i o n s t e s t zeigt, daß der Ersatz von Konstituenten zwar zu einer grammatisch korrekten, aber nicht mehr idiomatischen Wortgruppe führt: *to spill the peas* (vs. *to spill the beans*) wäre nur ein Hinweis auf das Fallenlassen von Erbsen, nicht aber auf einen Fehler infolge taktlosen Verhaltens ('coll., to reveal or make known a secret, piece of information, deliberately or unintentionally').

Der P e r m u t a t i o n s t e s t beweist vor allem die Festigkeit der Paar- bzw. Zwillingsformeln verschiedener Wortarten, so daß Umstellungen blockiert sind wie ⁺order and law, ⁺span and spick, ⁺see and wait, ⁺fro and to. Die Bildungen *order and law, butter and bread* wären nur Nominalphrasen eines Satzes, ohne einen feststehenden Begriff (im Vergleich zu 'public order' und 'livelihood') zu bezeichnen.

2.3. Die Klassifizierung von Idiomen nach Wortarten

Das zweckmäßigste Einteilungsprinzip ergibt sich für die Phraseologismen und speziell für die Idiome in der Funktion von Nominationen und Propositionen aus ihrer Beziehung zu den Abbildern der Wirklichkeit. Als Objektabbilder finden Nominationen ihren sprachlichen Ausdruck in den Wortarten Substantiv, Adjektiv, Verb und Adverb. Als Funktionswörter haben Präpositionen und Konjunktionen einen Sonderstatus, da sie keinen unmittelbaren denotativen Bezug zur Wirklichkeit aufweisen, sondern als Operatoren Beziehungen zwischen den Abbildern herstellen und damit operative Bedeutung[88] haben.

Daher werden in dem folgenden Überblicksteil die Phraseologismen nach Wortarten[89] behandelt, wobei auf der Grundlage der unmittelbaren Konstituenten **Modelle**, denen nach semantischen Gesichtspunkten **Typen** zugeordnet sein können, vorgestellt werden. Die Reihenfolge der Beschreibung leitet sich ab aus der Gliederung des Systems der Phraseologie in **Zentrum** (Nominationen), **Übergangszone** (Teile von Propositionen) und **Peripherie** (Propositionen).

3. Nichtidiomatisierte Phraseologismen

3.1. Nominationen

Im Gesamtbestand der phraseologischen Einheiten sind Idiome die typische Erscheinung; daneben gibt es aber zahlreiche nichtidiomatisierte Phraseologismen in allen Wortarten. Gegenüber den Idiomen ist ihre Vielfalt an Modellen und Typen jedoch geringer.

3.1.1. Substantivische Phraseologismen

Die unter den Modellen (Art. +) Adj. + N, Art. + N + prep. (+ Art.) (+ Adj.) + N und N + *and* + N zusammengefaßten nichtidiomatisierten Phraseologismen sind restringierte Kollokationen. Sie besitzen semantische und syntaktische Stabilität, werden usuell verwendet, dabei nur reproduziert und haben keine denotativ-übertragene Bedeutung.

Modell 1: (Art. +) Adj. + N

Dieses Modell umfaßt unterschiedliche Arten von Phraseologismen, die der Allgemeinsprache angehören und darüber hinaus für spezielle Problemstellungen der Stillehre, der Fachsprachenforschung (insbesondere der Terminologielehre) und der Onomastik (d. h. der Namenkunde) von Interesse sind. Da dieses phraseologische Material heterogen ist, lassen sich innerhalb dieses Modells keine einheitlichen Kriterien für die Unterscheidung von Typen ansetzen. Ein **semantisches** Kriterium gilt für Phraseologismen in der unikalisierenden Funktion von **Eigennamen**. Ein **soziolinguistisches** Kriterium ist ausschlaggebend für die Einordnung anderer Phraseologismen unter die **Klischees**; es beruht auf ihrer Verwendung in einem bestimmten Kommunikationsbereich (z. B. überwiegend in der Publizistik oder in einer Fachsprache) und bis zu einem gewissen Grade auf ihrer Bewertung durch die Sprachgemeinschaft. W. Fleischer faßt einen Teil dieser nichtidiomatisierten festen Wortverbindungen unter dem Terminus "Nominationsstereotype" zusammen.[90]

Typ 1: Klischeehafte Phraseologismen

Unter einem Klischee ist ein stereotyper Ausdruck zu verstehen, der unverändert, „unverarbeitet" und meist aus Gründen der Bequemlichkeit in einen Satz eingefügt wird, jedoch infolge seines häufigen Gebrauchs abgegriffen wirkt und die Anforderungen an einen guten Stil nicht erfüllt.[91] Der oft mit einem negativen Werturteil verbundene Terminus Klischee (engl. *cliché*) bezeichnet keine Kategorie der Phraseologie, sondern der Sprachpflege und Stillehre. Er gilt nicht nur für substantivische Wortgruppen, sondern auch für die anderer Wortarten und für Propositionen. Das '*Dictionary of Clichés*' des englischen Lexikographen Eric Partridge, das weniger von streng lexikologischen Prinzipien als von sprachpflegerischen Absichten und subjektivem Stilempfinden bestimmt ist, registriert unter dem Oberbegriff *cliché* die Herkunft und Bedeutung ausgewählter Idiome aller Wortarten, weitere "*hackneyed phrases*" (d. h. abgegriffene Redewendungen), bekannte fremdsprachige Zitate und solche aus der englischen Literatur.[92]

Im Unterschied zu der Klassifizierung von Partridge sollen unter dem Modell Adj. + N nur solche restringierte Kollokationen aufgeführt werden, die als Klischees im Sprachgebrauch der Publizisten (vom politischen Tagesjournalismus bis zur kulturellen Publizistik) verbreitet sind und in den meisten Fällen auch in den einschlägigen englischen Idiomsammlungen ausgewiesen werden. Ihre phraseologische Besonderheit ist der feststehende Gebrauch des Artikels und des Numerus.

Nur mit dem **bestimmten Artikel** sind (in der Regel) üblich: *the awkward age* 'the period of early adolescence when young people have great difficulty in preparing themselves for adult life, and show it'; *the fair sex* 'facet., women in general'; *the gentle reader* 'the common, general reader, sb. who reads for entertainment, interest, or to increase his general knowledge'; *the grand finale* 'the glorious end'; *the happy pair* 'a bridal couple'; *the inevitable consequences* 'certain results'; *the oldest inhabitant* 'the oldest resident; the oldest villager'.

Nur mit dem **unbestimmten Artikel** stehen: *an acquired taste* 'a liking for, or appreciation of, sth. which does not come naturally to one, but can only be the result of constant use of, or exposure to it'; *an awkward silence* 'an embarrassed, or embarrassing, silence between people'; *a blazing inferno* 'a conflagration'; *a captive audience* 'an audience with little or no freedom to stay or go away'; *a creeping paralysis* 'informal, physical or moral paralysis from a disease that manifests itself slowly and gradually'; *an eloquent silence* 'a silence that is significant with things unsaid'; *a firm footing* 'an established place or position'; *a happy ending* 'in reference to a story, virtue rewarded, lovers united, penury no longer existent'; *a heated argument* 'an angry, impassioned, or very warmly conducted argument'; *a vicious circle* 'applied esp. to an argument that comes full circle'.

Ohne Artikel kommen vor: *common sense* 'natural good sense and intelligent understanding, as distinct from learning, acquired information'; *fair play* 'fairness and justice in the control of an activity, competition, action etc., in not showing anyone special favour'; *public opinion* 'what most people think or believe'; *wishful thinking* 'persuading oneself that sth. is true, or will or could happen, because it is what one would like'.

Typ 2: Nichtidiomatisierte Phraseologismen als Sachbezeichnungen

Diese Phraseologismen bezeichnen ein materielles Produkt, eine wissenschaftliche oder technische Methode, eine Verhaltensweise im zivil- oder völkerrechtlichen Sinne, eine politische oder militärische Maßnahme. Insofern berühren sie sich mit den Termini und den terminologischen Wortverbindungen. Die detaillierte Beschreibung und Klassifizierung dieser fachspezifischen Benennungseinheiten kann jedoch nicht Gegenstand der Phraseologie sein, sondern fällt in den Untersuchungsbereich der Fachsprachenforschung, speziell der Terminologielehre.[93] Sachbezeichnungen der Allgemeinsprache sind *flying aircraft, folding door, French window, full employment, running water, special offer.*[94] In den Wortschatz der Rechtssprache fallen die in der Allgemeinsprache ebenfalls verbreiteten Phraseologismen *civil disobedience* 'a non-violent way of forcing the government to change its position by refusing to pay taxes, obey laws, etc.'; *displaced person* 'a person forced to leave his / her own country'; *indecent exposure* 'the intentional showing of parts of one's body in a place where this is likely to be an offence against generally accepted moral standards'. In den Wortschatz der Politik und des Völkerrechts gehören die Phraseologismen *peaceful coexistence*; *splendid isolation* 'Britain's political isolation, hence any other country's: from

1896' und als militärische Bezeichnungen *conventional warfare* 'weapons or the means of waging war that exclude atomic or hydrogen bombs, lethally poisonous gases or disease-carrying bacteria'; *unconditional surrender.*

Phraseologismen der Literaturwissenschaft, die definierte Fachbegriffe bezeichnen und im Grunde Termini sind, haben eine offene Grenze zu den Eigennamen, wenn sie unikale Erscheinungen wie z. B. literarische Typen oder Strömungen benennen: *the noble savage* 'the concept or title which connotes the exemplar of primitive goodness, dignity and nobility uncorrupted by the evil effects of civilization';[95] die literarischen Strömungen in den USA seit dem Ende des 1. Weltkriegs: *the Lost Generation; the Beat Generation; the Silent Generation.* Dichterische Gestaltungsprinzipien bezeichnen die Phraseologismen *poetic justice* 'the giving out of rewards and punishment to those who have deserved them' und *poetic licence* 'freedom from the usual rules of grammar, form, reason, esp. when considered necessary to produce a desired effect'.

Typ 3: Nichtidiomatisierte Phraseologismen als onymische Einheiten

Diese Phraseologismen in der Funktion von Eigennamen stehen für unikale geographische Einheiten, für geschichtliche Zeiträume, für historische Ereignisse („Ereignisnamen") und historische Persönlichkeiten, für nationale oder internationale Institutionen. Sie sind nicht nur Gegenstand der Phraseologie, in der sie, wie bereits erwähnt, als Nominationsstereotype bezeichnet werden, sondern auch ein peripheres Gebiet onomastischer Untersuchungen.

Geographische Bezeichnungen sind: *the Black Sea; the Far East; the Middle East; the Pacific Ocean; the United Kingdom* (of Great Britain and Northern Ireland); *the United States* (of America), ursprünglich auch *the Dark Continent* 'now rare, Africa, esp. before Europeans knew much about it'.

Historiographische Bezeichnungen sind: *the Dark Ages* 'the period in European history from about A. D. 476 to about A. D. 1000'; *the Middle Ages; the Hundred Years' War; the Glorious Revolution; the French Revolution; the Golden Twenties; the New Deal* 'first used of President Roosevelt's policy, 1923–35, in the USA' (als Appellativum hat *new deal* die Bedeutung 'any plan or arrangement intended to improve others' life or work').

Bezeichnungen für historische Persönlichkeiten (Namenparaphrasen) sind: *the Black Prince* (ältester Sohn König Edward III, so genannt wegen seiner schwarzen Rüstung); mit zwei Attributen *the Grand Old Man* 'first said in 1882 of William Gladstone, British Prime Minister' (als Appellativum bedeutet dieser Phraseologismus 'an old, or elderly, person of outstanding ability and a long history of achievement in his own field'); *the Iron Lady* als journalistischer Neologismus für die englische Premier-Ministerin Margaret Thatcher.

Bezeichnungen für Institutionen sind: *the United Nations; the Red Cross; the Red Crescent.*

Das phraseologische Merkmal dieser Bezeichnungen ist der obligatorische bestimmte Artikel, außerdem der feststehende Numerus, der nur in wenigen Ausnahmefällen beim Übergang zum Appellativum (vgl. *a new deal; a grand old man*) verändert werden kann.

Modell 2: Art. + N + prep. (+ Art.) (+ Adj.) + N

Diese nichtidiomatisierten Phraseologismen berühren sich mit den **Klischees**: *a blessing in disguise* 'sth. that seems unwelcome or unfortunate when it happens but which eventually proves to be fortunate, advantageous'; *the line of least resistance* 'not formal, the easiest possible method of doing something, dealing with a person, etc.'; *a contradiction in terms* 'the use of two terms in a statement, definition or description that seems to contradict each other's meaning'; *a matter of fact*; *a matter of form*; *a conspiracy in silence* 'concerted silence'; *the crux of the question* 'the part of the question that is most difficult to understand or deal with satisfactorily'; *the man at the wheel* 'the man driving a car'; *the tricks of the trade* 'skilled and effective methods of doing sth., developed within a trade or profession'.

Modell 3: N + *and* + N

Dieses Modell der nichtidiomatisierten Phraseologismen erfaßt einige **Paarformeln**, die zusammengehörige Dinge (meist materielle Produkte) oder abstrakte Begriffe bezeichnen. Nach W. Fleischer gehören auch sie zu den Nominationsstereotypen.[96] Auf die gesamte semantische Problematik der Paar- bzw. Zwillingsformeln wird im Abschn. 4.1.1.1. Bezug genommen. In einem komplementären Verhältnis stehen die unumkehrbaren Konstituenten in solchen Phraseologismen wie *board and lodging* 'food and accommodation'; *cups and saucers*; *fish and chips*; *food and drink*; *gin and tonic*; *whisky and soda*; desgleichen in den mehr auf einer abstrakten Klassifikation beruhenden Paarformeln *arts and crafts* 'artistic and semi-artistic activities such as painting pictures, making pottery, carving wood, spinning and sewing etc.', *arts and sciences* (als traditionelle Unterteilung der Fakultäten), *facts and figures* '(items of) precise information, esp. in spoken or unspoken contrast with ideas, theories, rough estimates, generalized statements or arguments' *rules and regulations* 'directions for conduct or procedure, specifying what is required or forbidden'; *supply and demand*.

3.1.2. Adjektivische Phraseologismen

Im Gesamtbestand adjektivischer Phraseologismen bilden die nichtidiomatisierten eine Untermenge. Darin werden ähnliche Relationen bei den substantivischen, verbalen und adverbialen Wortgruppenlexemen bestätigt. Ein Modell nichtidiomatisierter Phraseologismen ist die restringierte Kollokation Adv. + Adj., die in der Hauptsache **klischeehafte** Ausdrücke umfaßt. Diese sind stilistisch neutral, vereinzelt aber mit dem Stilmerkmal „formal" konnotiert. Mit dem Modaladverb kann das Adjektiv intensiviert oder sachlich präzisiert werden: *approximately correct* 'sufficiently correct for practical purposes; correct in essentials'; *eminently successful* 'extremely or notably successful'; *gainfully employed* 'formal, earning one's own income'; *highly improbable* 'extremely unlikely'; *hotly contested* 'keenly contested or fought for'.

Eine intensivierende Funktion kann auch eine nachgestellte Präpositionalphrase übernehmen. Diese hat oft den Charakter einer Hyperbel: *bored to death / to tears* 'extremely bored'; *frightened out of one's wits* 'panic-stricken'; *wet to the skin* 'drenched; thoroughly wet'. Diese Phraseologismen haben noch denotativ-wörtliche Bedeutung, nähern sich aber bereits der Idiomatizität. Der Übergang zwischen einer Kollokation wie *bored to death* und einem Idiom wie *dead certain* 'completely, absolutely sure' ist fließend.

Ein weiteres Modell nichtidiomatisierter adjektivischer Phraseologismen sind **Paarformeln** (Adj. + *and* + Adj.), bei denen jede der unumkehrbaren Konstituenten noch denotativ-wörtliche Bedeutung hat, so daß keine neue, aus den Konstituentenbedeutungen nicht mehr ableitbare Bedeutungskonfiguration wie bei den Idiomen entsteht. Die folgenden Paarformeln verteilen sich auf die Stilebenen 'neutral', 'formal' und 'informal'. Beispiele: *ancient and honourable* 'formal, having been in existence a long time and therefore respectable because of its age'; *bigger and better* '(sth.) larger and more useful etc. (than sth. else that it replaces etc.); sb. more important (than sb. else)'; *deaf and dumb* 'unable to hear and (hence) to speak'; *fit and proper* 'suitable and correct, esp. conforming to accepted standards of social behaviour'; *good and proper* 'informal, proper(ly), valid(ly)'; *good and ready* 'informal, completely ready'; *kicking and screaming* 'informal, offering (strong) physical protest or resistance'; *loud and clear* 'for all to hear and notice'; *near and dear* 'physically or emotionally close (to sb.) and valued (by sb.)'; außerdem mit der Konjunktion 'or' *wet or fine* 'whatever the weather; come rain, come shine'.

An der Grenze der Paarformeln liegen nichtidiomatisierte Phraseologismen, bei denen eine Komparativform in emphatischer Funktion wiederholt wird: *better and better* 'increasingly good'; *curiouser and curiouser* 'increasingly odd or strange';. *more and more* in adverbialer Bedeutung 'increasingly'. Mit den idiomatisierten Paarformeln teilen einige der o. g. nichtidiomatisierten die phonostilistischen Merkmale Alliteration (*deaf and dumb*) und Binnenreim (*near and dear*). (Vgl. ausführlicher Abschnitt 4.1.2.1.)

3.1.3. Verbale Phraseologismen

Mit den in Abschnitt 1.2.7. behandelten restringierten Kollokationen des Modells V_t + NP (*to commit a crime, a mistake, an offence; to run a club, a farm, a hotel*) wurde bereits eine typische Erscheinung nichtidiomatisierter verbaler Phraseologismen erfaßt. Der für die Verbindbarkeit zwischen transitivem Verb und direktem Objekt geltende "*collocational range*" ist ein wesentliches semantisches Selektionsprinzip, wirkt sich aber nur auf Reihenbildungen mit demselben transitiven Verb aus. Daneben gibt es andere nichtidiomatisierte verbale Phraseologismen des Modells V_t + NP, die ebenfalls restringierte Kollokationen sind, ohne aber zu solchen Reihenbildungen mit dem gleichen oder einem ähnlichen Merkmal des Objekts in einem "*collocational range*" zu gehören. Allen diesen Kollokationen ist aber gemeinsam, daß weder das Verb noch das Objekt denotativ-übertragene Bedeutung haben und daher nicht idiomatisiert sind.

Beispiele dafür sind einige klischeehafte Ausdrücke wie *to attempt the impossible; to count the days / the hours* 'know how many days / hours must go before some desired event'; *to suit all tastes* und – mit Ergänzungen verschiedener Art – *to cut a long story short* 'to bring a long story to an abrupt end'; *to have too much of a good thing; to learn sth. to one's advantage* 'to hear of sth. advantageous'; *to make the best of a bad bargain* 'to adapt oneself resignedly to adverse circumstances'; *to leave much to be desired* (ein besonders in Rezensionen verwendetes Klischee); *to take a hand in the game* 'to participate, unexpectedly and graspingly'.

Einige nichtidiomatisierte Verben lassen sich dem Modell V_i + PP zuordnen. Klischeehaften Charakter haben: *to be left to one's own devices* 'to be left alone; to follow one's inclination'; *to sit / stand on the sidelines* 'not formal, to watch the events and activities that are happening around without taking an active part'; *to stand on ceremony* 'to be formal in one's behaviour'.

3.1.3.

Eine weitere Gruppe nichtidiomatisierter Phraseologismen der Modelle V_t + NP und V_t (+ NP) + PP verdient aufgrund auffälliger Parallelen zwischen dem Englischen und Deutschen besondere Beachtung. In der anglistischen Sprachwissenschaft werden sie als verbale **Wortverbände**[97] oder auch als *"paraphrasal verbs"*,[98] in der Germanistik als **Funktionsverbgefüge**[99] bezeichnet. Darunter sind Wortgruppenlexeme zu verstehen, die aus einem weitgehend sinnentleerten transitiven Verb[100] (*to bring, give, have, make, put, take, set*) und einer als direktes oder als präpositionales Objekt fungierenden Nominalphrase, die der eigentliche Träger der Verbbedeutung ist, gebildet sind. Das Substantiv der NP kann ein Verbalsubstantiv (*a warning*), eine Nullableitung von einem Verbstamm (*a go, a look*), eine Entlehnung (*motion, proof, trial*) oder ein nicht mehr produktives einheimisches Wortbildungsmuster (*flight*) sein. Die so strukturierten Phraseologismen *to give a warning / a trial; to have a look (at), to make a go, to take a walk* und – mit zu ergänzendem direkten Objekt – *to put to the test / to flight; to set into motion* unterscheiden sich semantisch mehr oder weniger von den aus einfachen Wörtern bestehenden Verben *to warn, to try, to look (at), to go, to walk, to move*.

Als Synonyme können die austauschbaren sinnentleerten Verben *have, take* in den Phraseologismen *to have / take / go for / a walk; to have / take a bath* angesehen werden, wobei jedoch die Variante 'to go for a walk' am gebräuchlichsten zu sein scheint. In einer Reihe von Fällen besteht ebenfalls Synonymie zwischen dem einfachen Verb und dem nichtidiomatisierten Phraseologismus: *to contribute – to make a contribution (to sth.); to agree, conclude, decide (on) – to reach an agreement / a conclusion / a decision (on); to pity sb. – to take pity on sb.; to ring sb. up* (hier liegt kein einfaches Verb, sondern ein *phrasal verb* vor) – *to give sb. a ring; to warn sb. – to give sb. a warning*. Verallgemeinernd kann festgestellt werden, daß die Phraseologismen mit dem unbestimmten Artikel in der NP keine gewohnheitsmäßige Handlung ausdrücken.

Bei einigen anderen Verben bestehen semantische Unterschiede hinsichtlich der Intensität oder auch der Häufigkeit einer Handlung, z. B.
to look at sth. – to have a look at sth.: „etwas (nur) flüchtig betrachten";
to drive (habituell) – *to go for a drive* (einmalig);
to lecture (habituell, professionell) – *to give a lecture* (gelegentlich oder einmalig);
to talk (mit unbegrenzter Dauer) – *to have a talk* (zu einem bestimmten Zeitpunkt oder Anlaß) – *to give a talk*: „einen Vortrag halten" (gelegentlich oder einmalig);
to visit (gewohnheitsmäßig) – *to pay a visit* (gelegentlich, von kürzerer Dauer);
to consider: „etwas gründlich durchdenken" – *to take into consideration* (unverbindliche Bereitschaftserklärung, sich etwas zu überlegen).

Unterschiedliche Bedeutungen liegen vor bei
to make a proposal 'to make a suggestion' und *to propose* 'to make an offer of marriage to sb.';
to test sth.: „etwas erproben" und *to put sth. to the test*: „auf die Probe stellen"; 'to try the strength of (theory, defence, readiness)'.

Nach der Bedeutung der finiten Verben der Phraseologismen, die die Gesamtbedeutung in unterschiedlichem Maße mitbestimmen, lassen sich analog zu den von W. Fleischer[101] in Anlehnung an G. Helbig[102] für die deutsche Sprache herausgearbeiteten Aktionsarten drei übergreifende Typen der verbalen Modelle V_t + PP und V_t (+ NP) + PP unterscheiden:

Typ 1: Durative Verben

Diese Phraseologismen bezeichnen einen Zustand oder einen Vorgang. Beispiele für Funktionsverbgefüge dieses Typs im Deutschen sind: „sich in Auflösung befinden"; „in Verbindung stehen (mit)".
Im Englischen resultiert der durative Charakter dieser Verben noch teilweise aus der Bedeutung der finiten Verben *be, hold* und *keep*, die in den meisten hier auftretenden Phraseologismen enthalten sind: *to be in accord (with); to be at attention / at a standstill / in charge / in harmony / in fashion / on fire / on the go / on the move; to hold in contempt / in high esteem / one's promise; to keep one's promise / pace with sb. / sth.; to keep in mind.* Zu diesem Typ gehört auch *to carry the proof of sth.*

Typ 2: Inchoative Verben

Diese Verben bezeichnen eine Zustandsänderung (Beispiele im Deutschen sind: „zur Geltung kommen"; „in Verfall geraten"). Im Englischen entsteht der inchoative Charakter dieser Phraseologismen bis zu einem gewissen Grade aus den finiten Verben *come, fall, get* und *go*, die ihrerseits mit adjektivischen Ergänzungen den Beginn eines neuen Zustandes und damit eine Zustandsänderung bezeichnen: *to come true; to fall ill; to get dark; to go mad;* außerdem *to turn sour.* Phraseologismen dieses Typs sind *to come into being / existence; to come into fashion / vogue; to come into sight / view / season; to come to grief / on the scene; to fall in love (with); to fall into disuse / in oblivion; to fall from grace / to pieces; to get on sb.'s nerves; to go to sleep;* außerdem *to lose hold of sth. / sight of sb.; to lose track of sb.*

Typ 3: Kausative Verben

Diese Verben bezeichnen das Herbeiführen oder Bewirken eines Zustandes bzw. einer Zustandsveränderung (Beispiele im Deutschen sind: „zum Erliegen bringen"; „in Gang setzen"). Bei den englischen Phraseologismen ergibt sich auch in dieser Gruppe die Gesamtbedeutung noch zum Teil aus den finiten Verben *bring, make, put* und *set*, gelegentlich auch *take*, vgl. *to bring to attention / to notice; to bring to a halt / a standstill / an end / to the ground; to bring into focus / force; to bring into the open / fashion, vogue; to bring back to health; to cut to pieces / ribbons / shreds; to get (sth.) under control / pressure; to give sth. a brush / a polish / a rub / a shove / a trial / a wash / a wipe;*[103] *to put sb. to flight; to make a mess of sth.; to take control of sth.; to take measures / steps; to set into motion / to fire;* außerdem *to call sb. to account / to order, to drive to drink* 'informal, make sb. so desperate that he seeks forgetfulness, or relief, in drinking'.

Bei einigen dieser nichtidiomatisierten Phraseologismen gibt es Belegungen in allen drei Typen: *to be in fashion, to come into fashion, to bring into fashion; to be in focus, to come into focus, to bring into focus.*

Die als finite Verben fungierenden, weitgehend bedeutungsleeren Verben *to bring, call, give, have, make, put, take, set* usw. sind zugleich die Verbstämme für die Bildung von *phrasal verbs* und deren idiomatischen Erweiterungen (vgl. ausführlicher Abschnitt 4.1.3.2.).

3.1.4. Adverbiale Phraseologismen

Nichtidiomatisierte adverbiale Phraseologismen sind so schwach vertreten, daß sie kaum hinreichendes Material für die Aufstellung von Modellen und Typen bieten. Die von E. Partridge als Klischees und in ODCIE 2 als Idiome registrierten adverbialen Phraseologismen ohne denotativ-übertragene Bedeutung verteilen sich in der Hauptsache auf Präpositionalphrasen, die aufgrund ihrer semantischen und syntaktischen Stabilität als **restringierte Kollokationen** gelten können. Zumeist sind sie stilistisch neutral, in einzelnen Fällen mit dem stilistischen Merkmal *'formal'* konnotiert. Ein wesentliches phraseologisches Merkmal ist das Fehlen des Artikels. Beispiele für Präpositionalphrasen in der Funktion eines Adverbs sind: *beneath contempt* 'utterly contemptible'; *beyond compare* 'very formal, so great, good etc. as to have no rival'; *beyond belief* 'incredible'; *by word of mouth* 'orally'; *of the essence* 'formal, of the greatest importance'; *on the spot* 'present, there'. Vereinzelt kann das Substantiv der Präpositionalphrase attribuiert sein: *at one go* 'all at the same time'; *at this juncture* 'at this (critical) point; at this conjuncture of affairs' (journalistischer Sprachgebrauch); *in utter darkness* 'in complete darkness'. Berührungspunkte bestehen hier mit den unilateralen adverbialen Idiomen (vgl. Abschnitt 4.1.4.1.).

Unter die nichtidiomatisierten Phraseologismen fallen auch einige **Paarformeln** des Modells Adv. + *and / or* + Adv. Ihr phraseologisches Merkmal ist die semantische und syntaktische Stabilität, die sich in der Unumkehrbarkeit der Konstituenten äußert. Der Übergang zu den unilateralen adverbialen Idiomen ist auch hier fließend (vgl. Abschnitt 4.1.4.1.). Beispiele: *back and forth / backward(s) and forward(s)* 'moving from one place to another and back again; repeatedly and usually in a regular way'; *betwixt and between* 'neither one nor the other of two things mentioned but having some characteristics of each'; *here and there* 'in, to and from, various places'; *more or less* 'approximately, or (very) roughly'; *now and then* 'occasionally'; *over and again* 'many times, repeatedly'; *then and there* 'at that precise time and at that particular place'.

3.2. Propositionen

Wie bereits an der Übersicht über die Binnenstruktur des phraseologischen Wortschatzes deutlich wurde, nehmen die nichtidiomatisierten Phraseologismen von der Übergangszone, wo sie durch einen Teil der **Anspielungen** repräsentiert sind, zum peripheren Bereich des phraseologischen Systems wesentlich zu. N i c h t idiomatisiert sind **Gebote**, **Gemeinplätze** und **Losungen** (vgl. die Abschnitte 4.2.3. und 5.3.) und ein großer Teil der **Routineformeln** (vgl. Abschnitt 6). Aus Gründen einer einheitlichen und geschlossenen Darstellung der thematischen Teilbereiche an der Peripherie des phraseologischen Systems wird an dieser Stelle auf eine isolierte Beschreibung der nichtidiomatisierten Phraseologismen in der Funktion einer Proposition verzichtet. Da andererseits Idiome nur eine Untermenge der **Zitate**, **geflügelten Worte** und **Routineformeln** bilden, werden sie im Zusammenhang dieser Themenbereiche mit behandelt.

4. Typologie der Idiome

4.1. Nominationen

In der folgenden Übersicht werden Idiome als Prototyp des Phraseologismus in den Wortarten Substantiv, Adjektiv, Verb und Adverb nach ihren häufigen Bildungsmustern (Modellen) behandelt. Wie bereits erwähnt, beruht das Modell auf der Formativstruktur des Phraseologismus. Ein und dasselbe Modell kann mehrere in ihrer semantischen Struktur unterschiedliche Typen umfassen. Insofern besteht keine unmittelbare Entsprechung zwischen Modell und Typ.

4.1.1. Substantivische Idiome

Charakteristisch für die Typen substantivischer Idiome sind die **Metapher** und die **Metonymie**. Während die Metapher ein Identitätsverhältnis zwischen den Sememen zweier Denotate (bzw. Denotatsklassen), die traditionell als „Grundbegriff und Übertragungsbegriff" oder auch als „Sachsphäre und Bildsphäre" bezeichnet werden, aufgrund eines gemeinsamen Merkmals (tertium comparationis) zum Ausdruck bringt, gründet sich die Metonymie auf ein Berührungs- oder Kontiguitätsverhältnis zwischen den Sememen zweier Denotate (bzw. Denotatsklassen), deren Arten im einzelnen lexikalisiert sind und interlinguale Geltung haben.[104] Die ursprüngliche Motivation metonymischer Idiome kann nur in einer diachronischen Betrachtungsweise durch genaue Kenntnis bestimmter Realien festgestellt werden.

4.1.1.1. Unilaterale substantivische Idiome

Bei diesen Idiomen hat nur eine Konstituente übertragene Bedeutung, so daß die Gesamtbedeutung noch erschlossen werden kann. In der Regel ist die durch ein Adjektiv oder eine Nominalphrase vertretene attributive Konstituente eines substantivischen Phraseologismus idiomatisiert, während das Substantiv noch denotativ-wörtliche Bedeutung hat.

Modell 1: Adj. + N

Typ 1: Metaphern

Adjektive verschiedener Art können durch ihre denotativ-übertragene Bedeutung zur Metaphorisierung eines Phraseologismus beitragen. **Farbadjektive:** *black market* 'unlawful buying and selling of goods, currencies, etc. that are officially controlled'; *blue blood* 'the quality of being a nobleman by birth'; *the golden mean* 'the ideal average; a sensible rule by which one never does too much or too little'; *golden wedding; green room* 'a room in a theatre or concert hall where actors, musicians, etc. can rest when not performing'; *a grey eminence* 'a background figure in government, administration etc. who has considerable power in an influential, or advisory, capacity'; *red flag* 'a flag of red colour, used as a danger signal'; *silver wedding*. **Dimensionsadjektive:** *high fare* 'rich, luxurious food'; *high noon* 'full or complete noon; the time when the sun is on the meridian'; *high tea* 'an early evening meal which is taken in some parts of Britian instead of afternoon tea and late dinner'; *the inner man* '1. a person's hidden character or self; 2. humor., a person's stomach or his hunger'; *a narrow escape* 'an escape from danger, the unwelcome attention of others, etc. which is only just managed or contrived'; *small talk* 'not formal, light conversation on unimportant or non-serious subjects'; *the upper ten thousand* 'the aristocracy; the most fashionable grade of society' (elliptische Bildung). **Sekundäradjektive:** *sleeping partner* 'AE silent partner, a partner in business who takes no active part in its operation'; *rotten boroughs* 'in Britain before 1832 any of the number of places / boroughs which elected a Member of Parliament although they had hardly any voters' [historischer Begriff].

Weitere Beispiele dieses Typs sind *cold comfort* 'no comfort at all'; *cold war*; *hot money* 'short-term funds moved from one financial centre to another by speculators seeking high interest rates and security'; *the naked truth* 'the plain truth'; *the best man* 'at a marriage ceremony the friend and attendant of the bridegroom'; *a fast man* 'an extravagant man'.

Einige Substantive werden durch **Adjektivkomposita** attribuiert: *a chicken-hearted fellow* 'a timid, cowardly fellow'; *a henpecked husband* 'a man scolded by his wife and obedient to her'; *a left-handed compliment* 'one of doubtful sincerity, or ambiguous meaning'; *a straight-laced fellow* 'one who has very rigid principles and manners and who acts in a narrow-minded way'.

Typ 2: Metonymien

Auch hier sind **Farbadjektive** vertreten: *green belt* 'a stretch of land, round a town, where building is not allowed, so that fields, woods, etc. remain' (die Farbe grün als Merkmal lebendiger Vegetation; *belt* ist eine lexikalisierte Metapher, die ihren Bildgehalt weitgehend eingebüßt hat); *green light* 'the sign, or permission, to begin an action' (das auslösende Signal steht für den Beginn einer Handlung); *the golden handshake* 'large amount of money given to someone when he leaves a firm, esp. at the end of his working life' (dieses Idiom steht zwischen Metapher und Metonymie; metonymische Bedeutung hat *handshake* als begleitende Geste bei der Überreichung einer finanziellen Anerkennung, die ursprünglich in Goldwährung gezahlt worden sein mag; *golden* kann aber auch metaphorisch gedeutet werden wie in *golden wedding*); *a nodding acquaintance* 'not formal, a relation between people who know each other only slightly; a person whom one hardly knows' (metonymische Bedeutung hat hier das Adjektiv als Geste des Zunickens in der Art eines flüchtigen Grusses; als Metapher bedeutet *nodding acquaintance* außerdem 'only a slight knowledge of a subject'); *the red carpet* 'not formal, especially good treatment' (das gesamte Idiom ist eine Metonymie, aber noch deutbar, weil bei offiziellen Empfängen, z. B. in öffentlichen Gebäuden oder auf Flughäfen, ein roter Teppich für eine hochgestellte Persönlichkeit ausgelegt wird).

Entfernten metonymischen Bezug haben einige Idiome, deren Attribut ein deonymisches, d. h. von einem Eigennamen abgeleitetes Adjektiv ist, ohne daß hier noch die Beziehung zwischen Land und Bewohner oder hergestelltem Produkt wie in anderen Metonymien deutlich ist, vgl. *Dutch auction* 'sale in which price is reduced by auctioneer till a purchaser is found'; *Dutch courage* 'informal, courage lent by strong drink'; *a Dutch treat* 'informal, an outing, entertaining, social gathering, etc. where each person pays his own share of the expense'; *French leave* (Ellipse des verbalen Idioms *to take French leave*) 'not formal, absence without permission'; *Indian file* 'one after the other'; *Indian summer* 'a period of warm weather in the autumn'; *Welsh rarebit* (coll. *Welsh rabbit*) 'melted or toasted cheese on toasted bread'.

Modell 2: N's + N

Dieses Modell unilateraler substantivischer Idiome besteht aus einem in possessiver Funktion verwendeten Substantiv mit denotativ-übertragener Bedeutung und einem Substantiv in denotativ-wörtlicher Bedeutung, das von ihm attribuiert wird. Das Substantiv in attributiver Funktion kann expressiv sein. Beispiele: *a bird's-eye view* '1. a view seen from high above something, esp. a view from an aeroplane or high building; 2. a short and often hasty look at a subject'; zugleich ein Beispiel für metaphorische Polysemie; *a child's play* 'something very easy to do'; *a dog's chance* 'not formal, a very small or slight chance of success or victory; *a dog's life* 'a miserable life, a wretchedly subservient life'; *a ladies' man* 'not formal, slightly derog., a man who likes the company of women and makes special efforts to charm them'; *a worm's-eye view* 'not formal, an understanding of a subject, problem, etc. that is based on actual knowledge of the details, people, etc. concerned'.

Modell 3: Substantivische Paarformeln: N + *and/or* + N

Die Paar- oder Zwillingsformeln bilden eine repräsentative Teilgruppe der substantivischen, adjektivischen, verbalen und adverbialen Idiome. Auf ihre Stellung in der Übergangszone zwischen den Nominationen und Propositionen wurde bereits hingewiesen (s. S. 46). Sie sind durch die Kopula *and* (seltener *or*) gebundene Paare derselben Wortart; ihre Konstituenten sind irreversibel. Daher werden sie terminologisch auch als "*irreversible binomial idioms*"[105], Wortpaare[106], Zwillingsformeln[107], "*stereotyped (unchangeable) set expressions*"[108] und als "*frazeologičeskie edinicy s sočinitel'noj strukturoj*"[109] bezeichnet.

Diese Idiome sind erstarrte Redewendungen, die formelhaft als Fertigstücke verwendet werden können. Durch Wörter gleicher Silbenzahl oder durch Alliteration oder Binnenreim sind sie oft rhythmisch gegliedert.

Alliteration: *bed and breakfast; hide and hair;*
Binnenreim: *the classes and masses; wear and tear.*

Mitunter enthalten sie archaische Wörter, die in der Gegenwartssprache nur noch wendungsintern in dem betreffenden Idiom auftreten: *kith and kin* 'friends and relatives'; *goods and chattels* 'personal belongings'; *the whole kit and caboodle* 'sl., the whole lot, everything'.

E. Agricola hat darauf hingewiesen, daß die Paarformeln eine „inhaltliche Bewertung" ausdrücken können, indem die erste Konstituente das größere semantische Gewicht erhält und das „weniger Wichtige, weniger Wertvolle dem positiver Beurteilten"[110] folgt. An den folgenden Paarformeln, von denen beide Konstituenten eine denotativ-wörtliche Bedeutung bewahrt haben, aber eine enge Begriffsverbindung eingegangen sind, läßt sich dieses Prinzip jedoch nicht nachweisen. Bei einigen Paarformeln, die Bedürfnisse des täglichen Lebens bezeichnen und deren Konstituenten in einem komplementären Verhältnis zueinander stehen, kann man feststellen, daß die erste Konstituente das Grundelement, die zweite das Zusatzelement bildet. Der Terminus „komplementär" steht hier in allgemeinsprachlicher Bedeutung für zwei einander ergänzende Entitäten und nicht in der Spezialbedeutung, wie sie die „Englische Lexikologie" von Hansen/Hansen, Neubert und Schentke für eine Gegensatzbeziehung verwendet.

In ihrer Gesamtheit bieten die Paarformeln Schwierigkeiten in der Zuordnung zu den nichtidiomatisierten Phraseologismen und zu den unilateralen oder bilateralen Idiomen. Grenzfälle liegen dort vor, wo beide Konstituenten denotativ-wörtliche Bedeutung tragen, aber zugleich einen größeren Gesamtbegriff bezeichnen, ohne jedoch einen bestimmten Symbolwert auszudrücken. Aus Gründen einer einheitlichen Darstellung werden Paarformeln des Typs *bed and breakfast* 'a night's lodging and breakfast the following morning' trotz verschiedener Zweifelsfälle den unilateralen Idiomen zugeordnet, während solche Paarformeln, deren beide Konstituenten metaphorische oder metonymische Bedeutung haben, bei den bilateralen Idiomen aufgeführt werden. Das gilt für solche Beispiele wie *bread an butter* 'informal, way of earning money'; *stars and stripes* 'the institutionalized symbol of the American flag' und *hammer and sickle* 'the Soviet emblem'.

Die folgenden unilateralen Paarformeln lassen sich aufgrund ihrer internen semantischen Beziehungen in drei Typen einteilen.

Typ 1: Paarformeln in **komplementärem Verhältnis**

Bed and board 'food and lodging, entertainment in an inn'; *cakes and ale* 'material comfort, merry-making etc. in contrast to a severe or ascetic style of life'; *collar and tie* 'a respectable appearance, or a proper sense of occasion'; *fame and fortune* 'fame and wealth, as the twin goals of ambition'; *husband and wife* 'married couple'; *law and order* 'public order; an orderly condition of society characterized by obedience to, and respect for, the established laws and customs'; *nuts and bolts* 'common fastening devices, for wood and metal, etc.'. Zu den auf einem komplementären Verhältnis beruhenden Paarformeln gehören schließlich auch solche, die aus zwei Eigennamen bestehen und ein Partnerschafts- oder Freundschaftsverhältnis zum Ausdruck bringen. Englisches Kolorit haben *Jack and Jill* (bekannt durch den Kinderreim), *Darby and Joan* 'any happily married elderly husband and wife'; *Romeo und Juliet*. Beispiele aus dem klassischen Altertum sind: *Anthony and Cleopatra; Dido and Eneas; Venus and Adonis; Castor and Pollux*. Biblischen Bezug haben *Adam and Eve; Moses and Aaron*. Paarformeln sind auch *Box and Cox* 'two people who keep failing to meet, to be in one place at the same time; alternate in one's use of a house, room etc. or in providing a service etc.' (eine literarische und musikalische Anspielung auf eine unterhaltsame Oper von Gilbert und Sullivan). (Vgl. Abschnitt 5.1.4. und 8.2.) und als Beispiel für die konträren Eigenschaften ein und derselben Person *a Jekyll and Hyde* 'a person who shows two opposing or completely different natures or tendencies in his character and actions' (eine literarische Anspielung auf die Erzählung von R. L. Stevenson (vgl. auch Abschnitt 7.1.).

Alliterierende Paarformeln werden mitunter absichtlich als Buchtitel gewählt: *Pride and Prejudice* (Jane Austen); *Sense and Sensibility* (ebenfalls); *Of Mice and Men* (John Steinbeck).

Typ 2: Paarformeln als **Antonyme**

Ein Teil dieser Paarformeln besteht aus Lexemen, die aus Nullableitungen von Adverbien, Adjektiven sowie aus Elementen, die aus dem Lateinischen entlehnt wurden ("*combining forms*"), hervorgegangen sind. Beispiele: *the ayes and noes* 'voter for or against an idea'; *the whys and wherefores* 'for the whole reason; for a thing'; *the pros and cons (of a question)* 'an argument in favour of, or against something'; *the do's and don't's* 'rules of behaviour'; *the long and short of it* 'all that need to be said; the general effect or result'; nicht auf eine abgeleitete Form geht zurück *man and beast* 'the human race and all animal kind contrasted either with vegetable or inanimate matter or with each other'. Mit der Kopula *or* sind gebildet: *all or nothing; heads or tails* 'decision made by a coin'; *friend or foe* 'allies or enemies'.

Typ 3: Paarformeln als **Synonyme**

Die Lexeme der folgenden Paarformeln haben ähnliche, aber keine völlig gleiche Bedeutung. Die zweite Konstituente dient oft der Ausdrucksverstärkung, weshalb diese Idiome auch als **Tautologien** bezeichnet werden. Beispiele: *aches and pains* 'ailments of less serious nature'; *airs and graces* 'affected manners intended to give the impression of fastidious refinement (but producing the opposite effect to the observer)'; *bits and pieces* 'a collection of small objects, articles, abstract ideas'; *babes and sucklings* 'innocent children'; *bag and baggage* 'with all one's belongings'; *goods and chattels* 'moveable property' (*chattels* ist wendungsintern als Historismus nur noch in diesem Idiom üblich); *rags and tatters* 'old, torn or worn-out clothes, soft furnishings, papers etc.'; *shreds and patches* 'rags of cloth; a poor furniture'; *stresses and strains* 'originally the technical vocabulary of engineering; the stresses and strains of modern life'; *ways and means* 'methods and resources'; *trials and tribulations* 'difficulties and hardships'.

Modell 4: (Adj. +) N + PP

Diese mit einer Präpositionalphrase gebildeten Idiome befinden sich bereits im Grenzbereich der Wortbildung. Das Grundwort (Determinatum) dieser Wortgruppenlexeme trägt gewöhnlich denotativ-wörtliche Bedeutung, die attribuierende PP hat übertragene Bedeutung. Beispiele: *babes in the wood* 'innocent and inexperienced children or adults, who are victims of circumstances or of unscrupulous people' (from an old ballad); *man about town*; *man of God*; *man of letters*; *a man / woman of the world* 'sb. with much experience of different types of society, public affairs, business etc.'; *the man in the street* 'the average citizen' (vgl. auch S. 14); *a new lease of life* 'not formal, a chance to live a happier, more interesting or longer life'; *passage of arms* 'old use, a fight between two people of rank'; *ticket of leave* 'GB, permission given to a prisoner or convict who has served part of his sentence to have his liberty'; *the red rag to the bull* 'informal, the cause of uncontrollable fierce anger'. Auch unter diesen Idiomen ist in einigen Fällen der Gebrauch des Artikels eingeschränkt.

4.1.1.2. Bilaterale substantivische Idiome

Die bilateralen substantivischen Idiome zeichnen sich dadurch aus, daß beide Konstituenten denotativ-übertragene Bedeutung haben und zusammen eine feste semantische Konfiguration bilden. Daher bietet keine der Konstituenten einen Anhaltspunkt für das Erschließen der Gesamtbedeutung des Idioms.

4.1.1.

Modell 1: Adj. + N

Wie bei den unilateralen Idiomen sind die Haupttypen dieses Modells die **Metapher** und die **Metonymie**.

Typ 1: Metaphern

Einige Arten von Adjektiven sind auch unter diesen Idiomen stärker vertreten.

Farbadjektive: *a blue fit* 'informal, (show) extreme annoyance, alarm or irritation (about sth.)'; *a brown study* 'melancholy or serious thought'; *grey matter* 'brain tissue; mental powers'; intelligence; common sense' (Berührungspunkte mit der Metonymie); *a (great) white hope* 'talented person who is thought likely to bring success or victory (e. g. in sport)'.

Dimensionsadjektive: *big banana* 'sl., an important and influential person'; *big pot* 'not formal, an important person'; *high jinks* 'informal, fun and frivolity'; *a narrow shave / squeak* 'coll., something that was only just avoided, e.g. escape from danger, injury, failure, etc., at the last possible moment'; *a near miss* 'coll., a narrow escape, esp. when two moving objects almost hit each other'; *small fry* 'a person, people, or thing(s) of no or little importance'.

Sekundäradjektive: *a broken reed* 'an unreliable person or thing'; *a / the forbidden fruit* 'something that is desired by a person and that is made even more attractive by the fact that the person is unable or forbidden to obtain it' (gleichzeitig eine biblische Anspielung, vgl. Abschnitt 5.1.1.); *laughing stock* 'not formal, a person who is regarded with scornful laughter or amusement'; *a sealed book* 'a subject of which one knows very little'.

Eine charakteristische Untergruppe der bilateralen Idiome sind **Tiermetaphern** zur Bezeichnung eines Menschen mit bestimmten Eigenschaften oder Verhaltensweisen. Beispiele: *a / the black sheep* 'a person who is bad or in some way not up to the standard of the others in a group'; *a dark horse* 'coll., a person or thing whose true character or worth is unknown but may be better than is thought'; *an eager beaver* 'informal, sb. who is, or who makes himself, particularly enthusiastic and busy about sth., often in minor matters and, without any particular need'; *a lame duck* [s. S. 30]; *a lone wolf* 'not formal, a person who is very independent, esp. who lives or works alone'; *a queer fish* 'coll., a strange, odd, or mysterious fellow'; *a rare bird* 'a person or thing not met or seen very often'; *a stormy petrel* 'fig., person whose coming causes, e.g. social or industrial, unrest'; *an odd fish* 'informal, an eccentric person'; *a willing horse* 'a keen worker'.

Auf nichtmenschliche Denotate beziehen sich folgende Tiermetaphern: *a dead duck* 'coll., a subject, idea, etc. that is no longer important, interesting, or valued'; *a red herring* 'a suggestion, piece of information, etc. introduced into a situation in order to draw someone's attention away'; *a sitting duck* 'coll., someone or something that can easily be hit with a shot'; *a white elephant* 'sth., seldom used, or too costly to be worth maintaining' (vgl. auch S. 154).

Andererseits können Substantive, die durch ihre denotativ-wörtliche Bedeutung materielle Objekte bezeichnen, durch ihre denotativ-übertragene Bedeutung als Mataphern für menschliche Charaktere oder Verhaltensweisen stehen. Beispiele: *dead wood* 'coll., someone or something that is no longer necessary, useful etc.'; *an old flame* 'coll., a former boyfriend or girlfriend'; *a rough diamond* 'a person who has good qualities but whose manners are uncouth and rough'; *a slow coach* 'coll., a dull, stupid fellow'; *a wet blanket* 'not formal, a dull or boring person who spoils other people's happiness'.

Typ 2: Metonymien

Auch unter den Metonymien kommen einige **Farb- und Dimensionsadjektive** als Attribute von Substantiven vor, ohne aber repräsentative Untergruppen zu bilden. Beispiele: *green fingers* 'coll., skill in gardening' (diese Metonymie hat doppelten Bezug: *green* ist ein wesentliches Merkmal von Pflanzen und zugleich die Bezeichnung für Garten- und Parkanlagen; *fingers* steht in einem pars-pro-toto-Verhältnis für den Handlungsträger und ist das wichtigste „Werkzeug" des Menschen bei der Aufzucht von Pflanzen); *the golden handshake* (als Übergangsfall von Metonymie zur Metapher, vgl. S. 72); *red tape* 'officialdom' (vgl. S. 30); *the big stick* 'superior force or power (e. g. of authority, military strength, economic sanctions, etc.' (ein Werkzeug steht für eine Drohgebärde und eine autoritäre Haltung) zur Herkunft und Bedeutung dieses Idioms vgl. S. 32 und S. 126). Andere Adjektive in metaphorischer Bedeutung sind enthalten in den Metonymien *the cold shoulder* 'informal, intentionally cold or unsympathetic treatment' (metonymisch ist hier die Geste des Ansehens eines Menschen über die Schulter; metaphorisch ist das Adjektiv *cold* als Ausdruck „kühler" Zurückhaltung); *an oily tongue* 'a flattering speech' (*tongue* steht als Instrument für den Vorgang der Rede; die Metapher *oily* bezeichnet die Absicht des Sprechers); *an old hand* 'a person with long experience in a certain job, activity' (metonymisch als pars-pro-toto-Verhältnis; *hand* steht für *person*).

Typ 3: Adj. + Personenname (Antonomasien)

Bei einigen substantivischen Idiomen kann anstelle eines appellativischen Substantivs ein metaphorisierter Eigenname stehen und von einem Adjektiv, das eine auffällige Eigenschaft der bezeichneten Person genauer charakterisiert, bestimmt werden. In der Semantik und vor allem in der Stilistik wird die Verwendung eines Personennamens als Gattungsbezeichnung **Antonomasie** genannt.[111] Die folgenden Idiome sind jedoch keine Stilfiguren, sondern lexikalisierte Benennungseinheiten. Der appellativische Charakter des Eigennamens zeigt sich an dem Gebrauch des unbestimmten Artikels. Biblischen Bezug haben ursprünglich *a doubting Thomas* 'a person who needs to see actual proof of sth. before he will believe it' und *a good Samaritan* 'a person who gives practical help to people in trouble' (vgl. auch Abschnitt 5.1.1.). Weitere Beispiele dieses Typs sind *a gay Lothario* 'not formal, old-fash., a man who is well known for his love affairs with women' (gleichzeitig eine literarische Anspielung auf eine Gestalt aus dem Drama *The Fair Patient* von Nicholas Rowe); *a nosey Parker* 'not formal, a person who habitually attempts to find out other people's private affairs'; *a peeping Tom* 'a voyeur' (gleichzeitig Anspielung auf ein historisches Ereignis in Coventry 1040); *the real McCoy / the real Simon Purl* 'not formal, the true, real, and original article or thing, esp. something of the highest quality'.

Mittelbaren Bezug zu der Antonomasie haben Idiome, die einen nachgestellten Personennamen als Attribut zu einem appellativischen Substantiv enthalten. Der metaphorisch verwendete Eigenname hat dabei eine verallgemeinerte Funktion und ist zugleich eine Anspielung auf das Klassische Altertum, die Bibel oder die englische Folklore. Der Artikel ist ein fester Bestandteil des einzelnen Idioms: *a labour of Hercules* vs. *the labours of Hercules; a labour of Sisyphus; the thread of Ariadne; the patience of Job* 'endless patience'.

Als Variante dieses Strukturmusters kann ein deonymisches Adjektiv (das von einem Eigennamen abgeleitet ist) als Attribut einem appellativischen Substantiv vorangestellt sein: *Augean stables* – das entsprechende verbale Idiom lautet *to cleanse the Augean stables* (der Augiasstall ist das Symbol für große Unordnung); *a Herculean labour, Kentish fire* 'tremendous applause'; *a Parthian parting shot / shaft* 'an action, gesture, remark etc. esp. of a hostile or critical kind, made at the moment of departure or in other circumstances which make a reply impossible' (Anspielung auf Verhaltensweisen der Parther); *a Pyrrhic victory* 'an unprofitable victory, success over another force, person etc., where losses are greater than is justified by anything gained' (Anspielung auf den König Pyrrhus von Epirus – vgl. auch Abschnitt 5.1.2.).

Modell 2: N's + N

In diesem Strukturmuster übernimmt ein vorangestelltes Substantiv im Besitzkasus die Funktion eines Attributs zu einem anderen Substantiv. Beide sind metaphorisiert. Beispiele: *a baker's dozen* 'not formal, thirteen' (das LDEI erklärt dazu den historischen Zusammenhang: s. S. 156); *a / the cat's paw* 'informal, a person who does nasty or dangerous things with no profit to himself at the command of another person'; *the curate's egg* 'something that is satisfactory in some ways but not in others'; *a / the devil's advocate* 'a person who argues against an idea although he may agree with it'; *a mare's nest* 'a false alarm, a great disappointment, something worthless'; *a / the parson's nose* 'rump of a cooked fowl'; *a sailor's yarn* 'an improbable or exaggerated story'.

In einigen Bildungen nach diesem Modell treten Personennamen in attributiver Funktion auf. Sie sind zugleich Anspielungen auf die Bibel, die Antike oder Werke der Weltliteratur (vgl. Abschnitt 5.1.1. und 5.1.2.). Beispiele: *Adam's ale* (less common: Adam's wine) 'lit. water'; *Achilles' heel*; *Pandora's box* 'some event, incident, action that releases ills or benefits (the latter disappearing)'; *Buridan's ass* (s. S. 161); *Hobson's choice* 'no choice at all because there is only one course of action possible'.

Von diesen Idiomen sind jedoch terminologische Wortverbindungen wie *Bang's disease* 'brucellosis'; *Ohm's law* und *Schäffer's acid* zu unterscheiden. Obwohl der Eigenname als Herkunftsmerkmal nichts über den Inhalt des Fachbegriffs aussagt, hat er jedoch keine denotativ-übertragene Bedeutung wie in den obengenannten Beispielen. Als Benennungseinheiten der Fachwortschätze werden deshalb die terminologischen Wortverbindungen aus methodologischen Gründen aus dieser Beschreibung des Phraseologismenbestandes der Allgemeinsprache des modernen Englisch ausgeklammert.

An der Grenze zwischen Phraseologie und Wortbildungslehre liegen solche Phraseologismen, die traditionell als **Wortverbindungen**[112] bzw. **Wortverbände**[113] bezeichnet werden und deren Bedeutungen nicht aus den Konstituentenbedeutungen erschließbar sind. Zu diesen Grenzfällen gehören die bilateralen Idiome der Strukturmuster N + PP, N + *and /or* + N (Paarformeln) und syntaktische Wortgruppen (*phrases* wie *love-lies-bleeding*; *whodunit*).

Modell 3: N + PP

Die in attributiver Funktion auftretenden Präpositionalphrasen können mit oder ohne Artikel stehen. Die häufigsten Präpositionen dieses Modells sind *of*, *in*, weitaus seltener *from* und *of*. Wortverbindungen mit der Präposition *of*: *a bag of bones* 'coll., an extremely thin person'; *coat of arms* 'shield, used by a noble family, town council etc. as their special sign'; *a / the bone of contention* 'something that causes argument'; *jack-o'-lantern* 'a lamp made by sticking a lighted candle into a hollow pumpkin with a face cut into the inside of it'; *mother-of-pearl* 'a hard smooth shiny variously coloured substance on the inside of the shell of certain shell-fish, used for making ornamental articles'; *the law of the jungle* 'self-preservation; the survival of the strongest'; *the kiss of life* 'a method of preventing the death of a drowning person by breathing into his mouth'.

Wortverbindungen mit der Präposition *in*: *castles in the air* 'wishful thinking'; *mother-in-law; lady-in-waiting* 'a lady attending upon a queen'; *a pie in the sky* 'unrealistic hopes'; *stock-in-trade* 'things used in carrying on a business'; *a storm in a teacup* 'a great fuss about a trifle'; *a skeleton in the cupboard* 'such a source of shame to a family / or a person / as is unknown outside the family'; *a thorn in one's side / flesh* 'fig., constant source of annoyance'; *toad-in-the-hole* 'a British dish of sausages baked in batter' (a mixture of eggs, milk and flour).

In diesem Modell treten eine Reihe von **Tiermetaphern** auf, die mitunter expressive Konnotationen tragen und ein Abstraktum, eine menschliche Verhaltensweise oder auch ein Konkretum bezeichnen. Beispiele: *bats in the belfry* 'sl., eccentric ideas or behaviour'; *a bull in a china shop* 'informal, a rough and careless person in a place where skill and care are needed'; *a dog in the manger* 'a person who does not wish others to enjoy what he cannot use for his own enjoyment'; *a fly in the ointment* 'one small unwanted thing that spoils the pleasure, perfection, etc. of an occasion'; *a pig in a poke* 'something that has not been seen or examined, and that one may afterwards find to be worthless' (vgl. auch die sprichwörtliche Redensart *to buy a pig in a poke*, Abschnitt 4.2.1.); *a snake in the grass* 'fig., expression for a secret foe, an enemy concealed from view'.

Wortverbindungen mit anderen Präpositionen sind: *a bolt from the blue* 'a figurative thunderbolt from the blue sky'; *a fish out of water* 'a person in uncomfortable surroundings'.

Modell 4: Substantivische Paarformeln: N + *and / or* + N

Für die bilateralen Paar- oder Zwillingsformeln gelten im Prinzip die gleichen syntaktischen und semantischen Kriterien wie für die unilateralen Paarformeln: Unumkehrbarkeit der Konstituenten; phraseologische Bindung, die durch Alliteration oder Binnenreim noch unterstützt werden kann. Bei den bilateralen Idiomen haben beide Konstituenten als Gesamtheit denotativ-übertragene Bedeutung. Insofern unterscheidet sich das bilaterale Idiom *bread and butter* in der Bedeutung 'livelihood' von dem unilateralen Idiom *bed and breakfast*, das denotativ-wörtliche Bedeutung bewahrt hat. Auch bei den bilateralen Paarformeln kann die zweite Konstituente der Ausdrucksverstärkung dienen, vgl. *part and parcel* 'a basic and necessary part of something'. Nach der semantischen Beziehung zwischen den Konstituenten lassen sich bei den bilateralen Paarformeln – analog zu den unilateralen – drei Typen unterscheiden.

Typ 1: Paarformeln in komplementärem Verhältnis:

Alarms and excursions 'bustle and disorganized activity of a noisy kind'; *all and sundry* 'all the people indiscriminately, whoever they may be'; *bread and circuses* 'the necessities of life and the provision of amusement'; *bread and water* 'the minimum of diet on which life can be sustained'; *dust and ashes* 'something worthless'; *flesh and blood; king and country; life and / or limb* 'one's survival and / or preservation from accident or injury'.

4.1.1.

Typ 2: Paarformeln als Antonyme

The carrot and the stick '(offer) as the hope of reward and the threat of punishment, a means of making sb. try harder'; *cops and robbers* 'informal, the law versus criminals'; *the ins and outs* 'the details / those in office and those out of office; the Government and the Opposition'; *the likes and dislikes* 'preferences and aversions'; *the ups and downs (of life)* 'coll., the changes, vicissitudes of life'; *neck or nothing* '(saying) risking death or injury in order to do or obtain sth.'.

Typ 3: Paarformeln als Synonyme

Auch bei diesem Typ bilden die Konstituenten – analog zu den unilateralen Paarformeln – im Grunde eine Tautologie, wobei die zweite Konstituente ausdrucksverstärkend wirkt. Beispiele: *decline and fall* 'the process or sequence of events leading to a final and complete loss of power, prestige, popularity etc.'; *a hue and cry* 'general outcry of alarm, often with shouting, screaming, searching, chasing'; *kith and kin* 'relations and friends' (als archaisches Lexem ist *kin* in diesem Idiom phraseologisch gebunden); *nooks and crannies* 'small spaces; sub-divisions, in a location, building etc.'; *odds and ends* 'a miscellaneous collection of articles or items, usu. remnants or things of little value'; *(the) thrills and spills* 'the excitement of taking part in, or watching, sports or entertainments involving hazards of a not-too-serious kind'.

Modell 5: Syntaktische Wortgruppen (*phrases*)

Diese Wortgruppenlexeme können kaum noch als bilaterale substantivische Idiome angesehen werden, weil sie im Grunde verkürzte Satzkonstruktionen sind.[114] In der Wortbildungslehre werden sie gewöhnlich als ein besonderer Typ der Komposita behandelt. Ein Teil von ihnen sind Aussage-, Befehls- oder Fragesätze mit einer finiten Verbform, die in dem betreffenden Wortgruppenlexem festgeworden ist und daher nicht verändert werden kann. Sofern eine Pluralbildung möglich ist, tritt das Pluralmorphem an die letzte Konstituente. In der Formativstruktur dieser Idiome sind auch Anomalien möglich (vgl. *whodunit*).

Auf einen Aussagesatz gehen zurück: *love-lies-bleeding* 'Gartenfuchsschwanz; roter Fuchsschwanz'; *IOU* (Initialkürzung aus *I owe you* 'signed paper acknowledging that one owes the sum of money stated'). Auf einem Befehlssatz beruhen folgende Idiome: *hand-me-down* 'sl. or informal, ready-made garments; second-hand clothes'; *forget-me-not* 'a type of low-growing plant with small, usu. pale blue flowers'; *merry-go-round* 'rundabout'; *pick-me-up* 'informal, esp. a drink or a medicine, that makes one feel stronger and more cheerful'; *reach-me-down* 'ready-made garments'; *touch-me-not* 'name of a plant, noli-me-tangere; coll., a ticklish question'.

Ein Fragesatz liegt folgenden Idiomen zugrunde: *what-d'you-call-him / what-d'you-call-her / what-d'you-call-it / what's-his-name* 'coll. used to refer to someone or something whose name the speaker cannot remember'; *whodunit* 'who (has) done it? informal, a story, film, etc., about the mysteries of crimes, esp. concerned with the finding out who was the criminal; a detective story'.

Diese Idiome bilden bereits den Übergang zu den multilateralen substantivischen Idiomen.

4.1.1.3. Multilaterale substantivische Idiome

Die sprichwörtlichen Redensarten, von denen eine Reihe aufgrund ihrer Konstituentenstruktur als multilaterale Idiome anzusehen sind (z. B. *a cook and bull story*), sollen hier ausgeklammert werden (vgl. Abschnitt 4.2.1.). Dagegen wird ein weiteres Modell durch Kopula gebundener Substantive, in dem drei oder vier Konstituenten phraseologisch verknüpft sind, näher betrachtet. Wenn bilaterale Paarformeln um eine weitere Konstituente der gleichen Wortart erweitert werden, entstehen **Drillingsformeln**.[115] Sie können Abstrakta, Personen oder auch Gerätschaften bezeichnen, zwischen denen ein komplementäres Verhältnis besteht. Beispiele: *wine, women and song* '(symbols of) social pleasures or indulgences' (ursprünglich aus dem Deutschen); *the world, the flesh, and the devil* 'all that is not holy; all that tempts mankind to wickedness or imperfection' (oft mit humorvollen Konnotationen); ferner umgangssprachliche Bezeichnungen für den Begriff 'everybody': *(every) Tom, Dick, and Harry* (diese Namen sind bekannte Abkürzungen, "*pet-forms*" von Thomas, Richard und Henry); *the butcher, the baker, (and) the candlestick-maker* (nach einem Abzählreim) und *man, woman, and child*. Einzelne substantivische Drillingsformeln können in der Funktion eines Adverbs verwendet werden: *hook, line, and sinker* 'from fishing, fig. completely'; *lock, stock and barrel* 'not formal, completely, wholly'.

Vierlingsformeln kommen nur vereinzelt vor. Ein bekanntes Beispiel aus dem Sprachgebrauch der Journalisten ist *the hatches, catches, matches and dispatches* 'the births, engagements, marriages, and deaths'. Umgangssprachlich gefärbt ist das Idiom *neither fish, flesh, fowl, nor good red herring* 'of a doubtful or ambiguous nature, which cannot be defined'.

4.1.2. Adjektivische Idiome

Die adjektivischen Idiome sind nicht nur heterogen hinsichtlich ihrer Modelle, sondern sie signalisieren erneut den Übergang zwischen Phraseologie und Wortbildungslehre, Phraseologie und Syntax. Dieser Übergang zeigt sich an mehreren Stellen:

1. Die adjektivischen Wortverbindungen des Modells *hard-and-fast* sind traditioneller Gegenstand der Wortbildungslehre, fallen aber aufgrund ihrer syntaktischen und semantischen Festigkeit und ganzheitlichen Bedeutung ebenfalls in den Bereich der Phraseologie. An der Grenze zur Wortbildung liegen ferner die reduzierten bildhaften Vergleiche des Typs *stone(-)dead* und *dog-tired*, die in Wörterbüchern teils als Komposita, teils als Idiome klassifiziert werden. Die Wortbildungslehre behandelt sie als Determinativkomposita.

2. Einige adjektivische Idiome stehen der Syntax näher als der Wortbildungslehre. Das betrifft vor allem (verkürzte) Propositionen, die zu syntaktischen Wortgruppen geworden sind und auf Nullableitungen von Substantiven zurückgehen. Das Idiom *devil-may-care* kann z.B. nur als attributives Adjektiv fungieren: *a devil-may-care attitude*; *good-for-nothing* dagegen als Substantiv und Adjektiv: *a good-for-nothing (fellow)*.

3. Im Übergangsbereich zwischen Phraseologie und Syntax liegt die „Konversion" von Präpositionalphrasen zu Adjektiven: *off the cuff*: *an off-the-cuff speech*; *round the clock*: *round-the-clock service*.

4. In der Nähe der Propositionen liegen die stereotypen Vergleiche, die ein semantisch verdichtetes und syntaktisch reduziertes Sachverhaltsabbild ausdrücken: *as proud as a peacock*; *as safe as houses*. Gemeinsam ist diesen adjektivischen Idiomen die Graduierung der Idiomatizität.

4.1.2.1. Unilaterale adjektivische Idiome

Die Hauptgruppen der unilateralen adjektivischen Idiome sind Paarformeln und stereotype Vergleiche.

Modell 1: Adjektivische Paarformeln: Adj. + and / or + Adj.

Diese Idiome bestehen aus zwei durch die Kopula *and*, seltener *or*, verknüpften, unumkehrbaren Adjektiven. Die Gesamtbedeutung des Idioms ist jedoch noch aus einer Konstituente erschließbar. Bei Synonympaaren kann die zweite Konstituente der Ausdrucksverstärkung dienen.

Typ 1: Paarformeln als Synonyme

Dead and buried 'not formal, completely dead'; *fine and dandy* 'coll., fine, satisfactory'; *null and void* 'null, cancelled, invalid'; *pure and simple* 'informal, thorough; and nothing else'; *safe and sound* 'properly, safe and uninjured'; *tried and true* 'many times tested and always found faithful'; *up-and-coming* 'likely to be successful'.

Typ 2: Paarformeln als Antonyme

Dead or alive; *high and low* 'all classes of society'; *young and old (alike)*: 'everybody'.

Modell 2: Stereotype Vergleiche *as* + Adj. + *as* (+ Art.) + N

Bei den adjektivischen Vergleichen ist das Lexem, das als tertium comparationis eine Ähnlichkeit zwischen zwei Substantiven zum Ausdruck bringt, in der Formativstruktur des Idioms anwesend, während es bei den verbalen Vergleichen aus der Bedeutung des Verbs erschlossen werden muß.[116] Im Gegensatz zur Metapher findet bei einem Vergleich keine Bezeichnungsübertragung statt; die in den beiden Substantiven enthaltenen Abbilder (X *is as* Adj. *as* Y) werden nicht identifiziert, sondern mit Hilfe eines Operators (des Funktionswortes *as* bei adjektivischen, *like* bei verbalen Vergleichen) in Beziehung gesetzt. Die stereotypen Vergleiche nehmen eine Mittlerstellung zwischen den Nominationen und den Propositionen im System der Phraseologie ein. So liegt z. B. dem Vergleich *as weak as a baby* die Proposition *a baby is weak* zugrunde. Daraus ergeben sich folgende Ableitungen: *X is weak. A baby is weak. X is as weak as a baby (is)*. In einigen Beispielen ist die Proposition noch in einer finiten Verbform in der Struktur des Vergleichs erkennbar: *as happy / honest as the day is long*; *as sure as eggs is eggs*; *as sure as God made little apples* 'informal, quite certainly'; *(not) as black as it is painted* 'better than it / he etc. is reputed to be'.

Die Idiomatisierung des adjektivischen Vergleichs besteht darin, daß das ursprünglich auf einer offenen Kollokation beruhende Vergleichsbild, das der kollektiven Alltagserfahrung der Sprecher entstammt, syntaktische und semantische Festigkeit erlangt hat. Von den empirisch wahren Vergleichsbildern unterscheiden sich einige „abwegige" Vergleiche, die entweder einer fiktiven Wirklichkeit entlehnt sind oder in absichtlicher Pointierung eine Übertreibung, Humor oder Ironie ausdrücken. Ihre Konnotationen sind usuell: *as proud as Lucifer* (biblisch; kulturhistorisch); *as bald as a mushroom* (humorvoll); *as friendly as hell*; *as cold as charity* (ironisch).

In stärkerem Maße als andere Idiome neigen die stereotypen Vergleiche zur Variation einzelner Konstituenten. In einigen Fällen haben sich für die Vergleichsbilder sogar „Synonymreihen" herausgebildet, wobei man aber berücksichtigen muß, daß es sich hierbei nur um Kontextsynonyme handelt, denen ein Minimum an semantischer Gemeinsamkeit eigen ist, selbst wenn sie völlig verschiedenen Abbildern von Denotatsklassen angehören.

Variation des Vergleichsbildes: *as weak as a baby / a cat / a kitten / water*;[117] *as thick as a cable / thieves / blackberries / hailstones*; *as patient as Job / an ox*.

Andererseits können demselben Vergleichsbild unterschiedliche Eigenschaften zugeschrieben werden: *as black / dark as pitch*; *as proud / gaudy as a peacock*; *as smooth / brittle as glass*.

Da bei den stereotypen adjektivischen Vergleichen die denotative Bedeutung durch das anwesende Adjektiv hinreichend ausgedrückt ist, erweist sich die mit *as* angeschlossene NP als semantisch redundant, als Träger einer expressiven Konnotation jedoch als relevant, da sie eine Intensivierung in der Funktion eines Gradadverbs bewirkt: *as greedy as a wolf* 'extremely greedy'; *as weak as a baby* 'very weak'.

Ein Teil der stereotypen Vergleiche stammt aus früheren Jahrhunderten und enthält als Vergleichsbilder Substantive, die außerhalb dieser Idiome kaum noch oder überhaupt nicht mehr vorkommen:
sandboy: *as happy as a sandboy*; *doornail*: *as dead as a doornail*; *pikestaff*: *as plain as a pikestaff*. Diese komplexen Wörter haben nur eine wendungsinterne Bedeutung.

Ein verbreitetes Mittel phraseologischer Bindung ist die Alliteration: *as blind as a bat / a beetle*; *as cold as cucumber*; *as large as life*; *as thick as thieves*.

Die das Vergleichsbild ausdrückenden Substantive lassen sich verschiedenen Klassen von Denotaten zuordnen. Diese wiederholen sich z. T. bei den verbalen stereotypen Vergleichen (s. Abschnitt 4.1.3.1.).

Typ 1: <Human> <Proper Noun>
as patient as Job; *as rich as Croesus*; *as wise as Solomon*

Typ 2: <Human> <Common Noun>
as drunk as a lord; *as grasping as a miser*; *as hungry as a hunter*; *as silent as the dead*

Typ 3: <Animal>
as brave as a lion; *as greedy as a dog / wolf*; *as quiet as a lamb / mouse*; *as plump as a partridge*; *as slow as a snail*

Typ 4: <Plant>
as like as two peas; *as red as a rose*; *as plentiful as blackberries*

Typ 5: <Mass Noun> <Substance>
as black as coal; *as bright as silver*; *as cold as marble*; *as hot as pepper*; *as red as blood*; *as sweet as honey / sugar*

Typ 6: <Artefact>
as dead as a doornail; *as clear as crystal*; *as tough as leather*; *as warm as wool*; *as white as as sheet*

Typ 7: <Nature> <Atmosphere>
 as hot as fire; as thick as hailstones; as swift as lightning; as white as snow

Typ 8: <Abstract>
 as clear as noonday; as large as life; as pale as death; as swift as thought

Typ 9: <Imaginary>
 as pale as a ghost; as proud as Lucifer; as touchy as hell

Die reduzierten Vergleiche des Typs *dog-tired, sand-blind, stone-cold,* denen die expandierten Formen *as tired as a dog; as blind as sand; as cold as (a) stone* zugrunde liegen, werden hier nicht als adjektivische Idiome behandelt, sondern der Wortbildungslehre zugewiesen. Sie sind als Adjektivkomposita zu betrachten, deren Determinans intensivierende Funktion hat und an der Grenze der Idiomatizität liegt.[118]

Die Übersicht über die Typen der stereotypen Vergleiche hat gezeigt, daß dieses Modell der adjektivischen Idiome in der Tendenz produktiv ist und daß die einzelnen Vergleiche nur relativ stabil sind, was auch durch die neueste Bestandsaufnahme durch das '*Oxford Dictionary of Current Idiomatic English, Vol. 2: Phrase, Clause & Sentence Idioms*' bestätigt wird.

Unter den stereotypen adjektivischen Vergleichen gibt es eine geringe Anzahl Beispiele, wo das Adjektiv keine denotativ-wörtliche, sondern übertragene Bedeutung hat und das Vergleichsbild nur vage Assoziationen auslöst. Einen solchen Übergangsfall bildet bereits der Vergleich *as thick as hailstones*; Bezugpunkt ist hier nicht nur die Größe der Hagelkörner, sondern auch ihre Menge. Deutlicher ist die Metaphorisierung des Adjektivs in dem Vergleich *as thick as thieves,* der sich nicht auf den Körperumfang von Dieben, sondern auf ihre Komplizenschaft bezieht und nur in übertragener Bedeutung ('informal, very friendly') vorkommt. Insofern ist dieser Vergleich ein vereinzeltes Beispiel für bilaterale Idiome innerhalb dieses Modells. Grenzfälle sind: *as bold as brass* 'rude(ly); without respect'; *as cold as charity* 'unfeeling; cold; unfriendly' (als paradoxer Vergleich!); *as friendly as hell.*

4.1.2.2. Bilaterale adjektivische Idiome

Zu den bilateralen adjektivischen Idiomen gehören einige Modelle, die bereits als syntaktische Wortgruppen bei den bilateralen substantivischen Idiomen im Schnittpunkt von Wortbildungslehre und Phraseologie behandelt wurden (vgl. 4.1.1.2., Modell 5). Bei den in der Funktion von Adjektiven verwendeten Präpositionalphrasen (vgl. auch S. 25) treten jedoch dahingehend syntagmatische Restriktionen auf, daß einige von ihnen nur attributiv, andere dagegen attributiv und prädikativ vorkommen können.

Modell 1: N + prep. + N

Bei diesem Modell sind die Substantive identisch. Innerhalb der als attributives oder prädikatives Adjektiv verwendbaren Präpositionalphrase bezeichnen sie ein reziprokes Verhältnis zwischen zwei Denotaten, die menschlicher oder sachlicher Art sein können: *air-to-air* (weapons) 'between aircraft in flight, esp. to be fired from one aircraft at another'; *face-to-face* (arguments) 'being within each other's presence or sight'; *heart-to-heart* (talks) '(a talk) done freely, mentioning personal details, without hiding anything'; *man-to-man* (discussion) 'informal, open; without unnecessary politeness'; *mouth-to-mouth* (resuscitation) 'helping a person who is not breathing to breathe again'; *(a) step-by-step* (solution of the problem) 'gradual' In prädikativer Stellung wird das Adjektiv dieses Bildungsmusters zum Adverb, wobei die Klammerung durch Bindestriche entfällt: *the attack was air to air, our discourse was face to face.*

Modell 2: Adv. / prep. + Art. / prep. (+ Art.) + N

Diese adjektivischen Idiome sind aus Adverbien entstanden, die in der Funktion eines attributiven Adjektivs gebraucht werden, vgl. *off the cuff* 'without preparation': *an off-the-cuff speech*. Auf die gleiche Weise gebildet sind: *down-to-earth* (questions) 'practical; in accordance with reality'; *down-to-heel* (appearance) 'untidy, uncared for'; *on-the-spot* (decision) 'not formal, at once'; *to-the-minute* (publications) 'most recent'.

Modell 3: N + prep. (+ Art.) + N

Diese auf substantivische Wortgruppenlexeme zurückgehenden adjektivischen Idiome werden in der Regel nur attributiv verwendet: *a matter-of-fact* (person) 'not formal, unimaginative'; *middle-of-the-road* (ideas) 'not formal, average, ordinary'; *run-of-the-mill* (life) 'ordinary, average'.

Modell 4: Syntaktische Wortgruppen in adjektivischer Funktion

Die Mehrzahl dieser adjektivischen Idiome ist auf die attributive Verwendung beschränkt. Beispiele: *do-it-yourself* (house decorating) 'instead of by professional workers' (vgl. auch Abschnitt 5.3.); *go-as-you-please* (behaviour) 'untroubled by regulations'; *go-to-meeting* (clothes) 'clothes for the occasion'; *(a) good-for-nothing* (fellow) '(a person who is) worthless, who does not work' (auch in der Funktion eines Substantivs); *happy-go-lucky* (fashion) 'care-free'; *stick-in-the-mud* (opinion) 'informal, a person who will not change or accept new things' (auch als Substantiv).

Modell 5: Sekundäradjektiv + PP

Dieses Modell besteht aus einem Adjektiv, das aus einem Partizip des Perfekts entstanden ist, und einer Präpositionalphrase. Der gesamte Phraseologismus ist idiomatisiert und kann nur prädikativ verwendet werden: *born under a lucky star* 'born to rich parents'; *bred in the bone* 'well-established'; *chilled / frozen to the bone / marrow* 'not formal, [of a person] very cold'; *dyed-in-the-wool* 'fig., thorough, complete' (auch in attributiver Stellung: *a dyed-in-the-wool Tory*); *left in the lurch* 'to have been abandoned'; *nipped in the bud* 'done harm to sb. / sth., to keep from succeeding'.

Modell 6: Bilaterale adjektivische Paarformeln: Adj. + *and* + Adj.

Wie die unilateralen Paarformeln sind auch diese Idiome häufig durch Alliteration oder Binnenreim gebunden: *hale and hearty* 'robust'; *fair and square* 'honest'. Ihre Konstituenten sind irreversibel und haben denotativ-übertragene Bedeutung, so daß der gesamte Phraseologismus idiomatisiert ist. Einige Adjektive haben heute archaischen Charakter und kommen nur noch innerhalb dieser Paarformeln vor (*hale* als das aus dem Skandinavischen entlehnte Synonym zu *whole* in *hale and hearty*; beide Konstituenten in *spick and span* 'very neat and trim').[119]

Typ 1: Paarformeln in komplementärem Verhältnis

Free und easy 'uneffected, unconcerned, careless'; *bright and breezy* 'not formal, very lively, cheerful'; *hard-and-fast* 'clear and not to be changed'; *high and mighty* 'very proud'. Zu diesen Idiomen gehören auch Bildungen mit adjektivischen Komposita: *bright-eyed and bushy-tailed* 'coll., very cheerful and lively'; *footloose and fancy-free* 'free to go wherever and whatever one wishes, esp. because one is unmarried'; *shipshape and Bristol-fashion* 'not formal, very neat and tidy' (Anspielung auf die Hafenstadt Bristol).

Typ 2: Paarformeln als Antonyme

Black-and-white 'not formal, simple and direct'; *up and down* 'not formal, variable, e.g. in health, sometimes good, sometimes bad'.

Typ 3: Paarformeln als Synonyme

Down and out 'coll., penniless and homeless', vgl. auch S. 22); *hale and hearty*; *high and dry* 'not formal, deserted, left in a difficult or hopeless situation'; *rough and ready* 'satisfactory for ordinary purposes'; *spick and span*.

4.1.2.3. Multilaterale adjektivische Idiome

Relativ häufiv vertreten unter diesen Idiomen sind adjektivische **Drillingsformeln**. Sie bestehen aus einer Aufzählung von drei zumeist in übertragener Bedeutung verwendeten Adjektiven, deren Anordnung rhythmisch gegliedert ist, so daß das Adjektiv mit den meisten Silben (wie bei einer Klimax) am Ende steht. Dabei können Alliteration und / oder Synonyme der Ausdrucksverstärkung dienen: *cool, calm, and collected* 'not formal, in full control of one's emotions, not excited'; *cribbed, cabined, and confined* 'utterly restrained and constrained'; *free, gratis, and for nothing* 'free, without cost, without payment' [tautologische Bildung]; *tall, dark, and handsome* 'a certain ideal type of male beauty'; *unwept, unhonoured, and unsung* 'the object of nobody's regard, respect or remembrance'.

Zu den multilateralen adjektivischen Idiomen gehören ferner einige Beispiele des Modells Sekundäradjektiv + Präpositionalphrase, die durch eine Konstituente erweitert ist: *born with a silver spoon in one's mouth* 'born of wealthy parents'; *born within the sound of Bow bells* 'born in the district of London round Bow Church, Cheapside, and hence a true Cockney'; *cradled in the lap of luxury* 'brought up in conditions of great comfort and wealth'; *tied to one's mother's / wife's apron-strings* 'controlled by one's mother or wife'.

4.1.3. Verbale Idiome

Sowohl in der Quantität als auch in der Vielfalt der Modelle und Typen besteht bei den verbalen Idiomen ein deutlicher Unterschied zwischen den unilateralen und bilateralen

Idiomen, der sich u. a. aus dem beträchtlichen Anteil der *phrasal verbs* an den bilateralen Idiomen und aus der Vorkommenshäufigkeit transitiver einfacher Verben, die Objekte (NP, *it*), und intransitiver Verben, die Präpositionalphrasen an sich binden, erklärt. Mit der Zahl der Konstituenten nimmt die Komplexität der Bedeutung eines verbalen Idioms zu.

4.1.3.1. Unilaterale verbale Idiome

Die unilateralen Idiome umfassen die Modelle $V_t + NP$; $V_i + PP$; stereotype Vergleiche ($V_i + like + NP$) sowie Paarformeln.

Modell 1: $V_t + NP$

In diesem Modell ist das Verb metaphorisiert, während das Objekt noch denotativ-wörtliche Bedeutung bewahrt hat. Die Idiomatisierung des ganzen Phraseologismus zeigt sich u. a. darin, daß keine Passivtransformation möglich ist. Beispiele: *to beggar description* 'to be beyond one's power to describe a thing'; *to drop a hint* 'to let fall a remark meant to be taken as a hint'; *to pick a quarrel* 'to provoke a quarrel with a person';[120] *to strike a balance* 'to reach an arrangement which is fair to everybody'.

Bei einer Untergruppe dieser Idiome ist nur das Adjektiv der NP metaphorisiert: *to cost a pretty penny* 'a considerable sum of money' (gleichzeitig *understatement*); *to have a nodding acquaintance with sb. / sth.* (Metonymie, vgl. S. 72); *to keep a straight face* 'to hide one's amusement by not smiling and laughing',[121] *to make a mental note* 'to fix sth. in one's mind, remember'.

Modell 2: $V_i + PP$

In diesem Modell ist das Verb metaphorisiert, während die PP noch denotativ-wörtliche Bedeutung hat und dadurch die Bedeutungserschließung des ganzen Idioms unterstützt: *to fall on deaf ears* 'to be unheard; to be heard but ignored' (durch die Metonymie *deaf ears* deutet sich hier bereits der Übergang zu den bilateralen Idiomen an); *to jump at the opportunity* 'to seize the occasion'; *to rise to the occasion* 'to put forth unusual and sometimes surprising efforts so as to cope with an emergency'.

Modell 3: Stereotype Vergleiche: $V_i + like + NP$

Im Unterschied zu den stereotypen adjektivischen Vergleichen gehören die verbalen Vergleiche nur zu den unilateralen Idiomen. Ihre Spezifik besteht darin, daß sie keinen ganzheitlichen Begriff benennen, sondern reduzierte Sachverhaltsaussagen sind. Ein Vergleich wie *to spread like wildfire* läßt sich auf die Proposition *X spreads as wildfire does* zurückführen. Das tertium comparationis ist jedoch nicht in der Formativstruktur ausgedrückt, sondern muß aus der Bedeutung des Verbs als Gradadverb erst erschlossen werden, während es bei adjektivischen Vergleichen in dem entsprechenden Adjektiv stets präsent ist. In der Regel bietet das Vergleichsbild eine Hilfe bei der Bedeutungserschließung: *to spread like wildfire* – 'to spread very quickly'. In der Quantität, der formalen und semantischen Vielfalt stehen diese stereotypen Vergleiche deutlich hinter den adjektivischen zurück. Alliterationen sind selten; Beispiele wie *to live like a lord* sind faktisch Ausnahmen. Jedoch sind auch beim verbalen Vergleich Variationen des Verbs bei gleichbleibendem Bild oder Variationen des Bildes bei gleichbleibendem Verb möglich. Variation des Verbs: *to drink / swim like a fish*; *to sell / go like hot cakes*; *to tremble / quiver like an aspen leaf*. Variation des Vergleichsbildes: *to sleep like a log / top*; *to swear like a trooper / fishwife*; *to swim like a duck / fish*.

Hinsichtlich der Vergleichsbilder, die dem stereotypen Vergleich zugrunde liegen, lassen sich verschiedene Klassen von Denotaten unterscheiden. Die Zahl ihrer Typen entspricht etwa der des adjektivischen Vergleichs.

Typ 1: <HUMAN> <PROPER NOUN>
  to work like a Trojan 'very hard'

Typ 2: <HUMAN> <COMMON NOUN>
  to live like a lord / a prince; *to swear like a bargee / a fishwife / a trooper* 'coll., to use bad language in an unrestrained manner'; *to work like a black / a (galley) slave*

Typ 3: <ANIMAL>
  to fight like cat and dog; *to fight like Kilkenny cats* 'fight fiercely'; *to grin like a Cheshire cat* 'to smile widely' (beide Vergleiche gehen auf den Kinderbuchautor Lewis Carroll zurück); *to look like a drowned rat* 'to be very wet'; *to strut like a turkey*; *to sing like a nightingale / a thrush*; *to work like a horse*

Typ 4: <PLANT>
  to pop up like mushrooms; *to tremble like an aspen leaf*

Typ 5: <ARTEFACT>
  to come down like a ton of bricks 'not formal, to turn the full force of one's anger against sb., usually as punishment'; *to go down like a ninepin* 'to fall heavily'; *to sleep like a log / a top*; *to speak like a book*

Typ 6: <NATURE> <ATMOSPHERE>
  to come like a bolt from the blue 'completely unexpected'; *to follow like a shadow*; *to spread like wildfire*

Typ 7: <ABSTRACT>
  to get more kicks than halfpennies 'not formal, rather old-fash., more severity and criticism than gratefulness and kindness'; *to work like magic* 'to be very effective'; *to be off like a shot* 'very quickly'

Typ 8: <IMAGINARY>
  to rise like a Phoenix from the ashes (Anspielung auf die Antike, vgl. Abschnitt 5.1.2).

Da die Erweiterung einzelner Vergleichsbilder durch eine PP in der gleichen Bildsphäre liegt, tritt keine weitere Metaphorisierung einer Konstituente ein, so daß die verbalen Vergleiche unilaterale Idiome sind.

Modell 4: Verbale Paarformeln: V + *and / or* + V

Da eine Trennung der verbalen Paarformeln in unilaterale und bilaterale Idiome aufgrund der teilweisen Deutbarkeit ihrer Konstituenten nicht möglich ist, sollen sie im Interesse einer übersichtlichen Darstellung unter den unilateralen Idiomen behandelt werden. Mit den substantivischen und adjektivischen Paarformeln teilen sie die semantischen Grundbeziehungen zwischen den Konstituenten und einzelne formale Merkmale wie **Alliteration**: *to forgive and forget*; *to hum and haw* und **Binnenreim**: *to huff and puff* (onomatopoetisch motiviert als schweres Keuchen); *to toil and moil*.

Typ 1: Paarformeln in komplementärem Verhältnis
to break and enter 'to force one's way into a house, by illegal means'; *to fetch and carry*; *to forgive and forget*; *to hum and ha(w)* 'make inarticulate noises, indicating nervousness, before or while speaking' (Variante: *to um and aah*); *to wait and see*; *to wine and dine*

Typ 2: Paarformeln als Antonyme
do or die 'catchphrase, (resolve to) make a determined, or desparate, attempt to do sth.'; *to give and take*; *to hire and fire*; *to make or break* 'be crucial in making sb. / sth. either a success or a failure'; *to sink or swim*; *to stand or fall by*

Typ 3: Paarformeln als Synonyme
to aid and abet 'legal, act as an accomplice in some criminal activity'; *to bow and scrape* 'facetious, behave in a servile manner'; *to moan and groan* 'complain, grumble'; *to pick and choose*; *to toil and moil* (*moil* in der Bedeutung '*drudge*' ist in diesem Idiom phraseologisch gebunden). Diese Idiome haben tautologischen Charakter, wobei die zweite Konstituente der Ausdrucksverstärkung dient.

Im Unterschied zu den Paarformeln der Substantive, Adjektive und Adverbien, die (mit Ausnahme der Pluralbildung einiger substantivischer Paarformeln) unverändert in den Satz eingefügt werden, können die verbalen Paarformeln wie ein nichtphraseologisches Verb flektiert werden, wobei jedoch im Einzelfalle Restriktionen unterschiedlicher Art zu beachten sind. Einige Paarformeln bilden finite Verbformen, andere hingegen werden nur als Infinitiv, Imperativ oder Verbalsubstantiv verwendet.

Zunächst ist eine Gruppe auszugliedern, die zu substantivischen Idiomen geworden ist und ausschließlich in dieser Wortart vorkommt.

Verbale Paarformeln in der Funktion von Substantiven

cut and thrust 'a vigorous exchange of opinions or ideas': *the cut and thrust of a general election*; *hide-and-seek* 'a children's game in which some hide and others search for them'; *tip-and-run* (a children's game); *touch and go* 'a very narrow escape; a delicate, ticklish, precarious state of things', vgl. die Textstelle aus S. 172); *wear and tear* 'the damaging effects of ordinary use; obsolescence': *a guarantee for five years against wear and tear*.

Verbale Paarformeln als Infinitive

Die folgenden Paarformeln werden selten konjugiert und bilden keine infiniten Verbformen außer dem Infinitiv: *to fetch and carry (for)* 'to be busy with small duties for; be a servant for': *His wife is always there to fetch and carry for him*; *give and take* 'to yield partly to the demands of others': *Both employers and workers will have to learn to give and take if they intend to make this industry profitable* (LDEI); *to pick and choose* 'to choose carefully from a number of objects, possibilities, etc., only those which one particularly likes and which are especially attractive': *You can pick and choose in this assortment of carpets*; *to wait and see* kann im Infinitiv oder Imperativ verwendet werden: *I think we should wait and see. Wait and see what will happen* (LDEI). Gelegentlich kann *wait and see* zu einem Adjektiv „konvertiert" werden: *a wait-and-see plan)*.

4.1.3.

(Verbale) Paarformeln als Verbalsubstantive

Die folgenden Paarformeln werden vorzugsweise als Verbalsubstantive gebraucht: *to bow and scrape* (s. S. 88): *... but all this bowing and scraping to barbarians – it makes me sick.* (LDEI); *to pick and steal* 'pilfer' (*picking and stealing* in der Bedeutung von 'theft'); *to toil and moil* 'not formal, old-fash., to work hard with little pleasure and for little profit': *After so many years of toiling and moiling for her family she had deserved a holiday.*

Paarformeln mit finiten Verbformen

Bei den folgenden Idiomen können beide Konstituenten finitve Verbformen bilden: *to forgive and forget* 'to put out of one's mind all feelings of pain and revenge that have been caused by past injuries': *He has such a pleasant personality that he always forgives and forgets; to huff and puff* 'to speak or act in an important or threatening way, but, finally, be indecisive or ineffective' (bevorzugt wird hier die Verlaufsform, vgl. LDEI: *The two men were huffing and puffing over how to mend the car*); *to rise and fall* 'increase and then decline in power, popularity etc.': *Empires rise and fall; to stand or fall by* 'to be completely dependent on / a principle, the result of an uncertain situation, etc. /for one's continued existence, good fortune, etc.': *They all stand or fall by their belief in equal rights for women.* (dieses Idiom wird meist im Präsens gebraucht); *to wine and dine* 'not formal, to enjoy or offer (sb.) expensive meals or food and drink of high quality, esp. in a restaurant': *We wined and dined in the snackbar on top of the TV tower.*

4.1.3.2. Bilaterale verbale Idiome

Die bilateralen Idiome umfassen die Modelle $V_t + NP$ (mit unterschiedlichen Typen), $V_i + PP$ sowie die intransitiven und transitiven *phrasal verbs* mit Objekten verschiedener Art. Beide Konstituenten haben denotativ-übertragene Bedeutung.

Modell 1: $V_t + NP$

Die Idiome dieses Modells bilden eine qualitativ und quantitativ stark ausgeprägte Gruppe. In der Formativstruktur haben sie zwar gewisse Ähnlichkeiten mit den sprichwörtlichen Redensarten, die aber aus Gründen der Systematik erst im Abschnitt 4.2.1. zusammenhängend behandelt werden sollen. Die Idiomatizität der folgenden Verben zeigt sich u. a. darin, daß sie keine Passivbildung zulassen und daß der Numerus des Substantivs in der NP nicht verändert werden kann. Auch die Wahl des Artikels ist in den meisten Fällen eingeschränkt. In semantischer Hinsicht lassen sich diese Idiome in drei Typen einteilen: Bezeichnungen für emotionale Zustände <EMOTIONAL>, für soziales / zwischenmenschliches Verhalten <SOCIAL BEHAVIOUR> und für geistige Operationen <COGNITIVE>. Das Modell tritt in drei Strukturvarianten auf.

Variante 1: V_t + def. / nondef. / zero-art. + N

<EMOTIONAL>
to blow a fuse 'to lose one's temper'; *to have cold feet* 'to be frightened'; *to keep a stiff upper-lip* 'to refuse to complain or show emotion or fear when faced with difficulty or danger' (vgl. auch die Abschiedsformel S. 132)

<SOCIAL BEHAVIOUR>
to break the ice 'to make a beginning'; *to cook the books* 'coll., to change the written details or records of what a business, organization, person etc., has spent or earned, esp. in order to take money unlawfully'; *to do a guy* 'coll., disappear'; *to drop a brick* 'coll., to make a mistake, esp. to do or say sth. wrong or unsuitable in a particular situation'; *to have an itching palm* 'to be always ready to receive a bribe'; *to look daggers* 'to look extremely angry and hostile'; *to rub shoulders with* 'to meet and mix with people'; *to toe the line* 'fig., obey order given to one as a member of a group or party'; *to spill the beans* 'give away information, esp. sth. not intended to be made known'.

<COGNITIVE>
to burn the midnight oil 'to go on working late at night'; *to speak volumes* 'bear abundant evidence for or against'; *to smell a rat* 'coll., to suspect that sth. is wrong, that so. is trying to deceive one'. Als Randgruppe sind solche verbale Idiome zu erwähnen, deren NP durch ein Complement erweitert ist: *to have an axe to grind* 'coll., to be trying to gain personal profit or advantage'; *to have a bone to pick with sb.* 'informal, to have sth. to complain about to s.'

Variante 2: $V_t + one's + N$

In diesem Typ sind die gleichen semantischen Klassen wie in Typ 1 vertreten, doch steht die NP in einem possessiven Verhältnis zu dem Handlungsträger; das Possessivpronomen wird syntagmatisch verändert. Die übertragene Bedeutung des gesamten Idioms kann auf einer Metapher oder einer Metonymie beruhen.

<EMOTIONAL>
Metaphorische Bedeutung haben: *to blow one's top* 'coll., explode in rage'; *to dree one's weird* 'to suffer without complaining'; *to lose one's head* 'to lose one's calmness of mind'; *to lose one's wool* 'coll., get angry'. Metonymische Bedeutung haben dagegen solche Idiome, die eine äußere Geste bezeichnen, die für eine innere Empfindung steht, vgl. *to bite one's lips* 'to try to hide one's anger or displeasure'; *to knit one's brow* 'to frown'; *to tear one's hair* 'to give way to extravagant grief or rage' (gleichzeitig Hyperbel).

<SOCIAL BEHAVIOUR>
Auf **Metaphern** gehen zurück: *to blow one's trumpet* 'coll., to praise one's own abilities'; *to feather one's nest* 'not formal, to make sure of one's own profit, etc., esp. in a dishonest way'; *to meet one's Waterloo* 'to suffer a ruinous defeat, e.g. when one meets so. stronger or more determined than oneself'; *to safe one's face* 'evade shaming oneself in public'; *to save one's skin* 'avoid, often by cowardice, the risk of loss, injury, etc.' Auf **Metonymien** in Form einer Geste für eine innere Einstellung oder Absicht gehen zurück: *to crook one's finger* 'with the palm upwards crook one's forefinger in sb.'s direction as a summons or invitation to approach'; *to show one's teeth* 'to show malice or hostility, behave threatingly'.

<COGNITIVE>
to change one's mind 'to arrive at a new plan, a different opinion'; *to rack one's brains* 'to strain or exercise one's thought to the utmost'.

4.1.3.

Variante 3: V_t + *somebody's* + N

Zwischen Verb und Objekt, das durch ein Substantiv im *possessive case* modifiziert wird, besteht bei diesen Idiomen ein Partnerbezug. Im Unterschied zu Typ 2, dessen Idiome nur Eigenbezug haben, d. h. auf e i n e Person gerichtet sind, sind in diesem Typ nur Idiome mit dem Merkmal <Social Behaviour> vertreten. Beispiele: *to break sb.'s back* 'to give him too much to do'; *to feel sb.'s pulse* 'to find out his secret'; *to grease sb.'s palm* 'to bribe somebody'; *to pull sb.'s leg* 'try, for a joke, to make sb. believe sth. that is untrue'; *to steal sb.'s thunder* 'spoil his attempt to be impressive by anticipating him'; vgl. auch *to steal the show*.

Modell 2: V_i + PP

In diesem Bildungsmuster der bilateralen Idiome kommen in der Hauptsache Handlungs- und Vorgangsverben aus der Sphäre des zwischenmenschlichen Verhaltens vor. Die intransitiven Verben sind in den meisten Fällen polyseme Simplizia, die entweder durch die Verbindung mit einer Partikel (als *phrasal verb*) oder innerhalb der PP monosemiert werden.

<Social Behaviour>
to come to one's own 'to receive what rightly belongs to one, the credit, fame, etc., that one deserves'; *to fall to the ground* 'to come to nothing, be fruitless'; *to get into hot water* 'to get into trouble, esp. because of foolish behaviour'; *to go to the dogs* 'coll., to be no longer of a good quality, character, etc.'; *to jump on / aboard the bandwagon* 'coll., to begin to do sth. that other people are doing'; *to pay through the nose* 'coll., to pay a very high price for sth.'; *to run in the same groove* 'to advance in harmony'; *to sail under false colours* 'to be an impostor'; *to sit on the fence* 'not to commit oneself' (vgl. auch die Ableitung *fence-sitter*).

Modell 3: *Phrasal verbs*: Simplexverb + Partikel

Phrasal verbs sind ebenso nominative Einheiten wie einfache und komplexe Verben. In der Regel sind sie zweigliedrige, seltener dreigliedrige Wortgruppenlexeme, die aus einem Simplexverb und einer Partikel (bzw. einer Partikel + Präposition oder Adverb) bestehen. In der englischen Gegenwartssprache erweisen sie sich als ein außerordentlich produktives Muster zur Bildung neuer Verben, nicht zuletzt durch ihre Fähigkeit, nominalisierte Formen (die gewöhnlich als *phrasal nouns* bezeichnet werden) zu bilden.

Die Simplexverben, die durch das Hinzutreten einer Partikel zu *phrasal verbs* expandiert werden können, beschränken sich keineswegs auf die in der traditionellen Lexikologie des Englischen bekannten „zehn Hauptverben",[122] unter denen zumeist einsilbige Simplizia germanischen Ursprungs verstanden werden, sondern erfassen in zunehmendem Maße auch Verben romanischer oder griechischer Herkunft, vgl. *to brazen out*; *to preside over*; *to telephone off*. Voraussetzung für das Entstehen dieser *phrasal verbs* sind die sogen. „Öffnungsbedingungen" der Simplexverben, d. h., ihre Fähigkeit, Partikeln in unterschiedlicher Funktion an sich zu binden.[123] Tritt eine Partikel zu einem zweisilbigen Verb romanischen Ursprungs, so drückt sie häufig eine Intensivierung oder Gerichtetheit der Verbhandlung aus, während sie bei einheimischen Simplizia gewöhnlich der Ausdrucksverstärkung[124] dient und dem Verb damit eine resultative Bedeutung verleiht (*eat up*; *finish up*; *figure out*).

Das Vorkommen der *phrasal verbs* ist – im Gegensatz zu älteren Darstellungen – nicht mehr auf die Umgangssprache des modernen Englisch einzugrenzen, obwohl die *phrasal verbs* für diese Sprachgebrauchssphäre typisch sind und sogar eine offene Grenze zum Slang haben. In zunehmendem Maße treten sie auch in der umgangssprachlichen Fachlexik (etwa den *jargon words*) auf, wofür die technischen Disziplinen, der Handel, das Militärwesen und die Seefahrt typische Beispiele liefern. In einigen Fachwortschätzen sind sie an die Stelle von Fachwörtern griechisch-lateinischer Herkunft getreten; in der Alltagssprache werden sie vorzugsweise statt der *hard words* verwendet, vgl. *to accomplish: bring about; consider: look upon; contradict: cut across; emphasize: point out; increase: step up; project / protrude: jut out; surrender: give up; tolerate: put up with.*

Das **Simplexverb**, das den Kern eines *phrasal verb* bildet, ist in der Regel polysem, so daß es erst durch die Partikel innerhalb des Wortgruppenlexems monosemiert werden kann. Eine natürliche Folge der Sprachverwendung ist aber, daß auch die *phrasal verbs* zur Polysemie neigen. Neben verschiedenen allgemein- und fachsprachlichen Bedeutungen können sie auch denotativ-übertragene Bedeutungen haben. Eine weitere Folgeerscheinung der Idiomatisierung ist die metaphorische Polysemie, die bei den *phrasal verbs* zu bilateralen Idiomen führt. Beispiele:

to bail out
a) 'Law: pay money as a surety for sb.'
b) 'fig., help in an emergency'

to buoy up
a) 'raise, as if with a buoy'
b) 'fig., raise, maintain at a high level'

to hand over
a) 'transfer a position of authority or power; make, complete, checks on cash, equipment etc., as part of this transfer'
b) 'surrender'.

Der Status der Partikel als einer Wortart, die weder konjugiert, dekliniert noch kompariert werden kann, prägt auch das mit ihr gebildete Wortgruppenlexem. Von einem Adverb unterscheidet sich die Partikel darin, daß sie nicht durch eine Bestimmungsfrage ermittelt werden kann.[125] Vgl. *The oxen were yoked together.* +*How were the oxen yoked?* – *We jotted down the address quickly.* +*Were did we jot the address?*

Bei Adverbien sind dagegen Bestimmungsfragen möglich. Vgl. *He bought a plot of land down by the river-side. Where did he buy a plot of land?*

Wenn in einem dreigliedrigen *phrasal verb* dem Simplexverb zwei weitere Konstituenten folgen, ist es irrelevant, ob die zweite Konstituente, die der Partikel angeschlossen ist, aus einem Adverb oder einer Präposition besteht, da in jedem Falle eine Verschmelzung mit der vorhergehenden Partikel vorliegt, was sich auch darin zeigt, daß diese nachgeordneten Konstituenten nicht umgestellt werden können. Ein weiterer Unterschied zwischen Adverb und Partikel ist darin zu sehen, daß die Partikel nicht frei im Satz umgestellt werden, sondern nur im Falle einer Emphase vor das Simplexverb an die Satzspitze treten kann. Vgl. *Down came the snow. Off went the electricity. Up go the prices in a depression.*

Arten von *phrasal verbs*

Nach der Stellung der Partikel kann man zwischen trennbaren und untrennbaren bzw.

verschmolzenen (*separable vs. fused*) *phrasal verbs* unterscheiden. Bei trennbaren *phrasal verbs* kann die Partikel vor oder nach dem in der Funktion eines Objekts gebrauchten Substantiv stehen. Ist das Objekt ein Personalpronomen, wird die Partikel nachgestellt: *He sent off the book. He sent it off. – He sent off the book immediately / to his friend.*

Für die untrennbaren *phrasal verbs* gilt, daß zwischen Simplexverb und Partikel kein weiteres Satzglied treten kann. In der Regel sind diese Verben metaphorisiert, vgl. *He came across an old acquaintance yesterday.* ⁺*He came an old acquaintance across.* ⁺*He came across him.* Die dreigliedrigen *phrasal verbs* sind vollständig verschmolzen. Ihre Komplexität ist ein Beweis für die Expansionsfähigkeit der Simplexverben. Ein Teil dieser Verben ist polysem; ihre denotativ-gegenständliche Bedeutung kann zwischen Allgemein- und Fachsprache Unterschiede aufweisen. Auch ihre denotativ-übertragene Bedeutung kann mit stilistischen und expressiven Konnotationen verbunden sein.

Beispiele für idiomatisierte dreigliedrige *phrasal verbs* der **Allgemeinsprache** sind: *to cash in on* 'fig., fam., exploit for profit'; *to catch up with* a) 'come up to somebody who is going in the same direction', b) 'do all the work that has not yet been done'; *to come up against* 'confront; be faced with'; *to crack down on* 'fam., oppress'; *to keep in with* 'remain on good terms with'; *to live up to* 'reach the standard that one has set oneself, or that is expected of one'; *to look up to* 'respect'; *to look down on* 'consider inferior'; *to make up for* 'make good with sth. lost'; *to run out of* 'finish; exhaust', *to stand out against* 'continue to resist'. Beispiele für idiomatisierte *phrasal verbs* der **Fachsprache** sind: *to add up to* a) 'math., amount to'; b) 'fig., signify, indicate'; *to break out in* 'med., exhibit suddenly'; *to come out in* 'med., exhibit, of symptoms'; *to close in (up)on* 'mil., encircle, tighten the circle round'.

Diesen intransitiven *phrasal verbs* folgt im Satzkontext ein substantivisches oder pronominales Objekt, das Teil einer Präpositionalphrase ist. Die dreigliedrigen *phrasal verbs* beschränken sich auf das Modell *phrasal verb* + NP; die transitiven und intransitiven zweigliedrigen *phrasal verbs* bilden dagegen verschiedenartige Modelle.

Modell 4: Transitives *phrasal verb* + NP

Dieses Modell ist das gleiche Strukturmuster wie das mit einem einfachen Verb gebildete Modell 1 der bilateralen Idiome, doch ergeben sich bei dem *phrasal verb* Unterschiede in der Stellung der Partikel vor oder nach der NP. Diese kann durch ein Possessivpronomen determiniert werden. Analog zu Modell 1 treten auch hier die Varianten <Emotional>, <Social Behaviour> und <Cognitive> unter den *phrasal verbs* auf.

Variante 1: <Emotional>

N a c h s t e l l u n g der Partikel: *to crow one's head off* 'informal, talk in a boastful way'; *to cry one's eyes out* 'to continue crying until this brings relief'; *to eat one's heart out* 'grieve bitterly'; *to get one's dander up* 'coll., become angry'; *to keep one's hair / shirt on* 'informal, not lose one's composure'; *to let one's hair down* 'coll., to rest and enjoy oneself after a long period during which one has had to keep oneself under control'.

V o r a n s t e l l u n g der Partikel: *to blow off steam* 'coll., give free expression to one's feeling, e.g. of annoyance'; *to fly off the handle* 'informal, lose one's temper'; *to screw up one's courage* 'to stop oneself from being afraid'.

Variante 2: <Social Behaviour>

N a c h s t e l l u n g der Partikel: *to bring the house down* 'informal, make an audience laugh, applaud etc., uproaringly'; *to draw one's horns in* 'coll., to hold back or control one's actions, e.g. to spend less money' (dazu die Variante *to draw in one's horns*); *to get / keep one's hand in* 'to get used to an activity by practice'; *to keep one's hands off* 'not to interfere'; *to lay one's hands on* 'informal, seize, arrest, in order to punish or hurt'; *to put one's foot down* 'to take a firm stand with regard to another or other people's behaviour, policy, party, actions'; *to take sb.'s breath away* 'not formal, to cause s.o. to be surprised, filled with wonder'; *to wash one's hands of* 'to refuse to be concerned with / or responsible'. Auffällig an diesen Idiomen sind die zahlreichen Körperteilmetaphern.

V o r a n s t e l l u n g der Partikel: *to cast in one's teeth* 'to retort reproachfully'; *to laugh up one's sleeve* 'not formal, to laugh to oneself; be amused secretly'; *to lay down one's life* 'rather rhet., to die for the sake of the others'; *to throw up one's hands / arms* 'to show that one is annoyed or has given up hope with s.o. or s.th. that causes trouble'.

Variante 3: <Cognitive>

N a c h s t e l l u n g der Partikel: *to cut one's teeth on* 'not formal, to gain experience from s.th., learn from'; *to keep one's mind on* 'not let one's attention wander from; concentrate on'.

V o r a n s t e l l u n g der Partikel: *to make up one's mind* 'to decide; come to a decision'.

Ein auffälliges Merkmal dieser Idiome ist neben ihrer Bildhaftigkeit ihr häufiges Vorkommen auf der Stilebene der Umgangssprache. In einzelnen Fällen kann die Stellung der Partikel variieren, wenn es der Satzrhythmus bedingt.

Modell 5: Transitives *phrasal verb* + *it*

Bei einigen Idiomen folgt dem *phrasal verb* statt einer NP das Personalpronomen *it*. Dieses läßt sich entweder als ein aus dem Kontext erschließbares (anaphorisches) Objekt deuten, oder es kann semantisch unspezifiziert sein und lediglich als Platzhalter (*dummy symbol*) für ein notwendiges, aber nicht expliziertes Objekt dienen. Die *phrasal verbs* dieses Modells sind ebenfalls bilaterale Idiome und lassen sich teils der Variante der ein zwischenmenschliches Verhalten bezeichnenden Verben, teils den Handlungs- und Vorgangsverben (z. B. bei der Bedienung von Maschinen) zuordnen. Wenn sich das Pronomen *it* auf ein erschließbares Objekt bezieht, steht es nach der Partikel.

N a c h s t e l l u n g der Partikel: *to come it over / with* 'coll., a) to show by one's behaviour that one believes o.s. to be better than s.o.; b) to try to make s.o. believe that ...'; *to live it up* 'not formal, to enjoy o.s., esp. in a lively and expensive way'; *to rub it in* 'rub sb.'s nose in it, informal, remind sb. forcibly of sth. unpleasant he has done'.

V o r a n s t e l l u n g der Partikel: *to come off it* 'to stop acting nonsensically' (*it* könnte sich auf *affair* oder *matter* beziehen); *to harp on it* 'to remind sb. of an awkward affair' (*it* steht hier für *affair*); *to make the best of it* (*it* könnte sich auf *bargain* oder *situation* beziehen); *to step on it* 'to make the automobile go faster', *it* ist die Pronominalisierung von *the gas pedal*).

Als Randerscheinung dieses Modells sind einige mit Simplexverben gebildete Idiome zu nennen, bei denen das Pronomen *it* ebenfalls semantisch unspezifiziert ist: *to beat it* 'run away'; *to cut it* 'run away; disappear'; *to lord it* 'not formal, to behave in a proud and commanding manner towards a person'; *to rough it* 'to scrape a living'; *to call it a day* 'coll., to finish work or stop doing sth.'; *to play it off the cuff* 'to use one's wits in a situation for which one is unprepared'.

Modell 6: Intransitives *phrasal verb* + PP

Diese bilateralen Idiome bezeichnen ebenfalls hauptsächlich Emotionen und Formen zwischenmenschlichen Verhaltens. Bei der Analyse ihrer Konstituentenstruktur ist zu beachten, daß die Partikel stets Teil des *phrasal verb*, nicht aber Teil einer zusammengesetzten Präposition ist.

Variante 1: <EMOTIONAL>

to go off the deep end 'coll., to become very angry'; *to go off at half cock* 'not formal, to become angry; (of a plan, ceremony etc.) to begin too early and ineffectively'.

Variante 2: <SOCIAL BEHAVIOUR>

to come in from / out of / the cold 'not formal, to become involved in or admitted to sth. that one had no part in before'; *to get down to bedrock / to brass tacks* 'coll., to begin to discuss the important facts of a matter, esp. after a period of not saying exactly what one means or wants'; *to get up on one's hind legs* 'informal, rise to one's feet in order to speak to a group of people'; *to go around in circles* 'not formal, to keep going over the same ideas without reaching a satisfactory decision or answer'; *to keep up with the Joneses* 'compete with one's neighbours or others in buying consumer goods and services – as indicating social status'.

Variante 3: <COGNITIVE>

to come down to earth 'to stop dreaming or thinking impractically and pay attention to practical matters'; *to go / fly off at a tangent* 'not formal, to leave the subject of discussion or what one is doing and suddenly move to a completely different point'; *to hold / hang on by one's fingernails / fingertips / teeth* 'not formal, to make a determined effort to keep one's position, e.g. in one's job, an activity or situation'.

4.1.3.3. Multilaterale verbale Idiome

Diese Gruppe umfaßt transitive Verben (darunter auch *phrasal verbs*) mit zwei Nominalphrasen in der Funktion eines indirekten und eines direkten Objekts bzw. einer als direktes Objekt fungierenden Nominalphrase sowie einer Präpositionalphrase (V_t + NP + NP; V_t + NP + PP). Bei Idiomen mit zwei Objekten ist in keinem Falle eine Passivbildung möglich, vgl. *to give sb. the cold shoulder* ⁺he was given the cold shoulder; ⁺the cold shoulder was given to him).

Modell 1: V_t + NP + NP

to give sb. a piece of one's mind 'coll., to give sb. an angry scolding'; *to give sb. the cold shoulder* 'to show a person distaste of his company'; *to give the devil his due* 'not formal, to be fair in giving praise to a person even though one does not much like or approve of him'; *to give a dog a bad name (and hang him)* 'it is difficult to regain a lost reputation' (gleichzeitig Sprichwortfragment).

Modell 2: V_t + NP + PP

to get a word in edgeways 'not formal, to speak or take part in a conversation when others are talking a great deal'; *to have one's tongue in one's cheek* 'say sth. that one does not intend to be taken seriously'; *to hit the nail on its head* 'not formal, to say sth. that exactly describes a situation or explains the cause of a difficulty'; *to lead sb. up the garden path* 'coll., to cause a person to believe sth. that is not true'; *to take the gilt off the gingerbread* 'coll., to take away what is most attractive'.

Modell 3: Verbale Idiome, die nur in der Verneinung vorkommen

Diese gemischte Gruppe umfaßt sowohl transitive als auch intransitive Verben in übertragener Bedeutung. Mit dem Verb *to be* als Kernlexem sind gebildet: *not to be able to get sth. for love and money* 'to be unable to obtain at any price or by any means'; *not to (be able) to see the wood for the trees* 'to be unable to get a clear view of the whole because of too many details'; *not to be fit to hold a candle to sb.* 'not to be compared with, much inferior to'. Unterschiedliche Verben als Kernlexeme: *not to care / give a tinker's cuss* 'coll., not to care in the least'; *not to have a penny to one's name* 'be without money'; *not / ever to lay a finger / hand on sb.* 'to cause no harm to a person'; *not to let the grass grow under one's feet* 'fig., waste no time in doing sth.'; *not to mince matters* 'to speak plainly and frankly'. In diese Reihe gehört auch *to make no bones about it* 'to speak plainly and directly about it'.

4.1.4. Adverbiale Idiome

Ein Teil in der Funktion eines Adverbs auftretenden Idiome sind Präpositionalphrasen, in denen die Wahl des Artikels vor dem Substantiv restringiert ist. Wie bereits erwähnt, ist das Fehlen eines erwartbaren Artikels ein Hinweis auf morphologische bzw. syntaktische Anomalie und auf Idiomatizität (vgl. Abschnitt 2.2.). In den folgenden Präpositionalphrasen liegt dem ohne Artikel stehenden Substantiv das semantische Verhältnis einer **Metapher** oder **Metonymie** zugrunde, so daß diese Adverbien als unilaterale Idiome eingestuft werden können.

4.1.4.1. Unilaterale adverbiale Idiome

Modell 1: prep. + N

An der unteren Grenze der Idiomatizität innerhalb dieses Modells liegen einige PP, die zwar durch das Fehlen des Artikels gekennzeichnet sind, deren Substantiv aber keine denotativ-übertragene Bedeutung hat: *by chance* 'accidentally, unintentionally'; *in demand* 'popular; wanted or liked by people'; *in time* 'early; at the time arranged'; *to boot* 'as well; to the good; additionally'; *to date* 'up to the present time or moment'.

4.1.4.

Metaphorische Bedeutung hat das Substantiv in den Idiomen *at hand* 'near in time or place'; *by heart* 'by memory'; *from scratch* 'from the beginning and without any advantage or help'; *on hand* 'near and ready for use'; *to hand* 'in one's possession or within reach'.

Metonymische Bedeutung hat das Substantiv hingegen in den Idiomen *behind bars* 'in prison' (pars-pro-toto-Verhältnis); *in double harness* 'together; working together' (das Instrument = Pferdegeschirr steht hier für die Handlung = Arbeit); *according to Cocker* 'correct and regular' (Hinweis auf den bekannten englischen Lehrmeister der Arithmetik Edward Cocker, vgl. auch 'nach Adam Ries(e)'. Eine Person bzw. Autorität steht hier für eine bestimmte Qualität).

Modell 2: Adv. + prep. + N

Strenggenommen sind die PP dieses Modells als prädikative Ergänzungen des Verbs *to be* zu betrachten. An der unteren Grenze der Idiomatizität liegen die Adverbien *out of date* 'old-fashioned; not modern'; *out of order* 'of a machine, not working'; *out of sight* 'no longer visible'; *up to date* 'most recent; modern'.

Metaphorische Bedeutung haben dagegen die Substantive in den Idiomen *out of hand* 'out of control'; *out of harness* 'not working or employed'; *out of joint* 'rather lit., unsuitable, out of order'. Mit bestimmtem Artikel steht das Idiom *out of the blue* 'unexpectedly'. Ein seltener Fall einer phraseologischen Verbindung von zwei Adverbien mit einer Präposition ist das Idiom *from down under* 'LDEI: coll., in or to Australia or New Zealand (referring to the fact that Australia and New Zealand lie "underneath", on the opposite side of the world to Britain)'

Modell 3: prep. + nondef.art. + N

Die PP dieses Modells haben teils die Funktion eines Adverbs, teils die eines Adjektivs. Die Substantive sind metaphorisiert in: *at a loss* 'uncertain; unable'; *beyond a joke* 'coll., no longer funny or amusing'; *by a whisker* 'by a very small amount'; *for a song* 'for a trifle'; *in a flash* 'in a moment'; *in a nutshell* 'very briefly'; *in a word* 'in short'; *to a frazzle* 'completely; thoroughly'; *to a man* 'without exception'; *to a nicety* 'exactly right'; *with a bang* 'successfully; with impressive effect'. In einzelnen Fällen kann anstelle des unbestimmten Artikels ein Indefinitivpronomen das Substantiv determinieren: *at every turn* 'very frequently'; *by all means* 'certainly'; *in no time* 'very soon'.

Modell 4: prep. + def.art. + N

Die Substantive dieses Modells sind in der Regel metaphorisiert. In der Funktion eines Adverbs werden die folgenden Idiome verwendet: *from the cradle* 'since early childhood'; *off the cuff* 'without preparation'; *off the peg* '(of clothes) ready to wear; not made specially for the customer's measurements'; *off the rails* 'not formal, in a disordered state'; *on the never-never* 'on the hire-purchase system' (zum Substantiv „konvertierte" reine Verdopplung eines Adverbs); *on the war-path* 'coll., eagerly expressing one's great anger with sb. or about sth.'; *under the weather* 'unwell and not cheerful'.

Modell 5: Adverbiale Paarformeln: Adv. + *and / or* + Adv.

Zu den unilateralen adverbialen Idiomen gehören einige Paarformeln, die trotz der denotativ-wörtlichen Bedeutung ihrer Konstituenten eine syntaktisch und semantisch stabile Einheit mit intensivierender Bedeutung bilden. Die Grenze zwischen Phraseologismus und Idiom ist bei diesen Paarformeln jedoch fließend (vgl. auch 3.1.4.). Wie bei den Paarformeln des Substantivs, Adjektivs und Verbs lassen sich nach semantischen Aspekten drei Typen unterscheiden.

Typ 1: Paarformeln als Tautologien

In diesen Idiomen wird dasselbe Adverb wiederholt: *by and by* 'soon'; *on and on* 'without stopping; continuously'; *through and through* 'completely'; *over and over again* 'repeatedly'; *on the up and up* 'steadily improving'. Im Satzkontext haben diese Paarformeln intensivierende Funktion.

Typ 2: Paarformeln als Antonyme

ever and anon = *every now and then* 'at times; from time to time'; *first and last* 'completely; all the time'; *hither and thither* 'in all directions' (Binnenreim!); *now and again* = *once and again* 'frequently'; *to and fro* 'forwards and backwards; from side to side' (das Adverb *fro* ist eine wendungsinterne archaische Form, die das aus dem Skandinavischen entlehnte Synonym zu dem englischen Adverb *from* bildet). Eine seltene Verwendung der Kopula *or* liegt in den Idiomen *now or never* 'immediately or all hope or opportunity of doing sth. later must be given up' und *sooner or later* 'at some time; inevitably' vor.

Typ 3: Paarformeln als Synonyme

above and beyond 'rather rhetorical, greater than; more than'; *far and away* = *out and away* 'by far; absolutely'; *first and foremost* 'before anything else' (Stabreim!); *over and above* 'besides; in addition to'; *really and truly* 'indeed; certainly'; *simply and solely* 'simply' (Stabreim!). Diese Paarformeln berühren sich mit den rhetorischen Formeln (vgl. Abschnitt 6.15.), da sie häufig der Hervorhebung eines Gedankenganges dienen.

4.1.4.2. Bilaterale adverbiale Idiome

Die bilateralen adverbialen Idiome enthalten verschiedene Modelle erweiterter PP, in denen zwei Konstituenten in denotativ-übertragener Bedeutung auftreten. Dabei können das Adjektiv und Substantiv oder zwei Substantive in der PP metaphorisiert sein. Auch hier ist der Übergang zu den unilateralen Idiomen fließend.

Modell 1: prep. (+ def.art.) + Adj. + N

at first hand 'directly from the person concerned or through one's own experience'; *at first sight* 'at the first time of seeing or considering'; *at full tilt* 'with great force'; *at the eleventh hour* 'not formal, at the last possible moment'; *in deep waters* 'in great difficulties'; *in the long run* 'finally'; *in the seventh heaven* 'extremely happy'. In dieses Modell fällt das Idiom mit unbestimmtem Artikel *in a tight corner* 'in an awkward situation'.

Modell 2: prep. + N's + N

Bei diesem Modell wird das metaphorisierte Substantiv durch ein im *possessive case* stehendes, ebenfalls metaphorisiertes Substantiv determiniert: *at arm's length* 'far away'; *at death's door* 'about to die'; *on Shank's mare* 'on foot'.

Modell 3: N + prep. + N

Dieses Modell zeichnet sich durch die Wiederholung desselben Substantivs aus, wodurch ein reziprokes Verhältnis oder eine unmittelbare Aufeinanderfolge von zwei Handlungen ausgedrückt wird: *bit by bit* 'slowly'; *hand in hand* 'closely connected or related'; *side by side* 'closely together'; *shoulder to shoulder* 'in unity and agreement, with shared purpose'; *step by step* 'gradually'.

Modell 4: N + prep. + N

Im Unterschied zu Modell 3 sind hier zwei verschiedene Substantive durch Präposition verbunden und wechselseitig metaphorisiert. Auffällig sind daran die zahlreichen **Körperteilmetaphern**: *cap in hand* 'humbly'; *cheek by jowl* 'close together'; *hand in glove* 'in close association or partnership'; *hand over fist* 'coll., (earning money) in large amounts'; *head over ears* 'coll., deeply or completely'; *head over heels* 'upside down'; *tit for tat* 'blow for blow' (beide Konstituenten sind wendungsintern gebunden).

Modell 5: prep. + N + prep. + N

Dieses Modell beinhaltet PP in adverbialer Funktion. Die sie bildenden, durch Präposition verbundenen Substantive sind metaphorisiert und häufig durch Alliteration gekennzeichnet: *from cradle to grave* 'from birth to death'; *from head to heels* 'completely'; *from pillar to post* 'from one place to another'; *from rags to riches* 'from being poor to being rich'; *from top to toe* 'completely'. Durch die Bedeutung der Präpositionen *from ... to* geben diese Idiome eine Entwicklungs- oder Bewegungsrichtung bzw. deren Ergebnis an.

Modell 6: Bilaterale adverbiale Paarformeln

Diese Paarformeln unterscheiden sich von den unilateralen darin, daß nicht zwei Adverbien, sondern zwei von einer Präposition bestimmte Substantive durch eine Kopula verknüpft sind. Die so gebundenen Substantive bilden einen ganzheitlichen Begriff und können untereinander in einer Beziehung der Komplementarität, Antonymie oder Synonymie (Tautologie) stehen. Alliterationen und Binnenreime sind auch hier sporadisch vertreten. Beispiele: *at hammer and tongs* 'coll., (to quarrel, fight, or argue with sb.) very loudly and / or with great force'; *at sixes and sevens* 'in a state of confusion'; *between the cup and the lip* 'between plan and realization' (zugleich Sprichwortfragment); *by hook or by crook* 'by all means; at all costs' (Binnenreim!); *by leaps and bounds* 'very rapidly'; *through thick and thin* 'despite difficulties, hardships, etc., through good times and bad times'; *under lock and key* 'locked up' (metonymische Bedeutung!); *with might and main* 'very vigorously'.

Modell 7: prep. (+ art.) + N + prep. (+ art. /poss.pron.) + N

Dieses Modell umfaßt Mischformen, die aus einer Kombination von zwei Präpositionalphrasen, die in einem Zugehörigkeitsverhältnis zueinander stehen, entstanden sind. Beide Substantive können metaphorisiert sein. Beispiele: *at the end of one's tether* 'at the end of one's resources'; *by rule of thumb* 'empirically'; *by word of mouth* 'orally'; *in / at the dead of night* 'in the quietest, darkest part of the night when everyone is asleep'; *in the nick of time* 'only just in time'; *with a grain / pinch of salt* 'with some doubt'.

4.1.4.3. Multilaterale adverbiale Idiome

Diese Gruppe ist heterogen, so daß eine Ordnung nach Modellen kaum möglich ist. Einige dieser aus mehr als zwei Konstituenten bestehenden Idiome drücken einen Zeitbezug aus: *in less than no time* 'immediately'; *nine times out of ten* 'very often'; *times without number* 'very often'; *once in a blue moon* 'once in a very long time, very rarely, almost never'.

In einigen Fällen kommen auch expandierte Zwillingsformeln und Drillingsformeln in der Funktion eines Adverbs vor: *between the devil and the deep blue sea* 'between two dangers' – gleichzeitig sprichwörtliche Redensart; *between you and me and the gatepost* 'in confidence'. Abschließend seien einige multilaterale Idiome genannt, die sich keinem Modell zuordnen lassen: *before you can say Jack Robinson* 'coll., very quickly'; *out of the frying pan into the fire* 'coll., from a bad situation to one that is worse'; *straight from the horse's mouth* 'on very good authority'. Gemeinsam sind diesen Idiomen expressive und stilistische Konnotationen.

4.1.5. Idiomatisierte Präpositionen und Konjunktionen

Im Unterschied zu den bisher behandelten Phraseologismen mit denotativer Bedeutung haben Präpositionen und Konjunktionen nur operative Bedeutung, da sie nicht Phänomene der Realität abbilden, sondern nur unterschiedliche Beziehungen zwischen ihnen ausdrücken. In der deskriptiven Grammatik werden sie häufig den *function words* zugeordnet. Präpositionen stellen Beziehungen zwischen Bezeichnungen von Denotaten her, Konjunktionen dagegen zwischen Sachverhaltsabbildern im Kommunikationsprozeß.

Bei den Präpositionen und Konjunktionen treten die gleichen Unterschiede hinsichtlich der Komplexität wie bei den anderen Wortarten auf, vgl. die folgende Übersicht:

Wortart	einfaches Wort	komplexes Wort	Wortgruppenlexem
Präposition	*in*	*inside*	*in spite of*
Konjunktion	*as*	*whereas*	*in order to*

In der phraseologischen Forschung werden die idiomatisierten Präpositionen und Konjunktionen unterschiedlich behandelt. Bei A. V. Kunin[126] werden sie überhaupt nicht berücksichtigt; sein System endet mit den idiomatisierten Adverbien. Bei A. Makkai[127] erscheinen sie lediglich als Anhang in einem längeren Zitat aus dem System von A. Healey. Dieser führt in einer als *'Idioms which function like conjunctions'* nachgeordneten Gruppe solche Konjunktionen auf wie: *in case; in order to; so long as; as soon as; (in) so far as; so as (not) to*. Präpositionen werden jedoch nicht berücksichtigt.

4.1.5.

Nach der Struktur und Motivation lassen sich diese Funktionswörter nur diachronisch untersuchen; die wendungsinterne Bedeutung der Idiome *in order to* und *in spite of* ist aus den Bedeutungen der Konstituenten *order* und *spite* nicht mehr erschließbar. Diese Feststellung gilt allgemein für diejenigen als Präpositionen fungierenden Idiome, die aus Präpositionalphrasen hervorgegangen sind und bereits in ihrer Formativstruktur eine grammatische Anomalie wie z.B. das Fehlen des Artikels aufweisen: *by means of; in view of; by virtue of.*

Jedoch lassen sich auch bei den Präpositionen verschiedene Grade der Idiomatizität unterscheiden. In einigen Präpositionen hat das substantivische Kernwort (Simplex) noch denotativ-wörtliche Bedeutung, so daß diese Präpositionen als unilaterale Idiome klassifiziert werden können. Dazu gehören: *by force of; in place of; in view of; with regard to; with respect to.* Ihnen gegenüber stehen bilaterale Idiome wie *because of; by virtue of; in spite of,* deren Kernwort nicht mehr semantisch analysierbar ist, sondern einen festen Bestandteil der komplexen Bedeutung bildet.

Die folgenden Präpositionen stammen aus der Idiom-Sammlung von W. McMordie. Die Tatsache, daß sie in einem solchen Nachschlagewerk unter der Rubrik "*phrase-prepositions or prepositional phrases*" auftreten, kann als Beweis dafür gelten, daß sie die Kriterien der Idiomatizität vollständig oder zumindest teilweise erfüllen. Bezeichnenderweise findet sich in McMordies Übersicht eine einzige idiomatisierte Konjunktion: *in order to.*

In der folgenden Übersicht werden die von McMordie als "Idioms" angeführten Präpositionen bzw. Präpositionalphrasen nach dem Grad ihrer Idiomatizität geordnet.

unilaterale Präpositionen	bilaterale Präpositionen
by force of	*because of*
by means of	*by dint of*
for the purpose of	*by virtue of*
for want of	*by way of*
in accordance with	*for the sake of*
in case of	*instead of*
in honour of	*in lieu of*
in place of	*in spite of*
in the event of	*on behalf of*
in the name of	*on the brink of*
in proportion to	*on the part of*
with regard to	*with an eye to*
with respect to	*with a view to*
	dazu die Konjunktion
	in order to

In den bilateralen Idiomen hat das substantivische Kernwort eine wendungsinterne Bedeutung, die in seiner denotativ-wörtlichen Bedeutung nicht enthalten ist, vgl. *virtue* 'goodness; nobleness' und *spite* 'unreasonable dislike for and desire to annoy another person'. Noch größer ist die Bedeutungsverschmelzung in den Präpositionen *by dint of* und *in lieu of.* Als isoliertes Lexem bedeutet *dint* 'poet., a hollow place on the surface of sth. hard, made by a blow', während *lieu* außerhalb der Präposition *in lieu of* 'instead of' im Englischen nicht mehr auftritt.

Mit diesem Überblick sind die wesentlichen Erscheinungen der Phraseologismen in nominativer Funktion und in der Funktion von Operatoren des Zentrums des phraseologischen Systems und der Übergangszone zu seiner Peripherie erfaßt.

4.2. Satzähnliche Idiome (Propositionen)

Nachdem in den vorangegangenen Kapiteln nur Idiome in nominativer Funktion erörtert wurden, sollen im folgenden Idiome, die partielle oder vollständige Propositionen sind, untersucht werden. Bei der Einbeziehung der Propositionen in das System der Phraseologie ist aber zu berücksichtigen, daß sie keine Wortgruppenlexeme, sondern satzähnliche Wortverbindungen als Ausdruck einer Sachverhaltsaussage sind, aufgrund ihrer denotativ-übertragenen Bedeutung aber zu den Idiomen gezählt werden können. **Sprichwörtliche Redensarten** und **Sprichwörter** sind ausschließlich Idiome. Mit den nicht-idiomatisierten Propositionen, etwa den Zitaten und der Mehrheit der Routineformeln, teilen sie die Merkmale usuelle Verwendung sowie semantische und syntaktische Stabilität. Darüber hinaus können sie durch ihre intensivierende Funktion die Expressivität und Bildkraft eines Textes erhöhen.

Über die Zuordnung der Sprichwörter und Zitate zum System der Phraseologie besteht unter den Linguisten durchaus keine einheitliche Meinung. Die Entscheidung über ihren Stellenwert im Sprachsystem oder im funktionalen System der Sprachverwendung hängt letztlich von der Beantwortung der Grundfrage ab, ob die Phraseologie, deren Gegenstand die festen Wortverbindungen sind, eine Teildisziplin der Lexikologie ist oder ob sie, wenn sie feste Syntagmen und Sätze in ihren Gegenstandsbereich einbezieht, bereits einen Teil der Syntax bildet. Die Annahme einer **Zwischenebene**, wie sie von verschiedenen sowjetischen Phraseologie-Forschern vertreten worden ist[128], versucht dieser Mittlerstellung der Phraseologie gerecht zu werden und macht zugleich ihre Systembeziehungen zwischen zwei benachbarten Ebenen deutlich.

Von seiten der Semasiologie werden nur sprichwörtliche Redensarten, die bekanntlich im Satzkontext syntagmatisch verändert werden, zu den Phraseologismen gezählt; Sprichwörter und Zitate werden grundsätzlich ausgeklammert.[129] Auch N. N. Amosova möchte prinzipiell die Sprichwörter als nicht zum Sprachsystem gehörige Einheiten (die sie mit Rätseln und Abzählreimen auf eine Stufe stellt) betrachten, weil sie isolierte Sachverhaltsdarstellungen sind.[130] Eine entgegengesetzte Ansicht vertreten jedoch I. Arnol'd und A. V. Kunin. So weist I. Arnol'd mit Recht darauf hin, daß viele englische Sprichwörter nur in verkürzter Form zitiert und als Fragmente in den Satz eingegliedert werden, so daß sie wie andere nominative Idiome fungieren.[131] A. V. Kunin nimmt keine strenge Abgrenzung zwischen sprichwörtlichen Redensarten und Sprichwörtern vor aufgrund ihres Satzcharakters und ihrer kommunikativen Leistung. Er bezeichnet sie als „abgeschlossene kommunikative phraseologische Einheiten mit vollständiger Bedeutungsübertragung und konstanter Abhängigkeit der Komponenten".[132] In den Klassifikationen von Arnol'd und Kunin stehen die Sprichwörter folgerichtig am Rande des phraseologischen Systems und markieren auf diese Weise die Berührungspunkte mit der Syntax.

In den britischen und amerikanischen Arbeiten zur Idiomatik werden zumeist nur sprichwörtliche Redensarten erwähnt (vgl. S. 59). Eine Ausnahme bildet jedoch der Ansatz von A. Makkai, der einige Sprichwörter mit ihrer paradigmatischen Abwandlung im Satz[133] behandelt. In einer für die Lehrpraxis verfaßten Studie gruppiert R. Alexander die Sprichwörter (*"proverbial idioms"* / *"proverbs"*) unter dem Oberbegriff *"set expressions"*, erwähnt aber, daß sie durch ihren soziokulturellen Bezug im Detail zum Gegenstand der Folkloristik (*"folklore study"*) gehören.[134] Das von R. Alexander entworfene System phraseologischer Einheiten läßt sich insofern mit dem Kunins vergleichen, als es ebenfalls den Randbezirk weiter faßt und Klischees, Werbelosungen, Anspielungen und Zitate einschließt.

In den germanistischen Überblicksdarstellungen von K. Daniels,[135] J. Häusermann[136] und K. D. Pilz[137] bilden Propositionen einen festen Bestandteil des phraseologischen Inventars; in der Detailuntersuchung von W. Fleischer[138] sind sie ebenfalls fest integriert. Diese theoretischen Ansätze verdeutlichen, daß es einen engeren und einen weiteren Bezirk der Phraseologie gibt (vgl. auch 1.3.). Für die Aufnahme der satzähnlichen Phraseologismen in die Phraseologie als Teildisziplin der Lexikologie spricht aber die Tatsache, daß ein beträchtlicher Teil von ihnen bereits in einsprachige Wörterbücher und Idiomsammlungen Eingang gefunden hat. Auch wenn die Propositionen in den einschlägigen Idiomwörterbüchern der englischen Gegenwartssprache in unterschiedlichem Umfang vertreten sind, verdeutlicht ihre Aufnahme in das Lexikon, daß die Lexikographen nicht nur das System der Sprache im Bereich der Lexik, sondern auch das der Rede mit seinen konventionalisierten Strukturen zu berücksichtigen haben.

Das '*Longman Dictionary of English Idioms*'[139] hat unter dem Sammelbegriff "*sayings*" Sprichwörter, sprichwörtliche Redensarten und Gemeinplätze (z. B. *there's always (a) next time*) und unter dem Begriff "*typical conversational phrases*" einige Routineformeln aufgenommen, Anspielungen verschiedener Art (z. B. *Catch – 22*) berücksichtigt, Zitate dagegen ausgeklammert. Das Wörterbuch '*Chambers Idioms*'[140] verzeichnet einen Teil der gängigen Sprichwörter und Routineformeln, verzichtet aber auf Zitate. Die Verfasser des '*Oxford Dictionary of Current Idiomatic English*'[141] geben in ihrem Vorwort eine ausführliche theoretische und praktische Begründung für ihre Entscheidung, Propositionen selbst in Form komplexer Sätze in ihre umfangreiche Idiomsammlung aufzunehmen. Sie verweisen auf die Funktion dieser phraseologischen Einheiten in der Alltagskommunikation und auf Tendenzen ihrer weiteren Kürzung (z. B. zu Sprichwortfragmenten).

In anderen theoretischen Arbeiten wird auf die soziokulturelle Bedeutsamkeit der satzähnlichen Phraseologismen in interdisziplinärer Hinsicht verwiesen. Diese Propositionen vermitteln zwischen dem System- und dem Verwendungsaspekt der Sprache und erzielen ihre kommunikative Wirkung erst im Textzusammenhang. So sind Sprichwörter und Zitate im Grunde „literarische Kleinstformen",[142] die als Versatzstücke in einen Text eingefügt werden können, um eine Formulierung wirkungsvoll zu akzentuieren. Werden sie aus ihrem Kontext eliminiert oder durch stilistisch neutrale, d.h. nichtexpressive sprachliche Mittel umschrieben, verliert der Text an Anschaulichkeit und u. U. auch an Überzeugungskraft. Mit den satzähnlichen Phraseologismen beschäftigt sich eine außerhalb der Sprachwissenschaft stehende Disziplin, die **Parömiologie**. Sie hat enge Beziehungen zur Folkloristik, zur Literaturgeschichte und zur Geschichtswissenschaft und untersucht sprachliche Stereotype, Sprichwortgut, Zitate, Aphorismen, aber auch volkstümliche Spruchweisheit, Bauern- und Wetterregeln, Formeln des Aberglaubens und das allgemeine Brauchtum einer Kommunikationsgemeinschaft. Sie beschäftigt sich auch mit

Konversationsformeln im Sprachalltag. Einen Einblick in die Klassifikationsprinzipien dieses Sprachmaterials vermitteln die Untersuchungen von G. L. Permyakov[143] und die Überblicksdarstellung von K. D. Pilz.[144]

4.2.1. Sprichwörtliche Redensarten

Die Bezeichnungen für sprichwörtliche Redensarten sind im Englischen uneinheitlich. Übereinstimmung herrscht lediglich über ihren Begriffsinhalt, daß sie wie die Sprichwörter symbolische Bedeutung haben, und über ihre verfestigte Formativstruktur, aufgrund deren sie zu den "*set expressions*" bzw. "*fixed expressions*" gehören. So konkurrieren die Termini "*(proverbial) saying*",[145] "*semi-proverb*", "*figurative set phrase*",[146] "*proverbial (metaphorical) idiom*"[147] und "*proverbial expression*".[148] Im Deutschen sind die Termini "sprichwörtliche Redensart"[149] und "sprichwörtliche Redewendung"[150] üblich.

Die Gemeinsamkeit zwischen den sprichwörtlichen Redensarten und den Sprichwörtern besteht in ihrem anonymen Ursprung, ihrem soziokulturellen Hintergrund, ihrer Volkstümlichkeit, ihrer Bildhaftigkeit und ihrer Idiomatizität. Beide sind ein Spiegel der Lebensweise früherer Generationen und damit veränderter gesellschaftlicher Verhältnisse. Unterschiede zwischen sprichwörtlichen Redensarten und Sprichwörtern bestehen in ihrer formalen Struktur; sprichwörtliche Redensarten sind keine Propositionen, können aber durch ein finites Verb zu einer Aussage mit lehrhafter Tendenz, einem Sprichwort, umgeformt werden. Von den idiomatisierten Nominationen unterscheiden sie sich darin, daß sie keinen Einzelbegriff benennen, sondern eine reduzierte Sachverhaltsaussage sind. Im Satz werden sie mit den notwendigen syntagmatischen Veränderungen an ihren unmittelbaren Kontext angeglichen, während die Sprichwörter als fertige Einheiten unverändert eingefügt werden können. Die folgenden Beispiele sollen die Anpassung dieser Idiome an ihre Textumgebung veranschaulichen.

Das Idiom *to keep one's nose to the grindstone* '(to cause to) work persistently and hard, with the implication that work is difficult, monotonous, or disliked' ist eine sprichwörtliche Redensart. Ihr ursprünglicher Sachverhaltsbezug ist das mühevolle Schleifen von Rohmaterialien und Schneidwerkzeugen auf manuelle Weise.

> Miss Pennington was one of those teachers who enjoyed seeing that *children's noses were kept firmly to the grindstone*.[151]

Das Idiom *to nail one's colours to the mast* 'to make one's views known on a subject, and abide firmly by them' hat seinen historischen Ursprung in der Piraterie, wo es üblich war, daß Seeräuber zur Bekundung ihres Erfolges ihre eigene Flagge an den Mast eines erbeuteten Schiffes nagelten. Im Kontext kann dieses Idiom durch ein Gradadverb erweitert werden und sogar ein Verbalsubstantiv bilden:

> The Home Secretary *nailed his colours firmly to the mast* on the question of arming the police.[152]
>
> She (the teacher) told us that Cambridge was a hotbed of infidelity, and that we must not be tempted away from our faith, but *nail our colours to the mast* ... Off I marched by myself to this very low church ... near the junction of Petty Cury with Sidney Street, supported through its quite exceptional dullness by the consciousness that I was doing *a lot of nailing to the mast*.[153]

(Charakteristisch an dieser Nominalisierung ist, daß hier das Objekt getilgt ist bzw. unspezifiziert bleibt, weil es aus dem Kontext bekannt ist.)

4.2.1.

Ein Beispiel für eine substantivische sprichwörtliche Redensart ist *small fry* 'young or insignificant creatures; persons of no importance'. Dieses Idiom geht auf den Fischfang zurück; als *small fry* 'newly hatched fishes' galten wertlose Fische. (Es wird auch als Proposition verwendet: *Look after the small fry.*)

> He (my brother) quickly gained the boys' respect, more on account of his cricket than his mathematics no doubt. But one great hulking boy was troublesome and had an admiring following of *small fry*.[154]

In ihrer Konstituentenstruktur ähneln die sprichwörtlichen Redensarten den im Kap. 4.1. behandelten substantivischen und verbalen Idiomen. Hinsichtlich der semantischen Beziehungen zwischen den Konstituenten sind sie bilateral und in einzelnen Fällen sogar multilateral, wenn infolge der expandierten Formativstruktur die semantische Zuordnung der Konstituenten besonders komplex ist.

Beispiele:

> *a skeleton in the cupboard*
> *a snake in the grass*
> *the thin end of the wedge*
> *to make a mountain out of a molehill*
> *to see how the land lies.*

Durch die Eingliederung in einen Satz mittels eines finiten Verbs lassen sich die sprichwörtlichen Redensarten leicht in ein Sprichwort oder eine lehrhafte Sentenz (die nicht als Sprichwort belegt ist) verwandeln:

> Every family has *a skeleton in the cupboard.*
> The older brother may be trustworthy, but the younger brother is a real *snake in the grass.*
> *The thin end of the wedge* is dangerous.
> Don't *make a mountain out of a molehill.*
> Let's see *how the land lies.*

Die Nähe zum Sprichwort läßt sich bei den sprichwörtlichen Redensarten auch daran erkennen, daß eine Reihe von ihnen als Signalwörter für die betreffenden Sprichwörter stehen und diese im Situationskontext assoziieren. Im Sprachgebrauch der Gegenwart ist es geradezu üblich, nur noch ein Sprichwortfragment – gewissermaßen als Anspielung – zu verwenden.[155] Durch seine soziokulturelle Erfahrung ist der (muttersprachliche) Leser oder Hörer zumeist in der Lage, die ganze Proposition zu rekonstruieren. Als solche Signalwörter, die in die substantivischen Modelle der Idiome in nominativer Funktion einzuordnen sind (s. S. 76f.), haben sich eingebürgert:

> *too many cooks* ... (spoil the broth)
> *birds of a feather* ... (flock together)
> *the early bird* ... (catches the worm)
> *the last straw* ... (breaks the camel's back)
> *a new broom* ... (sweeps clean)
> *a rolling stone* ... (gathers no moss)
> *a Jack of all trades* ... (is a master of none)
> *a fool and his money* ... (are soon parted)
> *a bird in the hand* ... (is worth two in the bush)

> *a stitch in time* ... (saves nine)
> *a silver lining* ... (every cloud has a silver lining)
> *a pig in a poke* ... (don't buy a pig in a poke).

Signalwörter in Form eines verbalen Sprichwortfragments sind etwa folgende:

> *two is company* ... (but three is a crowd)
> *don't count your chickens* ... (before they are hatched)
> *when the cat's away* ... (the mice will play)
> *to lock the stable door* ... (after the horse has been stolen / after the horse has bolted)
> *to cry over spilt milk* ... (it is no use crying over spilt milk).

Ein Wesensmerkmal, das die sprichwörtlichen Redensarten mit den Sprichwörtern teilen, ist ihr historisches und soziokulturelles Kolorit, das aber nicht in jedem Fall in der Gegenwartssprache noch erkennbar ist, sondern oft nur noch aus der Etymologie des Idioms bzw. aus bestimmten Sachzusammenhängen rekonstruiert werden kann. Dennoch kann die ursprüngliche Bedeutung einer sprichwörtlichen Redensart wieder transparent werden, wenn sie ein Sprecher als bewußte Anspielung in gegenständlicher Bedeutung verwendet und verstanden wissen will. Auf dem Zusammenspiel zwischen denotativ-wörtlicher und -übertragener Bedeutung beruht die stilistische Wirkung vieler solcher Idiome im Text (vgl. auch Kap. 7 und 8.2.).

Eine thematische Einteilung der sprichwörtlichen Redensarten läßt sich mit Bezug auf bestimmte Tätigkeitssphären und damit ihren soziologischen Ursprung vornehmen. Dabei zeigt sich, daß ein Teil von ihnen mit bestimmten Bereichen der materiellen Produktion, die ihren Niederschlag in fachbezogenen Wörtern und Wendungen gefunden hat, eng verbunden ist. Die folgende Übersicht kann nur eine begrenzte Auswahl bieten.

Landleben

Aus diesem Produktions- und Lebensbereich stammen vor allem verbale Idiome: *to buy a pig in a poke* 'buy sth. without seeing or knowing its value'; *to lock the stable door after the horse has bolted* 'to take precautions when it is too late'; *to take the bull by the horns* 'meet a difficulty boldly instead of trying to escape from it'; *to put the cart before the horse* 'do or put things in the wrong order, take the effect for the cause'; *to put all one's eggs in one basket* 'risk everything one has in a single venture, e.g. by investing all one's money in one business'; *to call a spade a spade* 'speak plainly'; *to cut out the dead wood* 'coll., remove unnecessary or unproductive parts'; *to live in clover* 'in great comfort and luxury'; *to die in harness* 'die while engaged in one's regular work, not after retiring'. Adverbiale Idiome dieses Sachbereichs sind: *at the end of one's tether* 'fig., at the end of one's powers, resources, endurance' – *tether* ist ursprünglich die Weideleine der Tiere; *at a loose end* 'fig., of a person, having nothing to do'; *in harness* 'fig., doing one's regular work'.

Fischereiwesen

Zu dem substantivischen Idiom *small fry* vergl. S. 106. Verbale Idiome dieses Bereichs sind: *to fish in troubled waters* 'try to win advance for oneself from a disturbed state of affairs'; *to swallow the bait* '[of a person] accept a proposal, an offer, etc. made to tempt one to do sth.'; adjektivische Funktion hat *alive and kicking* 'not formal, still alive and active';

ursprünglich auf den Fang im Netz bezogen, adverbiale Funktion hat das Idiom *hook, line and sinker* 'fig., entirely, completely'.

Seefahrt

Auch hier sind die verbalen Idiome stark vertreten: *to drift with the tide / current / stream* 'to act in accordance with a general tendency, custom, etc.'; *to swim / go against the tide / current / stream* 'not formal, to act in a manner that is in opposition to a general tendency, custom, or what most other people are doing'; *to know the ropes* 'to know the conditions, the rules, the procedure in some sphere of action' – gleichzeitig eine Metonymie: die Takelage steht nach dem Prinzip pars-pro-toto für das ganze Schiff; *when someone's ship comes in* 'when he has made his fortune'; *to see how the land lies* 'fig., learn how matters stand, what the state of affairs is'; *to see / find out how the wind blows* 'fig., what other people are thinking, what is likely to happen'; *to sail close / near the wind* 'naut., sail near to the direction in which the wind is blowing; fig., nearly but not quite, break a law or offend against a moral principle'; *to sail under false colours* 'to be an impostor'; *to paddle one's own canoe* 'depend on oneself alone'; *to rest on one's oars* 'coll., stop working for a time'; *to take / get one's bearings* 'find the direction of a ship's course'. Adjektivische Idiome sind: *high and dry* '[of a ship] stranded; aground; out of water; fig., abandoned; isolated; out of current events' – gleichzeitig eine Paarformel; *(all) shipshape and Bristol-fashion* 'not formal, very neat and tidy' (bezogen auf den Hafen von Bristol, der eine Zeitlang der größte in England war). Die Präpositionalphrase *on an even keel* hat die Bedeutung 'coll., steady or calm, with no sudden changes'. Die starke Ausprägung sprichwörtlicher Redensarten im Bereich der Seefahrt erklärt sich nicht zuletzt aus der geschichtlichen Entwicklung des Schiffbaus und der englischen Handelsflotten.

Zwischen dem Sachbereich der Seefahrt und des Militärs ist das Idiom *to run the gauntlet* einzuordnen. Die heutige Bedeutung 'fig., be exposed to continuous severe criticism, risk, danger' führen das Wörterbuch von Hornby und das LDEI auf eine frühere Methode der Bestrafung von Soldaten zurück: 'run between two rows of men who strike the victim as he passes', während McMordie auf die Bestrafung von Matrosen hinweist: 'the punishment here referred to was common among sailors'.

Militär

Aus diesem Bereich stammt das heute in politischen Organisationen verwendete Idiom *rank and file* 'ordinary soldiers, i.e. privates or corporals, contrasted with officers' – in der heutigen Bedeutung 'the ordinary or less important members (of an organization, esp. a trade union or army)'. Verbale Idiome sind *to send to Coventry* (vgl. S. 53) und *to bear the brunt* 'to suffer the chief stress or strain' – ursprünglich in der Bedeutung 'den Hauptangriff abfangen'.

Jagdwesen

In diesem Bereich haben einige verbale Idiome ihren Ursprung: *to beat about the bush* 'approach a subject without coming to the point' – ursprünglich das Aufjagen des Wildes; *to bark up the wrong tree* 'fig., direct one's complaint, accusation, etc. wrongly' (bezogen auf die Verfolgungsjagd der Hunde); *to run with the hare and hunt with the hounds* 'try to keep the favour of both sides in a dispute; play a double game'; *to draw a red herring across the trail* 'introduce irrelevant matter to distract attention from the subject being discussed' (ursprünglich die Abrichtung von Jagdhunden). Im Zusammenhang damit steht das substantivische Idiom *red herring* 'a distracting fact or point of argument' – Ablenkungsmanöver.

Sport

Eine Reihe sprichwörtlicher Redensarten jüngeren Datums stammen aus verschiedenen Sportarten. Sie bezeichneten ursprünglich bestimmte Verhaltensweisen im Sport und sind in denotativ-übertragener Bedeutung in den Wortschatz der Gegenwartssprache eingegangen. Auch in dieser Gruppe überwiegen die verbalen Idiome: *to back the wrong horse* 'support the loser in a contest' – bezogen auf das Pferderennen; *to throw up / in the sponge* 'admit defeat or failure' – aus dem Boxsport; in ähnlicher Bedeutung *to throw in the towel* 'informal, to admit defeat'; *to hit below the belt* 'give an unfair blow, fight unfairly' (aus dem Boxsport); *to keep the ball rolling* 'keep the conversation, etc. going' (ursprünglich vom Fußball); *to be beaten at the post* 'to be defeated at the very last moment' – bezogen auf den Lang- oder Kurzstreckenlauf, möglicherweise auch auf das Pferderennen; *to rest on one's laurels* 'be content with one's successes and rest'. Ein substantivisches Idiom aus dem Pferderennen ist *a dark horse* 'lit., fig., one whose chances of success are not yet known or have been overlooked'.

4.2.2. Sprichwörter

Im Unterschied zu den Zitaten sind Sprichwörter Allgemeingut der Sprachgemeinschaft, auch wenn ihr Bekanntheitsgrad bei unterschiedlichen Altersgruppen oder in verschiedenen Gegenden variieren kann. Zumeist mündlich überliefert, bewahren sie Lebensweisheiten früherer Generationen, die ihre Erfahrungen in ihrer natürlichen und gesellschaftlichen Umwelt in gleichnishafte Merksätze kleideten. Insofern sind Sprichwörter historisch gewachsenes kollektives Wissen, von dem Lebensregeln, Erziehungsmaximen, Gebote, Verbote und „überzeitliche" Aussagen abgeleitet wurden. Wenn auch der Inhalt vieler Sprichwörter als allgemeingültig angesehen werden kann, so ist er doch Ausdruck gesellschaftlicher Verhältnisse einer bestimmten Zeit und wird dadurch relativiert. Der Ursprung von Sprichwörtern ist stets anonym, von Zitaten dagegen bekannt.

Nach den Beobachtungen englischer Lexikographen[156] sind Sprichwörter in der englischen Gegenwartssprache ein durchaus lebendiges Erbe. Von dem zunehmenden wissenschaftlichen Interesse an diesem Sprachmaterial zeugen eine Reihe ausführlich kommentierter Sprichwortausgaben der jüngsten Zeit, darunter das '*Concise Oxford Dictionary of Proverbs*' mit quellengeschichtlichen Belegen und inhaltlichen Erläuterungen und das '*Penguin Dictionary of Proverbs*' mit seinem onomasiologischen Gliederungsprinzip. Überdies kann man in Texten der Belletristik und Publizistik immer wieder Sprichwörter finden, die in der Funktion eines Anschauungszitats[157] einer Aussage eine besondere Pointe verleihen.

4.2.2.1. Semantische, syntaktische und stilistische Merkmale des Sprichworts

Im Unterschied zu den sprichwörtlichen Redensarten, die aus einer Verknüpfung einzelner Wörter bestehen und nominative Funktion haben, sind Sprichwörter durch die Anwesenheit einer finiten Verbform, die eine Prädikation ausdrückt, Propositionen. Dieses Merkmal gilt auch dann, wenn einem elliptischen Sprichwort das Verb fehlt, aus der semantischen Beziehung der Satzglieder aber eine Proposition erschlossen werden kann. In syntaktischer Hinsicht können Sprichwörter einfache Sätze, Satzverbindungen oder komplexe Sätze sein. Letztere können auch als konjunktionslose Beziehungstypen vorkommen. Da ein Sprichwort prägnant und einprägsam sein muß, hat es auch in Form eines komplexen Satzes noch die notwendige Kürze.

Einfacher Satz:	*Every dog has his day.*
	A burnt child dreads the fire.
Satzverbindung:	*The higher you climb, the steeper it gets.*
	Marry in haste, repent at leisure.
Komplexer Satz:	*When the cat is away, the mice will play.*
	Hoist your sail when the wind is fair.

Konjunktionsloser Satz mit Reduktion des (finiten) Verbs:
More haste, less speed.
First come, first served.

Hinsichtlich ihres propositionalen Gehaltes können Sprichwörter Aussagesätze, Frage-, Gebots- oder Verbotssätze sein.

Aussagesatz:	*A rolling stone gathers no moss.*
	Charity begins at home.
Fragesatz:	*Why keep a dog and bark yourself?*
	What can you expect from a hog but a grunt?
Gebotssatz:	*Strike while the iron is hot.*
	Let sleeping dogs lie.
Verbotssatz:	*Never put off till tomorrow what you can do today.*
	Don't count your chickens before they are hatched.

Da Sprichwörter in der Regel eine lehrhafte Absicht ausdrücken, ist für sie die Verallgemeinerung einer Sachverhaltsaussage charakteristisch. Formale Kennzeichen dafür sind der unbestimmte Artikel, die unbestimmten Zahlwörter *all, any, every* und *no*, die Verwendung der Deixis *he ... who, he ... that* und der Adverbien *always, never, nothing* und *even*. Beispiele:

a / an	*A fool and his money are soon parted.*
	An apple a day keeps the doctor away.
all	*All roads lead to Rome.*
	All's fair in love and war.
any	*Any port in a storm.*
every	*Every cloud has a silver lining.*
no	*No man can serve two masters.*
he ... who	*He who hesitates is lost.*
	He who begins many things, finishes but few.
he ... that	*He that touches pitch shall be defiled.*
	He that is down need fear no fall.

always	*A bad penny always comes back.*
	A bad workman always blames his tools.
never	*Never spend your money before you have it.*
	Never put off till tomorrow what you can do today.
nothing	*Nothing seek, nothing find.*
	Nothing have, nothing crave.
even	*Even Homer sometimes nods.*

Ein weiteres Merkmal der Sprichwörter ist ihre Modalität, die in solchen verhaltenssteuernden Modalverben wie *you cannot, you may ... but, (you) should not* und *(you) must* zum Ausdruck kommt. Beispiele:

You may lead a horse to the water, but you cannot make him drink.
Those who live in glass houses should not throw stones.
What can't be cured must be endured.

Es liegt in der historischen Entwicklung von Sprichwörtern, daß sie den gleichen Sachverhalt von unterschiedlichen Standpunkten betrachten und infolgedessen zu gegensätzlichen Aussagen führen können. Die konträren Inhalte mancher Sprichwörter können durch die Zeit oder den Ort ihrer Entstehung begründet sein. Sie können aber auch verschiedene Seiten des gleichen Problems in seiner dialektischen Einheit zum Ausdruck bringen. Solche Aussagen beziehen sich z. B. auf alternative Verhaltensweisen wie

He who hesitates is lost.
vs. *Look before you leap.*
Too many cooks spoil the broth.
vs. *Many hands make light work.*
Out of sight, out of mind.
vs. *Absence makes the heart grow fonder.*
Fine feathers make fine birds.
vs. *Clothes do not make the man.*

Ein anderes auffälliges Merkmal der Sprichwörter ist, daß der gleiche oder ein ähnlicher Sachverhalt mit verschiedenen Bildern oder in mehreren Varianten der Grundform eines Sprichworts ausgedrückt werden kann. Eine **vollständige Synonymie** von Sprichwörtern kommt jedoch selten vor; in den meisten Fällen handelt es sich um funktionale oder Kontextsynonyme, d.h. solche Sprichwörter, die im gleichen Textzusammenhang einen ähnlichen stilistischen Effekt erzielen können, oder um die Variation einer Konstituente eines Sprichworts. Diese Varianten sind lexikalisiert. Die Synonymie unter Sprichwörtern kann in verschiedenen Formen ausgeprägt sein.

Substitution einer Konstituente durch ein bedeutungsähnliches Lexem

Bei dieser Substitution einer Konstituente bleibt die formale Grundstruktur des Sprichworts erhalten, so daß parallele Strukturen entstehen:
Other times, other manners. / Other times, other customs.

Aufgrund synonymer Lexeme sind diese Sprichwörter völlig synonym. In den folgenden Sprichwörtern beruht die Synonymie nur auf den gleichen negativen Konnotationen der Lexeme:

Idleness is the root of all evil. / *Money is the root of all evil.*
Adversity makes strange bedfellows. / *Politics makes strange bedfellows.*

Positive Konnotationen der Lexeme sind der Anhaltspunkt für Synonymie bei den folgenden Sprichwörtern:
Politeness costs nothing. / *Civility costs nothing.*
Knowledge is power. / *Money is power.*

Vollständige Synonymie von Sprichwörtern liegt dort vor, wo die variierten Konstituenten die gleiche denotative und konnotative Bedeutung haben (*manners / customs; politeness / civility*); funktionale, kontextuale Synonymie jedoch in den Fällen, wo die substituierten Konstituenten nur in ihrer konnotativen Bedeutung übereinstimmen. Bei einzelnen Sprichwörtern können auf diese Weise Synonymreihen entstehen:
Easy come, easy go. / *Light come, light go.* / *Quickly come, quickly go.* / *As you bake, so shall you brew.* / *As you brew, so shall you bake.*

Funktional synonym dazu ist das in der Bildsphäre veränderte Sprichwort *As you make your bed, so you must lie upon it.*

Unter den synonymen Varianten von Sprichwörtern sind auch die Unterschiede zwischen einzelnen Lexemen im Britischen und Amerikanischen Englisch zu berücksichtigen:

>BE *Constant dropping wears away a stone.*
>AE *Continual dropping wears away a stone.*
>BE *If you can't beat them, join them.*
>AE *If you can't lick them, join them.*

Substitution mehrerer Konstituenten durch Lexeme mit gegensätzlicher Bedeutung

Auch bei dieser Variation des Sprichworts ist die formale Grundstruktur bewahrt; die ausgetauschten Lexeme stellen aber eine binäre Gegensatzbeziehung dar, wobei der gleiche Sachverhalt von zwei Seiten beleuchtet werden kann. Die Gegensatzbeziehung ist hierbei die Komplementarität;[158] die genannten Erscheinungen oder Objekte ergänzen einander:

>*The best is the enemy of the good.*
>*The good is the enemy of the best.*
>*The busiest men have the most leisure.*
>*Idle people have the least leisure.*
>*One wedding brings another.*
>*One funeral brings many.*
>*There's none so blind as those who will not see.*
>*There's none so deaf as those who will not hear.*

An der Grenze zu einer anderen Bildsphäre liegt die Substitution der Konstituenten in dem folgenden Sprichwort:

>*Happy is the bride that the sun shines on.*
>*Blessed are the dead that the rain rains on.*

Bedeutungsähnliche Sprichwörter aus verschiedenen Bildsphären

Diesen bedeutungsähnlichen Sprichwörtern liegt nicht mehr die gleiche formale Struktur zugrunde. Sie stimmen jedoch im Satztyp als Aussagesätze überein, wobei der gleiche propositionale Gehalt, d. h. das gleiche Sachverhaltsabbild, mit unterschiedlichen Bildern ausgedrückt werden kann. Obwohl die Bildsphären mitunter beträchtlich auseinander liegen, können diese Sprichwörter als funktional synonym gelten. In Sprichwortlexika werden sie als bedeutungsgleich oder zumindest bedeutungsähnlich gekennzeichnet:

Any port in a storm.
Beggars cannot be choosers.
Once bitten, twice shy.
A burnt child dreads the fire.
Nothing venture, nothing have.
He who hesitates is lost.
More haste, less speed.
Make haste slowly.
East, west, home's best.
There is no place like home.
One good turn deserves another.
You scratch my back, and I'll scratch yours.

Verbots- und Gebotssätze sind:

Don't count your chickens before they are hatched.
There's many a slip between the cup and the lip.
He who pays the piper calls the tune.
They that dance must pay the fiddler.

In einigen Fällen lassen sich nicht nur, wie oben angeführt, Dubletten, sondern sogar **Synonymreihen** unter Sprichwörtern aufstellen. Auch hier liegt nur funktionale Synonymie vor:

Deeds, not words.
The greatest talkers are the least doers.
He who gives fair words feeds you with an empty spoon.
Praise without profit puts little in the pot.
Fine words butter no parsnips.[159]

Stilistische Merkmale von Sprichwörtern

Einige Sprichwörter weisen noch Relikte älterer Sprachstufen, z. B. aus frühneuenglischer Zeit auf. Hinweise darauf sind das Fehlen der Umschreibung mit *do* beim verneinten Imperativ:

Waste not, want not.
Burn not your house to fright the mouse away.

oder die Verwendung älterer Flexionsformen der Verben:

Manners maketh man.

4.2.2.

Auch Lexeme aus regionalen Dialekten können sich in Sprichwörtern verfestigt haben: *Many a mickle makes a muckle*, ein im Grunde tautologisches Sprichwort, da *muckle* nur eine Variante der Dialektform *mickle* (die auf das ae *myčel* = *much* zurückgeht) darstellt. Die korrekte Form des Sprichworts, ohne die volkstümliche Umdeutung, lautet *Many a little makes a mickle*.[160]

Auch das Sprichwort *A postern door makes a thief* (als Synonym zu *Opportunity makes a thief*) enthält ein heute veraltetes Wort: *posterne door* = *back door*. Eine Dialektvariante von *nought* = *nothing* ist in den Sprichwörtern *There is nowt so queer as folk*; *When in doubt, do nowt* und *Hear all, see all, say nowt* verfestigt.

In anderen Sprichwörtern haben bestimmte Lexeme eine heute als archaisch geltende, historische Bedeutung bewahrt. So bedeutet das Adjektiv *handsome* in dem Sprichwort *Handsome is as handsome does* 'chivalrous, genteel' und ist noch nicht auf die äußere Erscheinung eines Menschen oder eines Objektes eingegrenzt. In dem Sprichwort *More haste, less speed* bedeutet *speed* nicht die Geschwindigkeit, sondern 'quickness in the performance of some action or operation'.[164] Anderseits hat das Substantiv *waste* in dem Sprichwort *Haste makes waste* noch nicht die konkrete Bedeutung von 'refuse', sondern noch die abstrakte von 'the squandering of time, money etc.'.

Da Sprichwörter, wie bereits ausführlich dargestellt, den Wissens- und Erfahrungsschatz einer bestimmten Periode der gesellschaftlichen Entwicklung widerspiegeln, ist es natürlich, daß ihr Aussagegehalt verblaßt, wenn sich das gesellschaftliche Bewußtsein verändert hat. So ist es keine Seltenheit, daß Sprichwörter im Laufe einiger Generationen durch Volksetymologie uminterpretiert wurden und in der Gegenwartssprache unverständlich sind. Ein Beispiel dafür ist *It is no use spoiling the ship for a ha'p'orth of tar* ('this proverb teaches the folly of false economy of failing to achieve one's purpose by trying to save in a small detail'). Hier steht das Wort *ship* in einer volksetymologischen Umdeutung für *sheep*. In der Tierzucht war es früher in England üblich, daß man Verletzungen an Schafen mit einer dünnen Teerschicht gegen Infektionen und Ungeziefer behandelte. In ähnlicher Weise wurde der Sinn des Sprichwortes *Charity begins at home* umgedeutet. Seine ursprüngliche Bedeutung war, daß Kinder durch das Vorbild im Elternhaus die praktische Nächstenliebe erfahren und selbst lernen sollten. Die heutige Interpretation, die mit dem deutschen Sprichwort „Ein jeder ist sich selbst der Nächste" übereinstimmt, ist sekundär und widerspricht im Grunde der alten humanistischen und puritanischen Lebensregel.[162]

Ein auffälliges **stilistisches Merkmal** der Sprichwörter ist ihre prägnante Formulierung in bildhafter Form, wobei ein besonderer Rhythmus und verschiedene Arten des Reims ihre Einprägsamkeit unterstützen. Ein Teil der Sprichwörter hat ein altertümliches Reimschema bewahrt, das in **Alliterationen**, **Binnenreimen** und **Assonanzen** belegt ist.

Alliterationen sind das Erbe der altgermanischen Epik und Lyrik, der Merksprüche und Zauberformeln. In den Sprichwörtern wirkt dieses metrische Prinzip noch weiter: *Forgive and forget. – Every law has a loophole. – Practice makes perfect. – Live and learn. – Barking dogs seldom bite. – Waste not, want not. – Where there's a will, there's a way. – Fortune favours the brave. – Like priest, like people.*

Binnenreime sind ebenfalls noch häufig anzutreffen: *A hedge between keeps friendship green. – A friend in need is a friend indeed. – There's many a slip between the cup and the lip. – A little pot is soon hot. – What cannot be cured must be endured. – Better ask the way than go astray.*

Eine häufige Stilfigur neben der **Metapher**, die den meisten Sprichwörtern zugrunde liegt, ist die **Antithese**, die zumeist in Antonymen ihren Ausdruck findet: *Much cry and little wool.* – *More haste, less speed.* – *Last in, first out.* – *Easy come, easy go.* – *Once bitten, twice shy.* – *Art is long, life is short.* – *Give and take.*

4.2.2.2. Soziolinguistische Einordnung der Sprichwörter nach ihrer Herkunft

Eine weitgehend widerspruchsfreie Klassifizierung englischer **Sprichwörter** ist angesichts der Materialfülle kaum möglich, wenn man berücksichtigt, daß populäre Sprichwortsammlungen das heute noch lebendige Sprichwortgut auf 800 Einzelbelege veranschlagen und kulturhistorische Untersuchungen einige Tausend Sprichwörter zu bearbeiten haben.[163] Mögliche Einteilungsprinzipien wären die Satztypen, in denen sich die Sprichwörter ausgeprägt haben, oder die Sachgebiete, aus denen sie ursprünglich stammen. Neben der Bibel und den Werken Shakespeares, in denen ein Großteil volkstümlicher Spruchweisheit bewahrt ist, sind die alten Handwerksberufe, die Landwirtschaft, der Fischfang und die Seefahrt wesentliche Quellen des Sprichwortgutes der englischen Gegenwartssprache.

Einige Sprichwörter sind aus literarischen Zitaten hervorgegangen, so daß ihre Herkunft zwar nicht anonym, dem Sprecher aber nicht in jedem Falle gegenwärtig ist. In der Fachliteratur werden solche den Sprichwörtern nahestehende Zitate als **Geflügelte Worte** (engl. "*household words*"[164] oder "*winged words*"[165]) bezeichnet.

Als Bedingungen für den Übergang eines Zitats zu den Sprichwörtern in Form eines geflügelten Wortes nennt S. Scheibe folgende Merkmale:

„(1) Die Wendung darf nicht nur allgemein bekannt sein, sie muß auch allgemein gebraucht werden, ihr Inhalt muß also aktuell sein.

(2) Der Ausdruck muß „dauernd" oder zumindest über einen längeren Zeitraum allgemein benutzt werden.

(3) Für die Herkunft der Wendung muß sich eine Quelle ermitteln lassen, entweder eine Person, von der der Ausdruck stammt, oder ... eine literarische Quelle."[166]

Eine Reihe geflügelter Worte im Englischen gehen auf die Bibel zurück und werden in den einschlägigen Sprichwortsammlungen (mit Ausnahme des quellengeschichtlich angelegten 'Concise Oxford Dictionary of Proverbs') ohne besondere Kennzeichnung aufgeführt: *Hide not your light under a bushel.* – *Do not throw pearls to swine.* – *The labourer is worth his fire.* – *The spirit is willing, but the flesh is weak.*

Bei den auf Shakespeare zurückgehenden geflügelten Worten ist eine Abgrenzung von den Zitaten kaum möglich, wenn man nicht ihr Vorhandensein in Sprichwortsammlungen als ein mehr oder weniger zufälliges Kriterium gelten lassen will. Dazu zählen: *Brevity is the soul of wit* (Hamlet). – *Cowards die many times before their deaths* (Julius Caesar). – *Readiness is all* (Hamlet). – *Ripeness is all* (King Lear).

Die mitunter als geflügelte Worte geltenden Aussprüche anderer englischer Dichter (Milton, Pope, Gray and Keats) werden im Zusammenhang mit den volkstümlichen Zitaten behandelt (vgl. Abschnitt 5).

Als Blütezeit des englischen Sprichworts gilt die Zeit des Humanismus (16. und 17. Jh.). In der Elisabethanischen Zeit waren Sprichwörter sehr beliebt. Shakespeare verwendet sie in seinen Werken zu einer bestimmten Charakterisierung seiner Figuren. Auf-

4.2.2.

schlußreich für die Wertschätzung des Sprichworts in der puritanischen Familienerziehung sind beispielsweise die Abschiedsworte, die Shakespeare dem Hofbeamten Polonius in den Mund legt und die als Lebensregeln an dessen nach Frankreich reisenden Sohn Laertes gerichtet sind (s. Hamlet I,3).

> "And these few precepts in thy memory
> *Look thou character. Give thy thoughts no tongue,*
> Nor any unproportion'd thought his act.
> *Be thou familiar, but by no means vulgar, ...*
> *Give every man thine ear, but few thy voice, ...*
> *Neither a borrower nor a lender be;*
> For loan oft loses both itself and friend; ..."

Im gesamten 17. Jahrhundert galt das Sprichwort als unangefochtene Maxime, als Verhaltensnorm in nahezu allen Lebenslagen. Shakespeare verwendet die Sprichwörter im Verabschiedungsmonolog des Polonius keineswegs in parodierender Absicht, sondern als Charakterisierungsmittel.

Ein beträchtlicher Teil englischer Sprichwörter geht auf Übersetzungen aus dem Griechischen bzw. Lateinischen oder auf Entlehnungen aus dem Altfranzösischen zurück, so daß erst der diachronische Vergleich mit bekannten Werken der Antike oder des Mittelalters die Herkunft dieser Sprichwörter aufhellen kann. In einigen Fällen sind sie durch Werke antiker Schriftsteller vermittelt, ohne aber dadurch Zitate oder geflügelte Worte zu sein. Ein Hinweis auf ihre Übernahme in frühneuenglischer Zeit, als der Einfluß antiken Schrifttums auf allen Wissensgebieten deutlich spürbar war, sind die in der Formativstruktur bewahrten morphologischen und syntaktischen Merkmale dieser Sprachperiode.

Auf eine griechische Vorlage gehen folgende Sprichwörter zurück: *Eat to live, not live to eat.* – *Call no man happy until he dies.* (beide nach Sophokles) – *Of two evils choose the less* (Aristoteles).

Lateinischen Ursprungs sind folgende englische Sprichwörter: *Hunger is the best sauce.* – *Money makes a / the man.* – *Art is long and life is short* (< ars longa, vita brevis). – *Divide and rule* (< divide et impera). – *The end crowns the work* (< finis coronat opus). – *All that glitters is not gold* (< non omne quod nitet aurum est). – *There is no accounting for tastes* (< de gustibus non est disputandum).[167]

Erstmals in der Tudor-Monarchie wurde das Sprichwort *The King / Queen can do no wrong* als englische Version des lateinischen Vorbildes "rex / regina non potest peccare" (1538) verwendet. Lateinischen Ursprungs sind auch die durch den Binnenreim besonders einprägsamen Sprichwörter *After dinner rest a while, after supper walk a mile* und *A friend in need is a friend indeed*.

Eine Reihe anderer Sprichwörter wurden aus dem Französischen seit dem Beginn der Normannischen Eroberung bis ins 14. Jahrhundert übernommen. Nicht alle haben eine metaphorische Einkleidung. Bildhaft sind *A cat in gloves catches no mice* (14. Jahrh.); *The best things come in small packages / parcels* (13. Jahrh.); *Ill weeds grow apace* (14. Jahrh., *apace* ist hier wendungsintern verwendet und gilt als archaisch). Abstrakten Charakter haben die Sprichwörter *Comparisons are odious* (14. Jahrh.); *All things come to those who wait* (Anfang des 16. Jahrh.) und *Nothing succeeds like success* (ein älteres französisches Sprichwort, das aber erstmals in dieser Form 1867 im Englischen belegt ist).

Da Sprichwörter stets mit der Kommunikation in den unterschiedlichen Sphären der

4.2.2.

gesellschaftlichen Tätigkeit verbunden sind, wäre es irrig anzunehmen, daß in der englischen Gegenwartssprache keine neuen Sprichwörter entstehen und lediglich das ererbte Sprichwortgut verwendet wird. Wie das *'Concise Oxford Dictionary of Proverbs'* durch zuverlässige Quellenbelege nachweist, sind eine Reihe englischer Sprichwörter erst im 19. Jahrh. und im Laufe des 20. Jahrh. entstanden. Zwar unterscheiden sie sich in ihrer Aussage von den auf die materielle Produktion und ländliche Lebensweise bezogenen Sprichwörtern früherer Jahrhunderte, doch bringen auch sie allgemeine Lebensmaximen, z. B. der Familiensphäre oder des Verhaltens im öffentlichen Leben, zum Ausdruck und bevorzugen gleichfalls eine bildhafte und einprägsame Form. Daraus läßt sich die Schlußfolgerung ableiten, daß Sprichwörter kein historisch abgeschlossenes Inventar von Merksätzen der Volksweisheit sind, die „bei passender Gelegenheit" im Situationskontext nur reproduziert zu werden brauchen, sondern daß auch sie einen Teil der produktiven gesellschaftlichen Redetätigkeit bilden. Insofern ist die Prägung von Sprichwörtern ein kontinuierlicher Prozeß.

Nach Angabe des *'Concise Oxford Dictionary of Proverbs'* stammen folgende Sprichwörter aus der zweiten Hälfte des 19. Jahrhunderts: *Punctuality is the soul of business.* (1853); *Shrouds have no pockets.* (1854); *A chain is no stronger than its weakest link.* (1856); *Don't change horses in midstream.* (1864); *An apple a day keeps the doctor away.* (1866); *It's better to travel hopefully than to arrive.* (1881); *Blue are the hills that are far away.* (1887 – ein funktional synonymes Sprichwort zu dem älteren *Distance lends enchantment to the view.*); *There is nothing lost by civility.* (1892 – als synonymes Sprichwort zu *Civility costs nothing)*; *First things first.* (1894); *A change is as good as a rest.* (1895).

Erst im 20. Jahrh. sind folgende Sprichwörter belegt: *The bigger they are / come, the harder they fall.* (1900 – bezogen auf den Boxsport); *The church is an anvil which has worn out many hammers.* (1908); *The best things in life are free.* (1927); *Money isn't everything*(1927); *Life begins at forty.* (1932); *If you can't ride two horses at once, you shouldn't be in the circus.* (1935); *Work expands so as to fill the time available.* (1955 – auch als 'Parkinson's Law' bekannt, nach Professor C. Northcote Parkinson, der diesen Ausdruck erstmals gebrauchte); *If you pay peanuts, you get monkeys.* (1966, bezogen auf Lohnverhandlungen); *Small is beautiful.* (1973 – ursprünglich nach einem Buchtitel von E. F. Schumacher).

In der unmittelbaren Gegenwart ist ein Ausdruck aus der Computersprache zum Sprichwort geworden: *Garbage in, garbage out* (1964 – ebenfalls bekannt unter dem als Jargonwort verwendeten Akronym *GIGO*). Es sagt aus, daß das Rechenergebnis falsch sein muß, wenn die Eingabedaten ungenau waren.[168]

Eine Quelle für neue Sprichwörter ist schließlich das Amerikanische Englisch. Dabei ist zur berücksichtigen, daß in den USA nicht nur formale Varianten britischer Sprichwörter existieren, sondern auch eigenständige Sprichwörter geprägt wurden, von denen einige in das BE übergegangen sind. Auch hier kann nur der diachronische Vergleich über den kulturellen und sprachlichen Austausch Aufschluß geben. Hinsichtlich ihrer Bildhaftigkeit und Prägnanz sind die britischen und amerikanischen Sprichwörter nicht voneinander zu unterscheiden. Ursprung und Verbreitung im AE verzeichnet das *'Concise Oxford Dictionary of Proverbs'* bei folgenden Sprichwörtern: *You win a few, you lose a few.* (Erstbeleg 1897 in der Bedeutung 'an expression of consolation or resignation' – dazu die 1953 entstandene Variante *You can't win them all* – zumeist auf den Wahlkampf bezogen); *You can't tell a book by its cover.* (1929); *The family that prays together stays together.* (1948); *If you don't like the heat, get out of the kitchen.* (1952); *The opera isn't over till the fat lady sings.* (1978).

4.2.2.

Ein amerikanisches Sprichwort, das der Wahlspruch der Familie des ehemaligen amerikanischen Präsidenten John F. Kennedy war und von dessen Biographen oft zitiert wurde, lautet *When the going gets tough, the tough get going.* (1962 belegt – in der Bedeutung, daß sich in den schwierigsten Situationen die Widerstandsfähigen durchsetzen. Seine Form ist ein auf Konversion zurückgehendes wirkungsvolles Wortspiel).

Eine thematische Ordnung englischer Sprichwörter nach ihren Entstehungsbereichen kann nur eine allgemeine Orientierung geben. Sie erfaßt vor allem das ältere Sprichwortgut.

Familienerziehung

Children should be seen and not heard. – A burnt child dreads the fire. – Like father, like son. – All work and no play makes Jack a dull boy. – Courtesy / civility / politeness costs nothing. – Live and learn. – Practice makes perfect. – If at first you don't succeed, try, try, try, again. – Charity begins at home. – The best doctors are Dr Diet, Dr Quiet, and Dr Merryman.

Handwerksberufe

(You must) cut your coat according to your cloth. – The tailor makes the man (als Gegensprichwort *Clothes do not make the man). – A bad workman always blames his tools. – Strike while the iron ist hot. – Don't have too many irons in the fire. – There are wheels within wheels. – There are tricks in every trade. – A mill cannot grind with water that is past. – Let the cobbler stick to his last.*

Landleben

Diese Tätigkeit ist erwartungsgemäß unter den Sprichwörtern stark vertreten. Die Aussagen der Sprichwörter beruhen auf Beobachtungen an Tieren und Pflanzen, auf der ländlichen Produktionsweise und den Gepflogenheiten auf Bauernmärkten. *One swallow does not make a summer. – Every cock crows on his own dunghill. – There's a black sheep in every flock. – All lay loads on a willing horse. – Never spur a willing horse. – When the cat is away the mice will play. – When the fox preaches, take care of your geese. – If one sheep leaps over the ditch, all the rest will follow. – Don't count your chickens before they are hatched. – Don't put all your eggs in one basket. – Never buy a pig in a poke. – Make hay while the sun shines. – There is no garden without weeds. – Ill weeds grow apace.*

Fischereiwesen

The bait hides the hook. – The fish will soon be caught that nibbles at every bait. – All's fish that comes to the net. – The best fish swim near the bottom. – Don't cry stinking fish. – It is good fishing in troubled waters. – Throw out a sprat to catch a mackerel. (dazu das funktional synonyme Sprichwort *You must lose a fly to catch a trout).* (vgl. auch S. 177).

Seefahrt

Hoist your sail when the wind is fair. – Every flow must have its ebb. – In a calm sea every man is a pilot. – After a storm comes a calm. – Any port in a storm. – Rats desert a sinking ship.

Jagdwesen

First catch your hare. – If you run after two hares you will catch neither. – You cannot run with the hare and hunt with the hounds.

Im Unterschied zu den sprichwörtlichen Redensarten sind die Bereiche Militär und Sport unter den Sprichwörtern nicht vertreten (eine offensichtliche Ausnahme bildet das bereits erwähnte neuentstandene Sprichwort *The bigger they are / come, the harder they fall.*). Wie das Beispiel *Garbage in, garbage out* gezeigt hat, ist mit einer Zunahme sprichwortähnlicher Formulierungen aus den modernen Fachsprachen zu rechnen.

Andererseits ist zu beobachten, daß in der englischen Gegenwartssprache aus den unterschiedlichsten Motiven von Vertretern der jüngeren Generation Sprichwörter abgewandelt werden und in dieser Form eine gewisse Verbreitung finden, vgl. *Never put off till tomorrow what you can put off 'til the day after!* – *Never put off till tomorrow what can be done today, if you enjoy it today, you can do it again tomorrow!* – *What's yours is mine, what's mine's my own* (in der gleichen Bedeutung *Heads I win, tails you lose* – bei einer Entscheidung durch das Hochwerfen einer Münze). Beispiele für okkasionelle Abwandlungen von Sprichwörtern finden sich in Texten der Belletristik und Publizistik (vgl. Abschnitt 7.1. und 7.2.).

4.2.3. Gemeinplätze

Von den Sprichwörtern ist eine Untergruppe satzähnlicher Phraseologismen abzugrenzen, die zwar im Sprechakt reproduziert werden, aber in ihrem propositionalen Gehalt, in ihrer sprachlichen Form und kommunikativen Funktion deutliche Unterschiede aufweisen. Im Deutschen sind sie unter dem Terminus **Gemeinplätze**,[169] im Englischen unter den Bezeichnungen "*common places*", "*truisms*" und "*platitudes*" bekannt. Während das Sprichwort, wie bereits erwähnt, in metaphorischer Einkleidung eine kollektive Erkenntnis und didaktische Absicht einschließt, ist der Gemeinplatz eine nichtmetaphorische, oft inhaltsleere, nichtdidaktische Redensart, die im Sprechakt „dahingesagt" wird, um die Kommunikation aufrechtzuerhalten. Ihr Kennzeichen ist eine „frappierend eloquente Hohlheit."[170]. Da Gemeinplätze nur denotativ-wörtliche Bedeutung haben, sind sie keine Idiome, auch wenn sie das '*Oxford Dictionary of Current Idiomatic English*' pauschal unter den *sentence idioms* aufführt. Gemeinplätze können ohne konkreten Sachverhaltsbezug relativ variabel in die Rede eingefügt werden, ohne auf die mündliche Kommunikation beschränkt zu sein. Der Sprecher oder Schreiber verwendet sie gewöhnlich in emphatischer oder beschwichtigender Absicht, zur Rechtfertigung eines Arguments oder seines eigenen Verhaltens oder lediglich zur Überbrückung einer Verlegenheitspause. Aufgrund ihrer Banalität und Trivialität können Gemeinplätze – im Unterschied zu Sprichwörtern – im Textzusammenhang schwerlich als Anschauungszitate verwendet werden. F. Coulmas definiert die Gemeinplätze treffend als „entweder tautologische oder triviale, relativ situationsindifferente verbale Stereotype ..., die typischerweise vollständige, aber wenig sachlich informative Redebeiträge konstituieren, welche primär der Aufnahme, Stabilisierung oder Entspannung sozialer Beziehungen dienen."[171].

Typische Gemeinplätze sind nach Coulmas „quasitautologische" Formulierungen wie „Was sein muß, muß sein." – „Morgen ist auch noch ein Tag."; „Truismen" (d.h. Binsenweisheiten) wie „Wir sind alle nur Menschen." – „Man ist nur einmal jung."; schließlich „Erfahrungssätze" wie „Man lernt nie aus." – „Es ist alles schon dagewesen."

Die von Coulmas vorgeschlagene Unterteilung der Gemeinplätze läßt sich mit einigen Erweiterungen auf das Englische anwenden. Im Einzelfalle gibt es Zuordnungsprobleme dieser phraseologischen Einheiten zu den nichtbildhaften Sprichwörtern oder zu den Gemeinplätzen. In der folgenden Übersicht wird ein deutsches Äquivalent mit angeführt, ohne daß an dieser Stelle Äquivalenzbeziehungen zwischen den beiden Sprachen erörtert werden können (vgl. Abschnitt 8.1.).

Quasitautologien

Boys will be boys. (dazu die jüngere Analogiebildung *Girls will be girls.* – „Kinder sind / eben / Kinder."); *Business is business.* („Geschäft ist Geschäft."); *There are public schools and public schools.* (etwa „Es gibt solche und solche Schulen."); *Enough is enough.* („Was zuviel ist, ist zuviel"); *Fair's fair.* (ODCIE 2, 'an appeal, or a reminder, to act justly and equitably, share a benefit or burden equally, avoid prejudice'– etwa „Ehrlich bleibt ehrlich"). Semantisch, wenn auch nicht formal, gehört in diese Gruppe der Phraseologismus *It's six of one and half-a-dozen of the other.* („(Das ist) Jacke wie Hose / gehupft wie gesprungen."[172]).

Truismen

Troubles never come single. (etwa „Ein Unglück kommt selten allein."); *Christmas comes but once a year.* („Man muß die Feste feiern wie sie fallen."); *What is done cannot be undone.* („Geschehenes kann man nicht ungeschehen machen."); *Things past cannot be recalled.* (die gleiche Bedeutung); *We only live once.* („Man lebt nur einmal.").

Erfahrungssätze

We live and learn. („Man lernt nie aus."); *Your never can tell. / One never knows.* („Man kann nie wissen."); *You cannot have it both ways.* („Man kann nicht beides / alles haben."); *It's a small world.* („Die Welt ist ein Dorf."); *Life is not all fun and games. / Life is not all beer and skittles.* („Das Leben ist nicht eitel Lust und Freude."); *Every little helps.* (die deutsche Entsprechung wäre das Sprichwort „Kleinvieh gibt auch Mist."); *Wonders will never cease.* („Wunder gibt es immer wieder.").

Unter den sog. Erfahrungssätzen gibt es solche, die eine (unbewiesene) Behauptung aussprechen: *The night is still young.*(„Es ist noch früh am Abend." – zur eigenen Beruhigung bei einer Festlichkeit); *Once is no good. / Once is nothing at all.* („Einmal ist keinmal"); *No news is good news.* (ODCIE 2 'saying, no communication, information, from or about sb. / sth. tends to mean that all is going well, that no disaster or trouble has occured, that no help is needed' – „Keine Nachricht ist gute Nachricht."); *It never rains but it pours.* (ODCIE 2 'saying, incidents, troubles, visitors, business orders, etc. tend to come together in large numbers or in rapid succession' – Taylor / Gottschalk[173] geben als deutsche Entsprechung an „Auch das noch!" – der Große Muret-Sanders dagegen „Ein Unglück kommt selten allein.").

Im Unterschied zu den Sprichwörtern kommen bei den Gemeinplätzen kaum Varianten von Konstituenten vor. Ein seltenes Beispiel ist *Why roam / go so far afield?* („Warum in die Ferne schweifen?"). Auch funktionale Synonyme sind Ausnahmen, vgl. *It's as broad as it's long. / It's six of one and half-a-dozen of the other. / It's all the same. / It makes no odds.* („(Das ist) Jacke wie Hose / gehupft wie gesprungen"); *It's better to be on the safe side. / Two for safety.* („Doppelt (genäht) hält besser.").

Die Behandlung von Gemeinplätzen im System der Phraseologie der englischen Gegenwartssprache erweist sich insofern als notwendig, als diese kommunikativen Einheiten zwischen den Sprichwörtern und den Routineformeln stehen. So können einige von ihnen auch als Kommentarformeln im mündlichen oder schriftlichen Text verwendet werden. Dabei ist aber zu berücksichtigen, daß ein gehäufter Gebrauch von Gemeinplätzen der Stilqualität eines Textes abträglich ist und durch seine inhaltliche Leere bei dem Rezipienten sogar negative Konnotationen auslösen kann.

5. Anspielungen, Zitate und Losungen

Wie bereits in Kap. 1.3. angedeutet, sind Anspielungen und Zitate – im Unterschied zu den sprichwörtlichen Redensarten und den Sprichwörtern – nicht anonymen Ursprungs, sondern lassen sich auf literarische und andere Quellen zurückführen. Obwohl sie nur vereinzelt in denotativ-übertragener Bedeutung auftreten, können sie aufgrund ihrer semantischen und syntaktischen Festigkeit als Phraseologismen gelten. Sie nehmen eine Mittlerstellung zwischen den idiomatisierten und nichtidiomatisierten Phraseologismen im Bereich der Übergangszone und der Peripherie ein.

Der linguistische Status der Zitate ist nicht eindeutig geklärt, was sich auch an der uneinheitlichen Terminologie beobachten läßt. Im Englischen sind die Bezeichnungen *"familiar quotation"*,[174] *"allusion"* und *"cultural allusion"*[175] üblich. Auf die Berührungspunkte mit den geflügelten Worten (*"winged words"*, *"household words"*) wurde bereits im Abschnitt 4.2.2.2. hingewiesen. Unter dem Begriff **Zitat** im weiteren Sinne sollen in der folgenden Darstellung zusammengefaßt werden:

1. A n s p i e l u n g e n auf mythologische bzw. historische Ereignisse sowie Zitatfragmente – in Form von Nominationen;
2. Z i t a t e in Form von Propositionen.

5.1. Anspielungen

Aufgrund ihrer formalen Struktur, der Abwesenheit eines finiten Verbs, lassen sich Anspielungen auf die Bibel, auf antike mythologische oder geschichtliche Ereignisse, auf antike Texte und kulturelle Sachverhalte als **Zitatfragmente** zusammenfassen. Mit den Zitaten haben sie gemeinsam, daß sie nur potentieller Besitz der Sprachgemeinschaft sind und daß ihre aktuelle Verwendung vom Bildungsstand des Einzelsprechers und von bestimmten gesellschaftlichen Faktoren wie dem literarischen Geschmack und der Bewertung des kulturellen Erbes abhängen kann.

Der enge Zusammenhang zwischen Zitatenschatz und Kulturerbe hat verschiedene Linguisten dazu bewogen, die Anspielungen und Zitate als gesonderte Klasse der festen Wortverbindungen zu behandeln. So zählt R. Alexander die *"cultural allusions"* (Anspielungen) und die *"quotations"* (Zitate) zu den *"fixed expressions"*.[176] A. Makkai spricht von *"familiar quotations as idioms"* und faßt sie als Untergruppe der *"cultural-pragmemic idioms"* auf.[177] Zitate und Anspielungen klassifiziert er als *"pseudo-idioms"* aufgrund der Tatsache, daß sie nur zum Teil übertragene Bedeutung haben und daß ihre denotativ-gegenständliche Bedeutung im literarischen, historischen und kulturellen Kontext nachweisbar ist.

5.1.1. Anspielungen auf die Bibel

Wie bereits erwähnt, ist die Bibel eine ergiebige Quelle für Sprichwörter und Anspielungen im phraseologischen Inventar der englischen Sprache. A. V. Kunin ordnet diese Anspielungen unter der Bezeichnung *"bibleizmy"* den „phraseologischen Entlehnungen" unter.[178] R. Ridout und C. Witting zählen sie zu den *"biblical proverbs"*[179] im weitesten Sinne. Die folgenden substantivischen und verbalen Phraseologismen biblischen Ursprungs sind voll lexikalisiert.

Die substantivischen Phraseologismen sind durch Restriktionen des Artikelgebrauchs gekennzeichnet, wobei einige biblische Eigennamen ihre ursprüngliche Unikalisierung durch den nunmehr üblichen Gebrauch des unbestimmten Artikels aufgegeben haben und damit zum Appelativum geworden sind. Die folgenden Substantive sind idiomatisiert: *The / a doubting Thomas* 'a person who needs to see actual proof of something before he will believe it'; *the / a good Samaritan* 'a person who gives practical help to people in trouble'; *the / a prodigal son* 'wasteful and improvident man [in one of the parables of Jesus]'; *the / a thorn in one's flesh* 'not formal, a person or thing that causes continuous trouble or anxiety to someone'; *a fly in the ointment* 'coll., something or someone that spoils plans, causes trouble, or lowers the value of something'; *forbidden fruit* 'something that is desired by a person, but that is made even more attractive by the fact that the person is unable or forbidden to obtain it'. Nur mit dem bestimmten Artikel stehen: *the root of all evil* 'money'; *the fleshpots of Egypt* 'places supplying good food and material comforts'; *the crumbs from the rich man's table* 'trifles given to the poor by the rich; a slight consideration shown by the fortunate to the unfortunate'; dazu die Präpositionsphrase *by the skin of one's teeth* 'coll., only just; with very little time, space, etc. left over'.

Die verbalen Idiome dieser Gruppe sind ebenfalls idiomatisiert und liegen an der **Grenze der geflügelten Worte**. Durch die Ergänzung eines finiten Verbs können sie leicht in eine Proposition umgewandelt werden, vgl. *to fill / put new wine in / into old bottles* 'sometimes derog., to present new ideas, principles, etc., within an old system, form of literature or art' – *You should not fill new wine in old bottles*. Die folgenden Verben sind ein fester Bestandteil der einschlägigen Idiom-Wörterbücher: *to wash one's hands of sth.* 'to disown; to refuse to have anything more to do with'; *to beat swords into plough-shares* 'to turn the armaments of war into the implements of peace; become pacific'; *to cast one's bread upon the waters* 'to do something without expecting immediate reward or recognition'; *to cast pearls before swine* 'to offer beauty to philistines; do kindness to the rankly ungrateful'; *to sow the wind and reap the whirlwind* 'to cause or begin strife and / or trouble and receive more than one bargained for'; *to hide one's light under a bushel* 'to conceal one's merit, one's abilities; be modest and retiring'; *to separate the sheep from the goats* 'good and bad persons'.

5.1.2. Anspielungen auf die Antike

Zu dieser Gruppe der idiomatisierten Nominationen gehören Anspielungen auf die Mythologie und Geschichte des Altertums sowie auf Werke der antiken Literatur. Die Anspielungen auf Fabeln und andere Texte können als **Zitatfragmente** gelten. Beispiele für substantivische Idiome sind: *the horn of plenty* 'cornucopia'; *the bed of Procrustes / the Pro-*

crustian bed 'tendency to produce uniformity by violent methods', (Ableitung von Procrustēs, 'lit. stretcher, name of fabulous robber who fitted victims to his bed by stretching or mutilation'); *a labour of Sisyphus / a Sisyphean labour* 'as of Sisyphus, Greek condemned in Tartarus to push a stone up hill and beginn again when it rolled down, everlastingly laborious'; *the / an apple of discord* 'a source of contention, from the apple which was given by Paris to Aphrodite, the most beautiful of the three goddesses Athene, Hera and Aphrodite.' Verbale Idiome sind: *to clean / cleanse the Augean stables* 'to purge away corruption and / or immorality, esp. on a large scale. (Hercules purified the huge and filthy stable of King Augeas.)'; *to rise like a phoenix from the ashes / to rise Phoenix-like* 'to spring from the ruins or ashes of one's or its predecessor; from the fabled bird Phoenix, which, burnt, emerges from its ashes to cycles of renewed life'. Zu dieser Gruppe gehört auch das adverbiale Idiom *between Scylla and Charybdis* 'between two great dangers'.

Unter den Anspielungen auf geschichtliche Ereignisse der Antike sind gleichermaßen substantivische und verbale Idiome vertreten. Bei einzelnen substantivischen Idiomen sind Varianten der Formativstruktur möglich, vgl. *Achilles' heel / the heel of Achilles* 'a weak point, esp. in a person's character'; *a Pyrrhic victory* 'a victory as disastrous to the victors as to the vanquished'; *a laconic speech* 'a short, pithy speech' – bezogen auf die Sprechweise der Spartaner. Zu den verbalen Idiomen mit historischem Kolorit gehören: *to cut the / a Gordian knot* 'to solve, by force or by evasion, a very difficult problem, a grave difficulty' (Alexander der Große löste den von dem phrygischen König Gordius geknüpften Knoten, indem er diesem mit seinem Schwert durchhieb.); *to cross the Rubicon* 'to take an irrevocable step, make an irrevocable decision on it' (Anspielung auf eine militärische Aktion Cäsars, der 49 v. u. Z. den Grenzfluß Rubikon überschritt und dadurch den Bürgerkrieg gegen Pompeius auslöste); *to fiddle while Rome burns* 'to amuse oneself, to be engaged in trivial activities, while a war, a crisis, a disaster, or something otherwise important is in progress' (Anspielung auf das Verhalten des Kaisers Nero beim Brande Roms im Jahre 64 u. Z.).

5.1.3. Anspielungen auf die antike Literatur (Zitatfragmente)

Auch die folgenden Phraseologismen sind idiomatisiert und berühren sich z. T. mit den sprichwörtlichen Redensarten. Substantivische Idiome: *the alpha and omega* 'lit., everything; the most important part; referring to the first and last letters of the Greek alphabet'; *the lion's share* 'the principal, or the largest share of a portion' (nach einer Fabel von Phädrus); *the / a dog in the manger* 'a person who does not wish others to enjoy what he cannot use for his own enjoyment' (nach Lucian); *the golden mean* 'the happy medium' (Lehnübersetzung von „aurea mediocritas" 'the ideal average, ideal moderation' – nach Horaz); *bread and circuses* 'mass entertainment produced to amuse the population of a country, esp. to prevent trouble' (nach Juvenal). Verbale Idiome: *to kill the goose that lays the golden eggs* 'to spoil / by hasty action or wish for present gain / the certain chance of future gain' (nach einer Fabel von Äsop); *to take time by the forelock* 'esp. lit., to seize a chance and make good use of it' (nach einer Fabel von Phädrus). Aus den Stilmarkierungen der Idiomwörterbücher ist ersichtlich, daß die meisten dieser Anspielungen vorzugsweise auf der literarisch-gehobenen Stilebene verwendet werden (zu der stilistischen Konnotation 'literary' vgl. S. 33).

5.1.4. Anspielungen auf Werke der englischen Literatur

Einige aus der englischen Literatur stammende Zitatfragmente enthalten einen Eigennamen, der zum Bestandteil eines Idioms geworden ist.[180] In verallgemeinerter Bedeutung können diese Eigennamen ein typisches Charaktermerkmal oder auch eine typische Verhaltensweise eines Menschen bezeichnen.[181] Die folgenden Idiome sind lexikalisiert, unterscheiden sich aber in ihren stilistischen Konnotationen. Sie sind ausschließlich Substantive: *Box and Cox* 'BE informal, take turns in doing something' (Anspielung auf das gleichnamige Theaterstück von J. N. Morton; nach E. Partridge ist dieser Ausdruck etwa seit 1880 als Klischee gebräuchlich[182]); *a Jekyll and Hyde* 'a person who shows two opposing or completely different natures or tendencies in his character or actions' (dieses Idiom geht auf die Geschichte *Dr. Jekyll and Mr. Hyde* von R. L. Stevenson, 1886, zurück); *a Mrs. Grundy* 'derog., a person who disapproves of people whose behaviour is not in accordance with customary morals, e.g. with regard to sex' (geht zurück auf das Zitat "What will Mrs. Grundy say?" aus dem Theaterstück *Speed the Plough* von Thomas Morton, 1798). Die dephraseologische Ableitung *Grundyism* 'BE liking for very modest behaviour between men and women, according to social rules which allow little freedom' ist lexikalisiert. Ein Neologismus, der bereits in einzelne Idiomwörterbücher Eingang gefunden hat, ist *Catch-22* bzw. *a Catch-22 situation* – eine Anspielung auf den gleichnamigen Roman des amerikanischen Schriftstellers Joseph Heller (1961). Er bezeichnet eine ausweglose Situation, in der alle vernünftigen Handlungsweisen durch die Absurdität der Umstände zum Scheitern verurteilt sind. Das '*Longman Dictionary of English Idioms*' versieht ihn mit der stilistischen Konnotation *slang*, 'a difficulty, esp. a rule considered unfair and unreasonable, that prevents one from escaping from an unpleasant or dangerous situation'.[183] Schließlich ist auch der Titel des Kinderbuchs *Alice in Wonderland* von Lewis Carroll (1844) zu einem Idiom geworden. In der Funktion eines attributiven Adjektivs bedeutet *Alice-in-Wonderland* mit der stilistischen Konnotation *not formal* 'very strange, unreal, or unnatural'. In der Tagespresse kommen gelegentlich Variationen dieses Idioms mit der zusätzlichen Konnotation der politischen Naivität vor (z. B. *Alice in Speakerland, Alice-in-cold-war-land, an Alice in Wonderland economy;* mit Bezug auf eine Verfilmung eines Stücks von Harold Pinter auch *Patricia in Pinterland*).[184]

5.2. Zitate

Unter den Zitaten aus der englischen und amerikanischen Literatur, die z. T. auch als geflügelte Worte Verbreitung gefunden haben, sind an erster Stelle Zitate aus den Werken Shakespeares zu nennen: *Neither a borrower, nor a lender be* (Hamlet). – *More matter with less art* (Hamlet). – *The time is out of joint* (Hamlet). – *There's the rub* (Hamlet). – *Give the devil his due* (King Henry V). – *Good counsellors lack no clients* (Measure for Measure). – *He that dies pays all debts* (The Tempest). – *A horse! a horse! my kingdom for a horse!* (Richard III). In ähnlicher Weise sind einige Zitate aus den Essays von Francis Bacon, Shakespeares Zeitgenossen, volkstümlich geworden: *Studies serve for delight, for ornament, and for ability. – Reading makes a full man, conference a ready man, and writing an exact man. – Some books are to be tasted, others to be swallowed, and some few to be chewed and digested.*

Der stilistische Effekt dieser Aussprüche beruht nicht zuletzt auf der rhetorischen Figur der Klimax. – Von John Milton stammt das bekannte Zitat *They also serve who only stand and wait* (Sonett *On His Blindness*); von Alexander Pope gibt es einige pointierte Formulierungen, die als geflügelte Worte angesehen werden: *A little knowledge is a dangerous thing* (*Essay on Criticism*). – *Hope springs eternal in the human breast* (*Essay on Man*). – *Fools rush in where angels fear to tread* (ebenda).

Von Thomas Gray stammen die Aussprüche *Where ignorance is bliss, 'tis folly to be wise.* (*On a Distant Prospect of Eton College*) und *Full many a flower is born to blush unseen / And waste its sweetness on the desert air* (*Elegy Written in a Country Churchyard*). Ein bekanntes Zitat von John Keats ist der Vers *A thing of beauty is a joy forever* aus dem Gedicht *Endymion*. Die Volkstümlichkeit dieser Zitate erklärt sich nicht nur aus ihrer geistvoll-geschliffenen Aussage, sondern auch aus ihrer prosodischen Gestaltung (jambisches Versmaß, Alliteration), aus ihrer Bildkraft (Metaphorik) und der Verwendung effektvoller Stilmittel (darunter Antithese und Klimax). Aus der amerikanischen Literatur sind weniger Zitate in den Bestand der geflügelten Worte eingegangen. Von Ernest Hemingway stammt das bekannte Zitat *A man can be destroyed, but noch defeated* (*The Old Man and the Sea*).

Gelegentlich haben literarische Zitate als Vorlage für Buchtitel mit gleichnishaften Assoziationen gedient, z. B. *Brave New World* (utopischer Roman von Aldous Huxley) nach einem Zitat aus *The Tempest* von Shakespeare; *The Sound and the Fury* (Roman von William Faulkner) nach einem Zitat aus Macbeth; *Of Mice and Men* (Erzählung von John Steinbeck) nach einem Gedicht von Robert Burns und *The Skin of Our Teeth* (Drama von Thornton Wilder) nach einem Bibelzitat.

Die Zahl der Aussprüche von Staatsmännern und Heeresführern, die die Popularität von Zitaten oder sogar geflügelten Worten erlangten, ist bedeutend geringer als die der literarischen Zitate. Bekannt sind die Aussprüche von Oliver Cromwell, *Believe in God, but keep your powder dry.* (Befehl an seine Truppen, die Ironsides), von Wellington, *Would it be night or the Prussians come.* (während der Schlacht von Waterloo, 1815) und von Nelson, *England expects every man to do his duty.* (vor der Schlacht von Trafalgar, 1805). Neueren Datums ist der wiederholt zu propagandistischen Zwecken ausgenutzte Ausspruch des amerikanischen Präsidenten Roosevelt (um 1900), *Speak softly and carry a big stick; you will get far.*

5.3. Losungen

Losungen sind festgefügte, reproduzierbare, jedoch nichtidiomatisierte satzähnliche Phraseologismen, die eine verhaltenssteuernde Funktion haben. Im Unterschied zu den Sprichwörtern vermitteln sie aber keine metaphorisch eingekleidete Lebenserfahrung in didaktischer Absicht, sondern enthalten einen an die breite Öffentlichkeit gerichteten Appell und werden zumeist durch die Mittel der Massenkommunikation verbreitet. Losungen werden gewöhnlich aus aktuellem Anlaß geprägt: in langzeitlichen politischen Kampfaktionen, in spontanen Protestbewegungen, bei Wahlkampagnen, zur Aufrechterhaltung der öffentlichen Ordnung oder im Dienste der kommerziellen Werbung. Obwohl sie durch ihre Bindung an einen spezifischen Sachverhalt des gesellschaftlichen Lebens im allgemeinen nur eine begrenzte Lebensdauer haben, konnten sich einige von ihnen infolge ihrer gesellschaftlichen Relevanz und Breitenwirkung über einen längeren Zeitraum behaupten und sogar in Idiomwörterbüchern Aufnahme finden. Unter den *"sentence idioms"* verzeichnet das *'Oxford Dictionary of Current Idiomatic English'* Vol.2, einige *"catchphrases"* und *"slogans"* mit dem Charakter von Losungen.

Losungen sind hinsichtlich ihrer syntaktischen Struktur Aussagesätze (*Black is beautiful*) oder Gebotssätze (*Keep Britain Tidy*) auch dann, wenn sie als Ellipsen auftreten: *Value for Money* ist eine Reduktion aus *(We offer you) value for money*; *Safety First* aus *(Think of) safety first*. Im Gegensatz zu Sprichwörtern kommen keine Fragesätze unter den Losungen vor.

Die Einprägsamkeit von Losungen kann durch wirkungsvolle Stilmittel, darunter die **Alliteration** (*Ban the Bomb*), den **Binnenreim** (*Marx with Sparx*) oder den **Endreim** (*Don't be vague – ask for Haig*) erhöht werden.

Losungen mit politischer Kampftradition sind *Workers of all lands unite* (im Wortlaut auf dem Karl-Marx-Monument auf dem Londoner Highgate Cemetery) und der Variante *Workers of the World Unite*; die Losung der britischen Atomwaffengegner *Ban the Bomb*. Im Rahmen des Karl-Marx-Gedenkjahres 1983 veranstaltete die KP Großbritanniens zusammen mit dem 'Morning Star' im Juni ein großes Volksfest unter der Losung *Marx with Sparx* (eine okkasionelle orthographische Angleichung von *sparks* – bezogen auf die Attraktionen der Veranstaltungen *"political debate, rallies with top-line speakers, music, poetry, theatre, films, exhibitions, sporting event – not to mention exotic food"*, 'Morning Star', 24-6-1983, p.1).

Die *Black Panther Movement* in den USA, die ihre Aktionen gegen Rassendiskriminierung richtete, prägte die Losung *Black is Beautiful*, die sich rasch verbreitete und zu Analogiebildungen führte. ODCIE 2 gibt folgende Erklärung "catchphrase, one's blackness etc. is something to be proud of, black etc. is a good thing to be" und führt Variationen an wie "white is beautiful"; "big is beautiful" und sogar "fat is beautiful". In den 60er Jahren wurde eine Protestbewegung amerikanischer Jugendlicher, die sich gegen die bestehende gesellschaftliche Ordnung mit ihren staatlichen Institutionen richtete und eine ungehinderte Entfaltung des Individuums im harmonischen Zusammenleben aller forderte, unter dem Schlagwort *flower children / flower people* bekannt. Ihre Lebensanschauung, die sich an philosophischen und religiösen Prinzipien des Orients herausgebildet hatte, wurde als *flower power* populär. Ihre Losung lautete *Make love not war*. Beide Ausdrücke hat das *'Oxford Dictionary of Current English Idioms'* als lexikalisierte Einheiten aufgenommen; ein Belegzitat kann gleichzeitig als Kommentar gelten: "The slogan 'make love not war' sounds all very fine, but dissidence has got to be constructive, and you won't put an end to war with flower power." (p. 193).

Der Einhaltung der öffentlichen Ordnung soll der Appell an die Sicherheit im Straßenverkehr, die Losung *Safety first*, dienen. Doch ist ihre Bedeutung inzwischen nicht mehr auf diesen Geltungsbereich eingeschränkt, vgl. ODCIE 2, "a slogan aimed at preventing accidents on the roads, in industry and in the home; a policy that makes avoidance of risks more important than chances of gain or improvement". Die Umweltschützer Englands vertreten die Losung *Keep Britain Tidy*.

Eine kommerzielle Losung, die sich an Heimwerker in Haus und Garten richtet und lexikalisiert ist, lautet *Do it yourself*. Vgl. die Erklärung im ODCIE 2 "do practical jobs like house-painting, carpentry, interior decorating, etc., with the help of a manual and / or one's commonsense (sic!) instead of employing a tradesman".In der Mitte der 60er Jahre wurde in England für einen höheren Konsum von Frischmilch mit der Losung *Drinka*

Pinta Milka Day geworben. Ihre rhythmische Wirkung beruht auf der Kontraktion der Schwachtonformen mit dem vorangehenden sinntragenden Wort (*drink a pint of milk a day*). Eine verbreitete Losung verschiedener Warenhäuser in England, die auch das ODCIE 2 verzeichnet, ist *Value for Money* ("worth the price paid"). Auf eine Whisky-Sorte bezieht sich die durch Rhythmus und Reim eingängige Werbelosung *Don't be vague – ask for Haig*.

6. Routineformeln

Im Unterschied zu den Phraseologismen, als deren Prototyp in den bisherigen Kapiteln die Idiome in der Funktion von Nominationen und z. T. auch von Propositionen behandelt wurden, sollen nun solche Phraseologismen des peripheren Bereiches zur Diskussion stehen, deren Hauptmerkmale die usuelle Geltung, die Reproduzierbarkeit und die semantische und syntaktische Stabilität sind, die aber in der Regel keine denotativ-übertragene Bedeutung in der Art einer Metapher oder Metonymie aufweisen. Sofern sie idiomatisiert sind, haben sie eine jeweils spezifische semantische Struktur, die mitunter auch Ergebnis einer sprachgeschichtlichen Umdeutung sein kann.

Die folgenden phraseologischen Einheiten sind keine Gegenstands- oder Sachverhaltsabbilder, die aus der kognitiven Funktion der Sprache resultieren, sondern stereotype Einheiten der mündlichen Kommunikation, die den Kontakt zwischen den Gesprächspartnern herstellen, aufrechterhalten oder beenden – oder auch eine persönliche Äußerung in einer bestimmten Weise kommentieren. Daher sind sie Ausdruck der **phatischen Funktion der Sprache**, d. h., ihrer Kontaktfunktion. Da sie dem einzelnen Sprecher gleichsam als kommunikative Fertigstücke für verschiedene Situationen (genauer: Situationstypen) zur Verfügung stehen und infolge gesellschaftlicher Konventionen für ihn verbindlich sind, werden sie als **Routineformeln**,[185] **phraseologische Formeln**[186] oder auch **kommunikative Formeln**[187] bezeichnet. Diese Termini liegen weitgehend im Bereich der Sprachpragmatik, während die Termini **Umgangsformeln**, **Konversationsformeln** und **dialogtypische Wortverbindungen**[188] auch in Untersuchungen zur Gesprächsanalyse verwendet werden. In der Phraseologie- und Idiomforschung findet man für diese kommunikativen Einheiten die Termini *"cultural-pragmemic idioms"*,[189] **pragmatische Idiome**,[190] **sprachliche Schematismen**,[191] **sprachliche Routine**,[192] oder auch Umschreibungen wie *"formulas – introduced into discourse ready-made"*.[193] Mitunter wird der Terminus **verbaler Stereotyp**[194] als Oberbegriff verwendet.

Gegenüber dieser Bezeichnungsvielfalt wird in der folgenden Darstellung dem Terminus **Routineformeln** der Vorzug gegeben. Routineformeln sind satzähnliche, mitunter auch idiomatisierte Phraseologismen, die konventionell und situationsgebunden in Dialogen der Alltagsrede auftreten und mit stilistischen und expressiven Konnotationen verbunden sein können. Sie sind durchgängig lexikalisiert.

Neben der phatischen Funktion der Sprache können in den Routineformeln auch noch andere Funktionen wie beispielsweise die expressive, direktive und nicht zuletzt die kognitive, zum Ausdruck kommen. Routineformeln in überwiegend **phatischer** Funktion sind Begrüßungs- und Abschiedsformeln, Glückwunschformeln, Erkundigungsformeln, Entschuldigungsformeln und Dankesformeln. Die **expressive** Funktion der Sprache (d. h. die Kundgabe von Gefühlen und Stimmungen des einzelnen Sprechers) kann sich dagegen die Erstaunensformeln, Bedauersformeln, Beteuerungsformeln, Fluch- und Scheltformeln usw. manifestieren. Die **direktive** Funktion der Sprache, die das Verhalten der Sprachträger steuert, findet u. a. ihren Niederschlag in Warnformeln, zum Teil aber auch in Ermutigungs- und Beschwichtigungsformeln. Die **kognitive** Funktion (d. h. die Erkenntnisfunktion) der Sprache kann in solchen Routineformeln ausgeprägt sein, der Sprecher verwendet, wenn er Vorbehalte gegenüber einem Sachverhalt oder einer Person aufgrund seiner eigenen Kenntnis äußern oder die Unzulänglichkeit seiner eigenen Informationen zugeben möchte, wofür ihm Einschränkungsformeln zur Verfügung stehen. In Zustimmungs- und Ablehnungsformeln können die kognitive und expressive Funktion der Sprache zusammenwirken, wenn ein Sprecher zu einem Sachverhalt nicht nur objektiv Stellung nimmt, sondern auch seine persönliche Haltung, die durchaus emotional beeinflußt sein kann, dabei artikuliert. Gerade in der situationsgebundenen Verwendung solcher Routineformeln erweist sich der Sprecher im Kommunikationsgeschehen als ein unteilbares erkennendes, fühlendes, wertendes und handelndes Subjekt.

In den letzten zehn Jahren sind Routineformeln – weit über die Lexikologie hinaus – in den Blickpunkt der kommunikativ-funktionalen Sprachbetrachtung gerückt und zum Gegenstand spezieller Untersuchungsgebiete geworden, von denen hier nur der Fremdsprachenunterricht, die Gesprächsanalyse und die lexikographische Praxis genannt seien. Im Zusammenhang mit der Entwicklung der Kommunikationsbefähigung bzw. der kommunikativen Kompetenz wurde schon vor längerer Zeit erkannt, daß der Lernende auch die „sprachliche Routine der Alltagskommunikation"[195] meistern muß und daß er deshalb zu befähigen ist, im Dialog die situativ angemessenen Konversationsformeln zu gebrauchen. Unbestritten ist die gesellschaftliche Relevanz der Routineformeln bei der Einhaltung situativer Normen in der Fremdsprache. Da einige Routineformeln auch mehrdeutig sein können und häufig erst durch die Intonation oder Betonung im Situationskontext eindeutig werden, bieten sie dem Lernenden einer Fremdsprache namentlich dann beträchtliche Schwierigkeiten, wenn er seine muttersprachlichen Erfahrungen auf ähnliche Situationen in der Fremdsprache direkt überträgt oder wenn er mit den für eine Routineformel semantisch relevanten Betonungs- und Intonationsunterschieden nicht vertraut ist bzw. ihre Konnotationen nicht kennt. Beispiele für die bedeutungsunterscheidende Funktion der Prosodie sind die Routineformeln *all right*; *do you mind?* und *never mind*. Weitere Verstehensprobleme können durch eine fehlerhafte Dekodierung entstehen, wenn der Sprecher nicht die ganzheitliche Bedeutung einer Routineformel erfaßt, sondern aus den einzelnen Konstituenten zu erschließen versucht. Typische Beispiele des Englischen sind *you are welcome* (als Erwiderungsformel auf einen Dank); *come again?* (in der Bedeutung 'coll., please say what you just said again, because I did not hear you the first time') und *my foot!* (als Erwiderungsformel der Ablehnung, 'coll., certainly not! used to disagree with or show one's surprise at a statement, remark etc.').

Namentlich Routineformeln in phatischer Funktion, die sprachliches Taktgefühl zum Ausdruck bringen, bergen Gefahren kommunikativer Fehlleistungen, wenn sie der Sprecher nicht in der bereits institutionalisierten Weise bei öffentlichen Anlässen (z. B. bei Empfängen, wissenschaftlichen Konferenzen, Zusammenkünften gesellschaftlicher Organisationen, im diplomatischen Dienst usw.) verwendet. Praktiker der englischen Stilistik haben deshalb auf die kommunikative Rolle von Idiomen bzw. „gesprächstechnischen Phrasen" in „Sprechhandlungen" in bezug auf die Fremdsprache mit Nachdruck hingewiesen. Stellvertretend sei hier nur D. Götz zitiert:

> „Wir reden häufig nur um des Redens willen, zur Aufrechterhaltung der sozialen Beziehungen (*phatic communion*) bzw. tauschen Platitüden aus, die als Vorspiel zum „eigentlichen Gespräch" dienen: Bemerkungen über das Wetter, die Preise, die Autofahrer, Erkundigungen über das Wohlergehen usw. Solche Kommunikation ist ebenfalls zu einem hohen Grade stereotypisiert, in einzelnen Teilen vorhersagbar und informatorisch überflüssig – nicht aber überflüssig für die soziale Funktion der Gesprächsanknüpfung oder Schriftverkehrseinleitung ..."[196]

Der Autor erhebt die berechtigte Forderung, daß der Lernende im Fremdsprachenunterricht einen Vorrat abrufbarer Routineformeln (z.B. *to my knowledge*; *I'm sorry, I wasn't following*) erwerben muß.

In britischen Arbeiten zur **Gesprächs-** bzw. **Diskursanalyse**, die sich als Erweiterung der Textlinguistik in den vergangenen zehn Jahren als eine eigenständige Forschungsrichtung konstituiert hat, spielen Routineformeln als Gesprächskonstituenten eine wichtige Rolle. Dabei konzentriert sich die Analyse gesprochener Sprache vor allem auf die Arten und Funktionen von Routineformeln, speziell von Konversationsformeln, in der Abfolge der Gesprächsschritte, die im Englischen als *moves* oder als *turns*[197] bezeichnet werden. Eine zentrale Stellung hat in diesem Konzept der Begriff *gambit*. Er bezeichnet sprecherspezifische oder auch hörerbezogene Vertextungsmittel der mündlichen Kommunikation, die im Monolog, Dialog oder Polylog auftreten können. Der Terminus *gambit* stammt aus dem Schachspiel und bedeutet „Eröffnung, erster Schritt". Auf die Gesprächssituation angewandt, bezeichnen *gambits* vor allem phatische Routineformeln, die ein Gespräch einleiten, weiterführen oder beenden, so daß sie als „Strategiesignale" fungieren. Ihre Beziehung zu den Idiomen wird in der Definition von J. House-Edmondson hervorgehoben:

> „Gambits sind Gesprächselemente, die typisch sind für gesprochene dialogische Sprache. Ihre Funktion ist im wesentlichen interpersonal, phatisch und / oder dialogstrukturierend. Sie sind häufig ritualisierte idiomatische Ausdrücke, die zur Etablierung, Aufrechterhaltung und Beendigung eines Dialogs dienen. Besonders oft werden *gambits* ... als *"discourse lubricants"* verwendet, als dialogtypische Redemittel, die Konversationslücken überbrücken helfen sollen ... und die deshalb oft beim Sprecherwechsel vorkommen, wo der aktuelle Hörer durch Verwendung eines *gambits* Zeit gewinnen kann, bevor er seine Reaktion auf das soeben Gehörte zu formulieren in der Lage ist."[198]

Die *gambits* bilden eine Hierarchie von Typen (*types*), denen die einzelnen sprachlichen Mittel (*tokens*) zugeordnet werden. Das Gesamtsystem der *gambits* umfaßt nur einen Teil der für die Idiomatik belangvollen Routineformeln (*you must be joking*; *you know*; *you see*); andere Typen sind gesprächseröffnende Elemente (**openers** wie *first of all*), Verbindungselemente (**links** wie *that reminds me*; *another thing to mention*; *for this reason*), Erwiderungselemente (**responders** wie *I agree with you here*; *I guess as much*: *I knew it*), Abschlußelemente (**closers** wie *It was nice talking to you*; *I enjoyed meeting you*; *Well, I've really got to go now*), spontane Interjektionen (*hmm, oh, yeah*) und Ausdrücke der Häsitation, d.h. des Zögerns im Formulieren (**hesitators** wie *ah* und *erm*), die bereits lexikalisiert sind,[199] Ein Teil der *gambits* sind in einsprachigen Wörterbüchern und in den einschlägigen Idiomsammlungen bereits vertreten.

In der britischen Lexikographie ist seit längerer Zeit das Bemühen zu beobachten, Routineformeln in allgemeinsprachliche Wörterbücher mit einzubeziehen, ohne daß dabei eine systematische oder möglichst vollständige Erfassung dieser phraseologischen Einheiten angestrebt wird. In stärkerem Maße haben die Idiomwörterbücher 'Chambers Idioms', 'Longman Dictionary of English Idioms' und 'Oxford Dictionary of Current Idiomatic English', Vol. 2, Routineformeln berücksichtigt, obwohl auch hier deutliche Unterschiede hinsichtlich des Umfangs und der Auswahlkriterien zu verzeichnen sind. Das 'Oxford Dictionary of Current Idiomatic English', Vol. 2, bietet die bisher vollständigste Inventarisierung dieses Sprachmaterials. Für seine situative Anwendung sind die in diesem Wörterbuch vermittelten Zusatzinformationen von besonderer praktischer Bedeutung: die Angaben zu den Strukturmustern und der möglichen Substitution von Konstituenten der Routineformeln, die Umschreibung und Illustration ihrer Bedeutung durch Textbeispiele als Minimalkontext, der Hinweis auf Konnotationen, insbesondere die Stilebene, und die Erläuterung ihrer prosodischen Besonderheiten. Mit dieser umfassenden Kennzeichnung der einzelnen Routineformel innerhalb des Gesamtbestandes der *"sentence idioms"* wird die in der Vergangenheit oft willkürlich vorgenommene Trennung zwischen Einheiten der Sprache und denen der Rede[200] zugunsten einer kommunikativ-funktionalen Betrachtung der phraseologischen Einheiten weitgehend überwunden.

Einen Teil der Routineformeln hat A. V. Kunin unter der Bezeichnung „interjektionsähnliche phraseologische Einheiten mit ganzheitlicher Bedeutung" in seinen theoretischen Arbeiten[201] behandelt und in sein umfangreiches phraseologisches Wörterbuch der englischen Sprache[202] eingearbeitet.

In den folgenden Abschnitten werden Routineformeln unterschiedlicher kommunikativer Funktion nach thematischen Gesichtspunkten dargestellt. Das Beispielmaterial wurde aus den bereits erwähnten Idiomwörterbüchern gewonnen. Es soll jedoch nicht nur auf dem Hintergrund des Sprachsystems durch das Zitieren der Wörterbucherklärung beschrieben, sondern auch in seiner situativen Einbettung in der Sprachverwendung veranschaulicht werden. Dafür wurden Dialogpassagen aus Dramen und Romanen der englischen Gegenwartsliteratur, in denen zugleich die Funktion einer Routineformel in einem Gesprächsschritt deutlich wird, herangezogen. Um den konfrontativen Aspekt zumindest ansatzweise zu berücksichtigen, wurde den englischen Routineformeln das deutsche Äquivalent beigegeben, zumal bei diesen phraseologischen Einheiten sowohl Gleichheit als auch Unterschiede in der Struktur, Motivation und Stilebene in beiden Sprachen auftreten können.[203] In diesem Zusammenhang können Äquivalenzbeziehungen im Sprachsystem nur angedeutet werden; sie sind ausführlicher Gegenstand des Abschnitts 8.1.

6.1.   Begrüßungs- und Abschiedsformeln

Diese typischen Konversationsformeln haben phatische Funktion; sie eröffnen bzw. beschließen ein Gespräch, wobei die Kommunikationspartner räumlich präsent oder – im Falle eines Telefongesprächs – getrennt sein können. Begrüßungsformeln können als isolierter Tagesgruß auftreten, ohne daß ihnen ein Gesprächstext folgt. Wenn sie ein Gespräch einleiten, haben sie kataphorische Funktion. Abschiedsformeln sind dagegen als Abschluß eines Gesprächs anaphorische Elemente und ziehen in der Regel keine weiteren Gesprächsschritte nach sich.

Die Tagesgrußformeln *good morning, good afternoon* und *good evening* sind als Ellipsen anzusehen: (*I wish you a*) *good morning*. Die Tendenz zur Kürzung zeigt sich in zunehmendem Maße an den in der zwanglosen Umgangssprache üblichen Formeln *Morning! Afternoon! Evening!*[204] Im Unterschied zum Deutschen kann der Gruß *Good day!*, der jedoch weitaus seltener als *Good morning!* und *Good afternoon!* verwendet wird, Begrüßungs- und Abschiedsformel sein. Die Abschiedsformel *Good-bye!* ist ein anschauliches Beispiel für die Idiomatisierung einer festen Wortverbindung. Ihr Ursprung ist die Proposition *God be with ye!* (wörtlich „Gott sei mit Euch" – *ye* ist die Akkusativform des frne. Personalpronomens *you*). Durch Kontraktion und Umdeutung ging der ursprüngliche Sinn dieser Wunsch- und Segensformel verloren. Auch hier wirkt in der Gegenwartssprache die Tendenz zur Ellipse (vgl. umgangssprachlich *Bye! Byebye!*).

Die Wendungen *see you (later)* „bis bald", *(I'll) be seeing you /see you* und *so long* „mach's gut!" gehören der Umgangssprache an und setzen Vertrautheit der Sprecher untereinander voraus. Überdies kann *I'll be seeing you* auch als Briefschlußformel verwendet werden (vgl. ODCIE 2, 'informal, a form of leave-taking or of signing off a letter to sb. one meets fairly frequently or is likely to meet again soon'). Als Abschieds- und Grußformeln im persönlichen Gespräch wie auch im Brief können die Phraseologismen *Remember me to your wife /your family* und *Give my love to your wife / your family* („Viele Grüße an deine/ Ihre Frau /Familie") vorkommen. Die nichtidiomatisierten Abschiedsformeln *Have a nice / good /pleasant time* bzw. *enjoy yourself* beziehen sich auf eine bevorstehende Veranstaltung oder auf Urlaub oder Freizeit. Eine heute als veraltet geltende und nur noch in pathetischer Absicht verwendete Abschiedsformel ist *God speed (you)* (vgl. ODCIE 2, 'dated formal, *may God prosper sb./sth.*, old-fashioned form of well-wishing, esp. for sb. starting on a journey, task, enterprise, new way of life'). Die deutsche Entsprechung wäre etwa „Glückliche Reise" oder „Viel Erfolg!" Die in der Gegenwartssprache gebräuchliche Wendung *Happy landings!* (ODCIE 2, 'good wishes for a journey, esp. by air') gilt für Flugreisen, aber auch andere Vorhaben.

Eine Reihe von Abschiedsformeln berühren sich mit den Ermutigungsformeln. Unter jungen Leuten ist in der englischen Umgangssprache üblich *Hang in there!* („Laß dich nicht unterkriegen!", „Kopf hoch!"), *Keep your chin up / keep a stiff upperlip* („Halt die Ohren steif!"), *Take care!* („Paß auf dich auf!") und *Be good!*

Vgl. dazu den folgenden Dialog aus dem Roman Life at the Top von John Braine.[205]
He opened the door of the car.
"I must away. *Be good*, as they say in these parts."
"*Enjoy yourself*," I said. (p. 187)

Er machte die Wagentür auf. „Ich muß weiter. Seien Sie brav, wie man hier so sagt."
„Viel Vergnügen," sagte ich.[206]

Als Abschiedsformel, verbunden mit einem Wunsch, dient auch *All the best* (ODCIE 2, 'informal, may everything go well' – „Alles Gute!").

Ein typisches Beispiel für die Idiomatisierung einer phatischen Routineformel ist *How do you do? / How d'ye do?* Diese Wendung hat sich von der ursprünglichen Frage nach dem persönlichen Befinden des Angesprochenen völlig entfernt, erscheint heute unmotiviert und dient nur noch als Formel der Vorstellung, des ersten Kennenlernens. Vgl. LDEI 'the phrase used to someone just met or introduced to the speaker; this person replies with the same phrase. They normally shake hands at the same time'. ODCIE 2 erläutert diese Formel als 'form of greeting when being introduced on first meeting' mit dem Kommentar 'more formal and distant than (I'm) glad to meet you'. Die deutsche Entsprechung ist „(Sehr) angenehm, Guten Tag".

In Dialogen englischer Romane und Dramen finden sich zahlreiche Beispiele für den ritualisierten Charakter dieser stilistisch neutralen, aber distanziert wirkenden Begrüßungsformel in Szenen des Vorstellens. Bemerkenswert sind die Überlegungen, die John Braine seine Romanfigur Joe Lampton darüber anstellen läßt. In linguistischer Hinsicht haben sie den Charakter einer metakommunikativen Aussage.

I introduced Norah; the flat formal statements of name, the repetition of the inquiry to which there was no answer but the repetition of the inquiry, seemed more than usually unreal.

Die deutsche Übersetzung muß das Lexem 'inquiry' dagegen wörtlich explizieren, um das Begrüßungsritual korrekt wiederzugeben:

Ich stellte Norah vor. Die platten Formalitäten der Namensnennung, des *How do you do?* – der Frage, auf die es keine Antwort gibt als die Wiederholung der Frage – muteten unwirklicher an denn je.[207]

Die folgende Dialogpassage stammt aus dem Drama *The Reluctant Debutante* von William Douglas Home.

(Regieanweisung: ... The door opens, and Jimmy's voice is heard.)
JIMMY (off). You go right on in, old boy, and face the music. I'll run along and change.
   (DAVID HOYLAKE-JOHNSTON comes in U. L. C.)
SHEILA. Good evening, Mr. Hoylake-Johnston! *It's so nice of you to come. How do you do?*
   Now let me introduce you – Mabel Crosswaite.
DAVID. *How do you do?* (They shake hands.)
SHEILA. And Clarissa – Mabel's girl. You know each other, don't you?
DAVID. Yes, we met last night.
SHEILA. And this is Jane, my daughter.
DAVID. *How do you do?*
   (As he puts out his hand to Jane, Sheila catches it and takes him on to Bulloch.)
SHEILA. And then, David Bulloch.
DAVID BULLOCH (together). *Hullo*, David. / *Hullo*, David.
SHEILA. So you know each other?
DAVID. Yes, we met one weekend, staying in the country.[208]

Im allgemeinen gilt die Begrüßungsformel *(I'm) glad to meet you* bei der Vorstellung als herzlicher als *How do you do?*, gehört aber nach ODCIE 2 noch zur Ebene der Förmlichkeit ('unless stressed, e. g. I **am** glad to meet you; *So* glad to meet you at last'.)

Die übliche Begrüßungsformel unter Bekannten und Verwandten lautet dagegen *How are you?* Diese Formel beschränkt sich jedoch nicht auf die ausdrückliche Erkundigung nach dem persönlichen Befinden des Angesprochenen. Wie bei *How do you do?* bahnt sich auch bei How are you? eine Demotivierung und formale Reduktion an, die zu der zwanglosen Grußformel *Hi / Hey* (als Synonym für *Hallo / Hullo*) geführt hat. Ein Beispiel für ihre situative Verwendung gibt das Unterhaltungsstück *The Real Thing* von Tom Stoppard.

HENRY: *Hello*, Max. Come in.
MAX: *Hello*, Henry.
HENRY: (Entering) It's been some time.
   (Max enters unassertively.)
MAX: Well, you've rather been keeping out of the way, haven't you?
HENRY: Yes, I'm sorry, Max. Charlotte's getting dressed. *How are you?*
MAX: *I'm all right*.
HENRY: Good.
MAX: And you?
HENRY: *I'm all right*.
MAX: Good.[209]

Eine häufig gebrauchte Begrüßungsformel ist *How nice to see you* (vgl. auch die Textstelle von Douglas Home "It's so nice of you to come"). Die Frage nach dem persönlichen Befinden kann mit der Ellipse *Keeping fit?* ausgedrückt werden. Vgl. den folgenden Dialog aus dem Drama *The Norman Conquest* von Alan Ayckbourn:

Regieanweisung: TOM enters.
TOM: Ah.
SARAH: Tom! *How nice to see you*, Tom.
TOM: Hello, Sarah. *Keeping fit?*[210]

In der gleichen Bedeutung kann das umgangssprachliche Idiom *How's the world been treating you?* (ODCIE 2 'informal, a polite inquiry on meeting a friend or acquaintance after not too short a space of time') verwendet werden. Die deutsche Entsprechung wäre „Wie ist es Ihnen / Dir (inzwischen) ergangen?"

6.2. Glückwunschformeln

Auch diese Routineformeln sind als Ellipsen zu verstehen, z. B. (I wish you a) *Merry Christmas and a Happy New Year*. Jüngeren Datums sind die Phraseologismen *the compliments of the season* ('greetings of goodwill at Christmas and the New Year') und *Season's Greetings* ('greeting on a Christmas card'). Das deutsche Äquivalent wäre nur „Fröhliche Weihnachten und ein gesundes Neues Jahr". Eine feststehende Wendung ist der Geburtstagswunsch (I wish you) *Many happy returns of the day* auf der neutralen Stilebene; *My heartiest congratulations* gilt dagegen als förmlich.

Als Beileidsformel ist allgemein üblich *May I express my sympathy* oder *We express our deepest sympathy*.

6.3. Erkundigungsformeln

Zu dieser Gruppe von Routineformeln gehören sowohl stilistisch neutrale **Höflichkeitsformeln**, die eine Bitte um Auskunft einleiten und die A. Makkai zusammenfassend als "idioms of institutionalized politeness"[211] bezeichnet, als auch umgangssprachliche Erkundigungsformeln, die sich auf eine bestimmte Situation beziehen und unterschiedliche Haltungen des Sprechers zum Ausdruck bringen. K. D. Pilz klassifiziert sie als „**Kontaktformeln**".[212] W. Fleischer als „**kommunikative Formeln**".[213]

Eine stereotype Höflichkeitsformel am Telefon ist *May I ask who is calling?* („Wer ist bitte am Apparat?"/„Wer spricht da bitte?") und im Geschäft seitens der Verkaufskraft *Can I help you?* („Werden Sie schon bedient?"/„Was darf es sein?"). Eine ältere Erkundigungsformel im Verkaufsgespräch ist *What can I do for you?*

Für Erkundigungen nach einer konkreten Situation verfügt das Englische über eine Vielzahl umgangssprachlicher Idiome, z. B. *What's cooking(?)* (ODCIE 2 'informal, What is being planned or done?' – „Was ist los"/„Was tut sich hier?") und *What's afoot?* ('what's being preserved, made ready or in operation?' – nach dem LD hat *afoot* gelegentlich negative Konnotationen – „Was geht hier vor?"). Weitere Formeln dieser Stilebene sind *What's up?* („Was ist los?") und *Where's the fire?* („Wo brennt's /denn/?".

Eine auf das ungewohnte Verhalten eines Menschen oder auf eine besondere Sachlage bezogene Erkundigungsformel ist *What's the big idea?* (ODCIE 2, 'informal, what is the reason for such behaviour, such an action, or arrangement?/ the implication being that there is no valid reason' – „Was soll das / bedeuten/?"). Ähnliche Bedeutung haben die Formeln *What is the matter? / What is wrong with sb. /sth.* (ODCIE 2, 'what is the nature of sb.'s illness / sb.'s / sth.'s weakness or failing?'). Auch das Idiom *What's the odds?* (ODCIE 2, 'informal, what does it matter? one action, choice, result etc. will be as good, or as bad, as another' – „Was macht das schon aus?") und die auf einer grammatischen Anomalie beruhende Formel *how come (that)?* (ODCIE 2, 'informal, How does it / did it happen/ that/? what is the explanation/ of th./' – „Wie kommt es/ kam es dazu?") liegen auf der Stilebene der Umgangssprache. Nach Auskunft des Idiom-Wörterbuches von Chambers ist *How come?* ursprünglich amerikanisches Englisch. Die irreversible Formel *Why and wherefore?* (ODCIE 2, 'for what reason?' – „aus welchem Grunde?") kann auch nominalisiert werden (*the why(s) and wherefore(s) of a matter*).

Eine oft scherzhaft gemeinte Frage nach der Uhrzeit ist die Formel *How goes the enemy?* (Chambers, 'what time is it?').

6.4. Entschuldigungsformeln

Diese Routineformeln sind durch den gesellschaftlichen und sprachlichen Takt geprägt und unterliegen kommunikativen Normen. Als typische Entschuldigungsformel gilt im Englischen *I beg your pardon* („Ich bitte um Entschuldigung / Verzeihung"), wobei die fallende Intonation zu beachten ist. Die elliptische Form *Pardon!* ist ebenfalls üblich in der Bedeutung von *Excuse me!* oder *Sorry!*. Sobald das Wort *Pardon* jedoch fallend-steigende Betonung trägt, erhält die gesamte Formel eine andere Bedeutung, und zwar drückt sie die Bitte um die Wiederholung einer Äußerung, die man nicht verstanden hat, aus. Dabei kann diese denotative Bedeutung auch von negativen expressiven Konnotationen der Befremdung begleitet sein. (vgl. ODCIE 2, 'I must object, disagree; I must have misheard, misunderstood, you / because if I did hear you properly, then I am offended'). Diese Bedeutung wird an der folgenden Dialogpassage aus dem Drama *The Norman Conquest* von Alan Ayckbourn deutlich. (Aus dem Situationskontext geht hervor, daß Schwager und Schwägerin den uneingestandenen Wunsch haben, ein Wochenende in einem Ferienort gemeinsam zu verbringen, wobei der Schwager das Angebot unterbreitet.)

SARAH: Hugh! [Pause] I wouldn't want to go on my own. What fun is it on your own? [Pause]
NORMAN: I'll take you if you like.
SARAH: *I beg your pardon?*
NORMAN: I said I'll take you.
SARAH: On holiday?
NORMAN: If you'd like to go.

SARAH: You must think I was born yesterday.
NORMAN: I would.
SARAH: You really have got a nerve.
NORMAN: I only offered. *All right, all right ...*[214]
(In diesem Kontext fungiert nicht *I beg your pardon*, sondern eher *All right* als Entschuldigungsformel. Das Idiom *to be born yesterday* ist umgangssprachlich und bedeutet 'to be easily deceived'). Der förmliche Ausdruck einer Entschuldigung ist *I am very sorry / I am so sorry* und *Excuse me*.

Eine andere Entschuldigungsformel lautet *No offence meant* bzw. *No harm meant* („Nichts für ungut!"). Eine Entschuldigung kann mit der Formel *No hard feelings / No offence taken* erwidert werden, wobei der Angesprochene zum Ausdruck bringt, daß er das gute Einvernehmen als wiederhergestellt betrachtet. Die deutsche Entsprechung wäre etwa „Ich habe es nicht übelgenommen"/("Schon gut!").

Eine nachdrückliche Entschuldigung in einem Telefongespräch, in dem ein Mißverständnis geklärt werden soll, das aber gleichzeitig voller Situationskomik ist, veranschaulicht eine Szene des Dramas *The Reluctant Debutante* von William Douglas Home.

SHEILA: ... What – David Bulloch! (At telephone) Oh, David, this is Jane's mother again ... *I am so sorry* to be such a bore. About your mother. *I'm so sorry.* Yes, I know she's dead. Yes, yes, I know it was. But *I'm so sorry* about asking you to give her my love just now ... Yes, David it was a silly mistake to make. She couldn't help it. No, I made the mistake ...[215]

6.5. Bedauernsformeln

Formelhafte Ausrufe des Bedauerns haben eine gewisse Ähnlichkeit mit Interjektionen. Sie sind oft emotional-expressiv und können auch ein sprachliches Bild als Ausdruck der Emphase enthalten. Bedauernsformeln sind stets an einen Adressaten gerichtet, an dessen Situation der Sprecher persönlichen Anteil nimmt; seltener sind sie auf einen objektiven Sachverhalt bezogen. Sie sind Ausdruck des Mitgefühls, nicht aber der Kritik, Verärgerung oder Schadenfreude. Unterschiede zwischen diesen Routineformeln im Englischen und Deutschen bestehen gelegentlich in der semantischen Struktur, insbesondere in der denotativ-übertragenen Bedeutung; weitgehende Übereinstimmung besteht dagegen auf der Stilebene. Bei einigen Formeln des Englischen hat die Betonung eine bedeutungsunterschiedliche Funktion.

Als funktional synonym gelten die Ausrufe *Dear me!* und *Oh dear!* (mit der Betonung 'Dear 'me und 'Oh 'dear und der deutschen Entsprechung „ach du lieber Himmel!"/„du meine Güte!" /„ach je!"). Nach Auskunft des ODCIE 2 ist *Dear me!* 'a mild exclamation of anxiety, sympathy, consternation ...', jedoch *Oh dear* 'is more likely in cases of sudden and/or genuine alarm or distress'. Mit der Betonung 'Dear 'me! drückt die gleiche Formel dagegen einen Vorwurf, eine Distanzhaltung oder eine Ablehnung aus. Die Formel *What a pity /What a shame!* ist gleichbedeutend mit *I'm sorry* („Es tut mir so leid!"/ „Das tut mir aber leid!") und ist 'an exclamation of regret or sympathetic concern'.

Bildhaften Charakter haben die Ausrufe des Bedauerns *Hard Lines / Hard cheese! / Hard cheddar!* ('exclamation or / sympathetic / comment on an event, or state of affairs, which is unfortunate, undeserved or unjust for sb.' – die deutsche Entsprechung wäre etwa „so ein Pech!"/„was für ein Unglück!"). Eine ähnliche Bedeutung hat *Hard luck!* (ODCIE 2, 'exclamation or / sympathetic / comment on sb.'s misfortune in general or some particular case of it' – „So ein Pech!"), als Steigerung dazu *Worse luck!* (als Bezug auf etwas Vorerwähntes).

Im Unterschied zu diesen Formeln mit Interjektionscharakter kann die satzeinleitende oder -abschließende Formel *I'm afraid* nicht isoliert stehen. Sie hat den Charakter eines kommentierenden Anhängsels, vgl. ODCIE 2 'a tag expressing regret, or apology, and added to a piece of news or information which is expected to be unwelcome or unpleasant' – die deutsche Entsprechung ist „Es tut mir leid" oder nur „Leider".

Formeln des Selbstmitleids, durch die der Sprecher Verständnis für seine besondere Lage erreichen möchte, sind *Put yourself in my shoes* (mit Betonung auf dem Possessivpronomen – „Versetz dich in meine Lage!") und *Fancy me!* (in gleicher Bedeutung). Eine Bedauernsformel, die bereits an der Grenze der kritisierenden Kommentarformeln liegt, ist *That's a pretty kettle of fish* (Chambers, 'a mess or awkward situation' – im Deutschen hat die Formel ähnliche ironische Konnotationen: „Das ist ja eine schöne Bescherung!").

6.6. Ermutigungs- und Beschwichtigungsformeln

Diese Gruppe der Routineformeln, für die K. D. Pilz die Bezeichnung „Ermahnungs- und Beschwichtigungsformeln"[216] verwendet, umfaßt in der Hauptsache imperativische Phraseologismen, die in der zwanglosen Unterhaltung der Umgangssprache vorkommen und Vertrautheit der Gesprächspartner untereinander voraussetzen. Ein wesentliches Merkmal ist dabei die Prosodie: in einzelnen Fällen kann der Imperativ durch steigende oder fallend-steigende Intonation als Ausdruck freundlicher Anteilnahme gemildert werden. Mit steigender Intonation unterscheidet sich die Formel *Never mind* ('don't worry; don't consider / sth. /important, often followed by consoling or encouraging remark') semantisch von der gleichlautenden Formel, die, wenn sie mit fallender Intonation in einem energischen bis barschen Ton gesagt wird, eine Abwehr oder Zurückweisung des Gesprächspartners im Sinne von 'don't inquire (because you won't be told); mind your own business' (ODCIE 2) ausdrückt.

Eine Ermutigungsformel, die an der Grenze eines Gemeinplatzes liegt, ist *Keep smiling!* (ODCIE 2, 'show courage and cheerfulness; refuse to appear discouraged' – im Deutschen etwa „Immer nur lächeln!"/„Laß (doch) den Mut nicht sinken!"/„Es wird schon gehen!"). Als antiquiert gilt dagegen die Wendung *Are we down-hearted? No!* (vgl. ODCIE 2). Die Bedeutung der Formel *Take it easy* beinhaltet sowohl eine Beruhigung ('do not get upset, angry!' – „Reg dich nicht auf!"/„Nimm's nicht so tragisch!") als auch eine Ermahnung (ODCIE 2, 'informal, live, or spend a period of time, in a relaxed or restful way' – mit dem deutschen Äquivalent „Mach dich nicht kaputt"/Mach dich nicht tot!"). Beide Formeln haben umgangssprachliche Konnotationen. Die Idiome *Rub it out* und *Scrub it out* ('ignore it') beziehen sich auf etwas Unangenehmes, das bereits der Vergangenheit angehört; ihre deutsche Entsprechung wäre nach Taylor/Gottschalk[217] „Schwamm drüber!". Eine umgangssprachliche Beschwichtigungsformel mit Bezug auf etwas Gegenwärtiges ist *let it ride* (ODCIE 2, 'informal, let a process, developing situation, take its own course, continue as it has begun; ignore or take no action about sth. said or done'). Die deutsche Entsprechung wäre „Laß (es) gut sein!" Vgl. eine Dialogreplik aus John Braines Roman *Life at the Top*:

"If you'd been through what I went through when Barbara was born."
"*All right, all right. Let it ride.*"

„Wenn du hättest durchmachen müssen, was ich bei Barbaras Geburt durchgemacht habe –"
„*In Ordnung, in Ordnung. Laß es gut sein.*"[218]

Auf eine gegenwärtige oder zukünftige Situation beziehen sich die Idiome *Keep cool!/ Keep calm!/ Don't panic!* (im Deutschen etwa „Ruhig Blut!") und *Don't fuss!* („Reg dich nicht auf!"). Einen ähnlichen Inhalt haben die umgangssprachlichen Ermutigungsformeln *Chin up!* ('don't be overcome by fear, worry etc. in a difficult situation'), *Cheer up!* ('take comfort, become happy' – „Kopf hoch!") und *More power to your elbow* ('phrase used to encourage sb. – „Nur (immer) zu!"/„Viel Erfolg!". Die stilistisch neutrale Ermutigungsformel *Be a man!* ('behave in a firm, courageous way, show manly qualities' – „Sei ein Mann!") hat eine expressiv konnotierte Entsprechung in dem Ausruf *Don't be such a mollycoddle* (in der Bedeutung 'a person who takes too much care of his health, who pampers himself and likes others to pamper him' – mit dem deutschen funktionalen Äquivalent „Sei kein Frosch!").

Die Formel *Better luck next time!* gilt im Englischen als eine Art Sprichwort in der Bedeutung 'may you succeed on some future occasion; used esp. to console or encourage sb. who has just failed to do sth., win sth., etc.' – „Das nächste Mal mehr Glück!". An der Grenze des Sprichworts liegt auch die Ermutigungsformel *Never say die* (ODCIE 2, 'catchphrase, don't dispair; keep trying; keep your courage up' – „Gib nie auf!").

Als Ermutigungsformel der Umgangssprache, die bei Einladungen verwendet werden kann, ist zu erwähnen *Feel free* ('not formal, do as you wish; please continue') bzw. *Be my guest* ('coll., please do as you wish; used as an invitation to so. to do sth.' – im Deutschen etwa „Lassen Sie sich/ bitte /nicht stören!" bzw. „Bedienen Sie sich!").

6.7. Erwiderungsformeln

Unter Erwiderungsformeln im engeren Sinne sollen solche Konversationsformeln verstanden werden, die der Sprecher als eine Replik auf einen Dank, eine Entschuldigung oder eine ihm bereits bekannte bzw. nur zu bekräftigende Feststellung verwendet. Es gibt aber auch solche Erwiderungsformeln, die aus Gründen der Höflichkeit oder als Relikt des Aberglaubens in bestimmten Situationen nahezu mechanisch gebraucht werden. Im Englischen ist es üblich, einen Dank mit der traditionellen Formel *Don't mention it* (ODCIE 2, 'a courteous reply to sb.'s expressions of thanks or gratitude, to sb.'s apology for a mistake, trouble caused, etc.') zu erwidern. In der zwanglosen Umgangssprache ist dagegen üblich *That's okay*; im AE verbreitet ist *You are welcome* (ODCIE 2, esp. US informal, it's a pleasure; it's no trouble at all; don't mention it' – „Keine Ursache!"/„Bitte sehr!"/„Gern geschehen!"). Dieses Idiom ist inzwischen auch im BE verbreitet.

Wenn ein Zuhörer eine Äußerung nicht genau verstanden hat, kann er den Sprecher um deren Wiederholung bitten mit der Formel *I beg your pardon*, umgangssprachlich *Pardon?* (ODCIE 2, 'please repeat what you have just said', mit einem 'high rising tone' auf dem letzten Wort). Ein offensichtlicher Neologismus ist das Idiom *Come again?* (vgl. S. 47). Die umgangssprachliche Erwiderungsformel *The penny drops / is dropping* (ODCIE 2, 'informal, one now understands sth. that was previously unnoticed or puzzling' – „Der Groschen ist gefallen!"/„Mir geht ein Licht auf") kann scherzhafte Konnotationen tragen. Mit der Wendung *you are telling me!* (Betonung auf *me*) reagiert der Zuhörer auf eine ihm überflüssig erscheinende Erwähnung einer bekannten Tatsache, die er mit dieser Replik aber bestätigt. Das Idiom-Wörterbuch von Chambers weist hier auf den amerikanischen Ursprung hin ('certainly; that is definitely true'). Die deutsche Entsprechung wäre „Was Sie nicht sagen!"/„Wem sagen Sie das!"

Das eine nachdrückliche Zustimmung ausdrückende Idiom *Can a duck swim?* hat die Bedeutung von *Yes*. Eine mögliche, aber nicht zwingende Erwiderungsformel ist *God bless you!* (nach ODCIE 2 'an interjection made when sb. else sneezes'); ihre weniger pathetische Variante in der Umgangssprache ist *Blees you!* Auch die deutsche Formel „Gesundheit!" geht auf einen Brauch in der Zeit der Pest zurück, als man glaubte, daß das Niesen ein Zeichen der inneren Reinigung des Körpers sei. Die Replik *Touch wood!* hat ebenfalls ihren Ursprung im Aberglauben (Chambers, 'used as an interjection, to touch sth. made of wood superstitiously, in order to avoid bad luck' – deutsch „Unberufen!"/ „Auf Holz klopfen!").

Abschließend soll eine Erwiderungsformel im Gesprächskontext aus dem Drama *The Norman Conquest* von Alan Ayckbourn angeführt werden.

REG: Not much here to eat, is there?
SARAH: That's because there's nothing in the house.
REG: *You're telling me.* I've been starving since Saturday morning.[219]

6.8. Zustimmungsformeln

Als Elemente des Gesprächsverlaufs sind diese Formeln eine positive Replik eines Sprechers auf ein Argument bzw. eine Handlungsweise des Gesprächspartners. Die Gruppe der Zustimmungsformeln – K. D. Pilz verwendet dafür den Terminus „Entgegnungsformeln"[220] in einem weiteren Sinn – umfaßt unterschiedliche Konstruktionen: Aussagesätze (*You said it*), Ausrufesätze (*Good for you!*) und einzelne Idiome in der Funktion einer Interjektion (*Good egg!*). Ihr gemeinsames Merkmal ist die Lexikalisierung, Reproduzierbarkeit, semantische und syntaktische Festigkeit und die intensivierende bzw. emphatische Wirkung im Kontext, die auch durch das Betonungsmuster entstehen kann. Die folgenden Zustimmungsformeln liegen teils auf der umgangssprachlichen, teils auf der neutralen Stilebene.

Umgangssprachliche stilistische Konnotationen hat *You said it* (ODCIE 2, 'informal, I agree wholeheartedly; you are absolutely right' – Betonungsmuster you 'said it). Kennzeichnend für das deutsche Äquivalent ist das unterschiedliche Tempus „Sie sagen es!/Du sagst es!" Eine ähnliche Bedeutung haben *You've said it all* (ODCIE 2, 'informal, you've summed up the situation perfectly; emphatic form of agreement') und *You can say that again* (ODCIE 2 'informal, you are undeniably correct; that is absolutely true ...; used to express emphatic, and often ironic, agreement' – Betonung auf *that*). Die deutsche Entsprechung wäre „Das kannst du /können Sie laut sagen!" Dagegen läßt die Zustimmungsformel *You could say (that)* Raum für eine Einschränkung (ODCIE 2, 'it is fairly true or correct (that); it is a possible opinion (that)' – Betonung auf *could*).

Den Charakter eines Aufrufes haben die folgenden Zustimmungsformeln: *How right you are!* (ODCIE 2, 'you are absolutely correct ...' – „Wie recht Sie haben!"/„Sie haben vollkommen recht!", *And how!* (ODCIE 2, 'informal, yes, indeed; I agree strongly' – „Und wie!"), *all right* (in der in ODCIE 2 an erster Stelle genannten Bedeutung 'informal, certainly; without a doubt' – etwa in der Lehrerantwort „richtig!"/„genau!"), *Well done!* (ODCIE 2, 'comment, or exclamation, of approval and congratulation' – „Gut /Fein gemacht!"), *Good for you* (ODCIE 2, 'exclamatory comment of congratulation or approval' – Betonungsmuster ˌgood for ˈyou – die deutsche Entsprechung wäre „bravo!"). Als veraltet gilt dagegen *Jolly good!* (ODCIE 2, 'dated informal, exclamation, or emphatic comment, of approval or admiration' – „Prima!").

Auch die Zustimmungsformel *Fair enough* kann als Ausruf auftreten; üblicher ist die Proposition *That's fair enough* (ODCIE 2, 'informal, sth. which is proposed, or which has taken place, is acceptable,... used to acknowledge fairness of sth.; often introduces a qualification' – deutsch etwa „(das ist nur) recht und billig"). In ähnlicher Bedeutung begegnen *Right enough* und *True enough* (ODCIE 2, 'informal, expression of agreement that what sb. else has said is sufficiently correct or accurate') und – in einer spezifischen Bedeutungsvariante – *Quite so* (ODCIE 2, 'perfectly true; I agree with you' – wobei *quite so* auch einem einschränkenden, mit *but* eingeleiteten Satz in adversativer Bedeutung vorangehen kann; die deutsche Entsprechung zu der Zustimmungsformel wäre etwa „genau!"). Emphatische Funktion haben die Idiome *I, for one* (ODCIE 2, 'I definitely, certainly') und der im englischen Parlament und in öffentlichen Versammlungen übliche Ausruf der Zustimmung *Hear! Hear!* ('I agree; used to express agreement with a person making a speech in public').

Als veraltet gilt das Idiom *Good egg!*, das den Charakter einer Interjektion hat (ODCIE 2, 'dated informal, Good! Excellent!'). Seine Motivation ist in der Gegenwartssprache bereits verdunkelt. Die deutsche Entsprechung auf der gleichen Stilebene, die aber noch im täglichen Sprachgebrauch auftritt, wäre etwa „das ist die Masche!" (mit Betonung auf d i e), wobei auch diese Metapher bereits verblaßt ist.

Als Randerscheinung der Zustimmungsformeln sind noch Lobesformeln zu erwähnen. Sie sind stilistisch neutral, aber zumeist an eine bestimmte Altersgruppe (Kinder und Jugendliche) gerichtet. Ihre Bedeutung ist idiomatisiert, vgl. *That's my boy/girl* (ODCIE 2, 'you are a good child, man, woman; I approve of sth. you've done or promised to do' – die Betonung liegt auf dem Demonstrativpronomen. Die deutsche Entsprechung wäre etwa „So ist es recht!"). Dieses Idiom kann auch als Ermutigungsformel für Kinder und Erwachsene verwendet werden (ODCIE 2, 'used to promise or encourage child or [in friendly mockery] adult'). Berührungspunkte mit den Zustimmungs- und Ermutigungsformeln hat das Idiom *That's/there's a good boy/girl* (ODCIE 2, 'show how good, obliging, sensible etc. you are'. – Betonung auf dem deiktischen Element; die deutsche Entsprechung wäre „Sei artig!"/„Sei brav!").

Abschließend sollen zwei Textbeispiele für Zustimmungsformeln im Situationszusammenhang angeführt werden. Der Gesprächsausschnitt aus dem Drama stammt aus *The Norman Conquest* von Alan Ayckbourn.

RUTH: Who's washing up?
ANNIE: Nobody. I'm not, so nobody is. I've done quite enough this weekend. I'm not doing any more.
RUTH: *Good for you.*
REG: I'll do it in a minute.[221]

Der zweite Dialogausschnitt ist dem Roman *Life at the Top* von John Braine entnommen. Er enthält eine Erwiderungs- und eine Zustimmungsformel.

> "Goddam it, it isn't my fault. Complain to your father, not me." "I've a good mind to," she said. "He doesn't push any one else around like that ..." ... "Don't cry, precious, don't cry, *there's a good girl.*"

> „Herrgottnochmal, es ist doch nicht meine Schuld. Beschwer dich bei deinem Vater, nicht bei mir." „Ich hätte nicht übel Lust dazu," sagte sie. „Niemanden sonst hetzt er so herum ..." „Wein doch nicht, Liebes, wein doch nicht, *seid doch lieb* ..."[222]

6.9. Ablehnungsformeln

Auch diese Routineformeln werden zumeist auf der Ebene der Umgangssprache verwendet und sind mitunter emotional-expressiv konnotiert. Ähnlich wie die Einschränkungsformeln bringen sie eine subjektive Einstellung und Wertung des Sprechers gegenüber einem Sachverhalt oder einer Person zum Ausdruck, doch ist ihr propositionaler Gehalt nicht ambivalent, sondern eindeutig negativ. Einige dieser Formeln sind Idiome mit einer metaphorischen Motivation. Ihr deutsches Äquivalent ist in diesen Fällen ebenfalls bildhaft. Beispiele solcher Ablehnungsformeln sind *That's not my cup of tea* ('coll., not the sort of thing I like' mit der Betonung auf dem Possessivpronomen; die deutsche Entsprechung lautet nach Taylor/Gottschalk „Das ist nicht meine Kragenweite!")[223]; *That's enough to make a horse laugh* ('coll., nach Taylor/Gottschalk „Da lachen ja die Hühner!")[224] und *You can tell that to the marines* 'coll., don't expect me to believe that! used to express one's disbelief of a statement'; die deutsche Entsprechung mit den gleichen expressiven und stilistischen Konnotationen wäre „Das kannst du deiner Großmutter erzählen!"/„Wer's glaubt, wird selig").

Stilistisch neutral und nichtmetaphorisch sind die folgenden Ablehnungsformeln: *Don't give me that!* (ODCIE 2, 'catchphrase, what nonsense! do you expect me to believe that?' – „Erzähl mir nicht so was!") und *Don't make me laugh* (ODCIE 2, catchphrase, a bitter, scornful, resentful etc. response to a statement or suggestion': – „daß ich nicht lache!"); *that's what you think* (ODCIE 2, 'that is only your belief or opinion; that is not so, although you think it is ..., expresses mocking disbelief' – Betonung auf **you**; das deutsche Äquivalent wäre nach Taylor/Gottschalk „Du hast vielleicht Ahnung!")[225]; *None of your jokes* ('coll., are you joking / kidding?' – Betonungsmuster 'none of your 'jokes; nach Taylor/Gottschalk „Mach keine Späße!" (p. 477).

Einen Vorwurf gegenüber einer Person in bezug auf eine Verhaltens- oder Handlungsweise enthalten die folgenden Ablehnungsformeln: *How dare you* (do sth.)! (ODCIE 2, 'shocked and reproachful reaction to a wrong, presumptuous or impudent behaviour' –

wobei das Pronomen paradigmatisch abgewandelt werden kann; die deutsche Entsprechung lautet etwa „Wie kannst du / konntest du /dich unterstehen [etwas zu tun]!"); *How crazy can you get?* (ODCIE 2, informal, 'you are being completely crazy' – das deutsche Äquivalent zu der Scheinfrage im Englischen ist der Ausruf „Du bist wohl verrückt [geworden]!").

Ausdruck der Ablehnung, die auch einen Unterton der Schadenfreude und Ironie einschließen kann, ist die Formel *That serves you right! / Serves you right!* (Chambers, 'serve sb. right – to be what a person deserves, usually sth. bad': „(das) geschieht dir recht"/„Da hast du dein Fett" (Taylor/Gottschalk, p. 134)).

Den Charakter einer Interjektion haben die umgangssprachlichen Ablehnungsformeln *My foot! /My eye! / (all) my eye and Betty Martin!* in der Bedeutung 'rubbish! nonsense!' (ODCIE 2, 'scornful rejection of what another person has said /and usually following a repetition of his or her words'). Diese Interjektionen berühren sich mit den Erwiderungsformeln. Die deutsche Entsprechung wäre die Wiederholung des betreffenden „Reizwortes" mit dem ironischen Kommentar „von wegen!"

Eine nachdrückliche Ablehnung enthält die Formel *Good Heavens, no!*, während *Thank you (very much)* mit ironischer oder humorvoller Konnotation eine höfliche, gelegentlich sogar verächtliche Ablehnung ausdrücken kann (ODCIE 2, '[ironic], expresses polite refusal; sometimes facetious') und am Ende einer Äußerung steht. Eine durch das Betonungsmuster bedingte ironische Gesamtbedeutung hat ebenfalls die Ablehnungsformel *I like that!* (mit Betonung auf dem Demonstrativpronomen: „Das gefällt mir!"), kommentiert im ODCIE 2 als "an exclamation of astonished protest, esp. about sth. said or done which is felt to be untrue or unfair". Ironisch umgedeutet ist auch das wertpositive Adjektiv *fine* in den umgangssprachlichen Ablehnungsformeln *A fine fellow you are! /You're a fine one! / You're a fine fellow!* (mit der deutschen Entsprechung nach Taylor/Gottschalk, p. 414, „Du bist mir der Rechte!"/„Du bist mir ein sauberer Geselle!", wobei das Adjektiv den Hauptton trägt).

Eine nachdrückliche Ablehnung bringt schließlich die Formel *Far from it* (ODCIE 2, 'certainly not; just the opposite') zum Ausdruck. Der Hauptton liegt hier auf der Präposition; die deutsche Entsprechung lautet „weit (davon) entfernt!"

6.10. Einschränkungsformeln

Dieser Gruppe von Routineformeln lassen sich solche Phraseologismen zuordnen, die eine Distanzhaltung des Spechers ausdrücken. A. Makkai nennt sie "*idioms of institutionalized detachment or indirectness*"[226] und beschreibt einen ihnen ähnlichen Typ als "*idioms of institutionalized understatement*". F. Coulmas subsumiert sie unter den Routineformeln in evaluativer Funktion[227]. In Einschränkungsformeln erklärt der Sprecher seine Vorbehalte gegenüber einem Sachverhalt oder auch die Begrenztheit seines Wissens oder seiner Handlungsmöglichkeiten. Ein auffälliges Merkmal dieser Formeln ist daher ihre Modalität, die ihren sprachlichen Ausdruck in Modalverben und Konditionalsätzen findet.

Konnotationen der Förmlichkeit hat das Idiom *I beg to differ* (ODCIE 2, 'formal, I am afraid I must disagree; polite but firm expression of disagreement', hauptsächlich in der ersten Person), womit der Sprecher seine Vorbehalte gegenüber einem Argument anmeldet. Das deutsche Äquivalent ist ebenfalls förmlich, „Ich erlaube mir, anderer Meinung zu sein". Einen skeptischen Unterton hat auch die Formel *I'll believe it / that when I see it* (ODCIE 2, 'saying, until I have proper evidence, e. g. by actually seeing it, I remain very sceptical'). Die Konjunktion *when* hat hier temporale und konditionale Bedeutung. Die Formel *I would if I could but I can't* in der Bedeutung 'I would like to do sth. worthwhile, but I am unable to' gilt nach ODCIE als eine Art Eingeständnis. (Die deutsche Entsprechung wäre hier die wörtliche Übersetzung.)

Umgangssprachlich ist die Formel *I('ll) bet* als Ausdruck des Zweifels oder sogar der Ablehnung des Sprechers gegenüber der Meinungsäußerung eines anderen (ODCIE 2, 'I don't believe you, what you say; I very much doubt it'). Den Standpunkt des Sprechers bekräftigt auch die Einschränkungsformel *I'm sorry (but)*, die gelegentlich ein Bedauern ausdrücken kann (vgl. S. 137), vgl. den Kommentar in ODCIE 2, 'usually expresses no real apology or regret, but emphasizes that one will stick to an opinion / policy etc. whether others can accept it or not'.

Andere Einschränkungsformeln beziehen sich auf das Wissen oder die Informiertheit des Sprechers: *for all I know /for aught I know* ('so far as I know': „soviel ich weiß" / „meines Wissens"); *if (my) memory serves me right* ('if I remember correctly': „wenn ich mich recht erinnere"/„wenn mich mein Gedächtnis nicht trügt"); *to my knowledge*; *I forget his / her / its name* ('I don't know his / her / its name at the moment' – mit Tempusunterschied gegenüber dem Deutschen: „Ich habe seinen Namen vergessen"/„Sein Name fällt mir im Augenblick nicht ein.")

Vorbehalte gegenüber einem Sachverhalt oder einem Vorschlag drücken folgende Formeln aus: *it/that all depends* bzw. *it rather depends* (ODCIE 2, 'perhaps; possibly; occasionally used, without further explanation or elaboration, as vague, or deliberately teasing, answer to question or suggestion': „Es kommt (ganz) darauf an"). Diese Einschränkungsformel hat nahezu den Charakter eines Gemeinplatzes (vgl. Abschnitt 4.2.3.).

Auch der Phraseologismus *Be that as it may* (ODCIE 2, 'that may, or may not, be true, but it is, in any case, irrelevant': „sei dem, wie ihm wolle") deutet hin auf eine skeptische Einstellung eines Sprechers gegenüber einem bestimmten Sachverhalt. Auf die Begleitumstände einer aktiv zu meisternden Situation bezieht sich die Einschränkungsformel *if need be* (ODCIE 2, 'If it was/were to be necessary or advisable': „Wenn es (durchaus) sein muß"/ „Wenn es darauf ankommt"/„Wenn Not am Manne ist").

Abschließend seien zwei Formeln erwähnt, die sowohl eine Einschränkung als auch ein Eingeständnis beinhalten: *Let's face it* ('coll., let us admit it') mit dem deutschen Äquivalent „Seien wir doch (mal) ehrlich" und *Let's be honest about that* (in der gleichen Bedeutung).

6.11. Warnformeln

In Warnformeln äußert sich die direktive Funktion der Sprache als Verhaltenssteuerung der Sprachträger. Als kommunikative Einheiten des öffentlichen Verkehrs sind sie allgemeinverbindlich. Sie treten als Gebots- und Verbotsformeln auf; ihre syntaktische Struktur ist entweder der Befehlssatz oder die Negation einer Nominalphrase in Form einer Ellipse. Auf ein konkretes Objekt bezogen sind die Formeln *Wet paint* („Frisch gestrichen"); *Glass, handle with care* („Vorsicht, Glas!"); *This side up* („Nicht stürzen!"); *Mind the step*

("Vorsicht Stufe!"), *Roadwork ahead* ("Vorsicht Baustelle"); auf eine Verhaltensweise im öffentlichen Leben beziehen sich die Formeln *Stand back, please* ("Vorsicht am Zuge!"/ "Vorsicht an der Bahnsteigkante!"), *Beware of the dog!* ("Vorsicht, bissiger Hund!"), *No smoking* ("Rauchen verboten"), *No parking* ("Parken verboten"), *No entry* ("Kein Eingang"), *No thorough fare* ("Kein Durchgang"). Diese Formeln sind feste phraseologische, jedoch nichtidiomatisierte Einheiten, deren Motivation und Struktur im Englischen und Deutschen unterschiedlich ausgeprägt ist.

Auch im privaten zwischenmenschlichen Verkehr und im familiären Bereich kommen Warnformeln vor, z. B. *Watch it* ('coll., to take care, e. g. because one is about to do sth. that will cause trouble' – "Gib acht!" / "Paß/passen Sie auf!"), in ähnlicher Bedeutung *Watch out (for the cars)!* und die bereits erwähnte Losung *Safety first* als Ermahnung zur Vorsicht im Straßenverkehr (S. 127). Im Gespräch zwischen Kindern oder Jugendlichen und Angehörigen der älteren Generation kommt mitunter die Warnformel *Watch /mind your language /tongue* vor, wenn die jüngeren Sprecher in eine salopp-umgangssprachliche Rede verfallen oder im Begriff sind, eine Taktlosigkeit zu begehen (ODCIE 2, 'informal, not be, or stop being, impudent, indiscreet, blasphemous etc.': "Paß auf, was du sagst!"/ "Achten Sie auf Ihre Worte!"). Ein wohlgemeinter Rat mit einem Unterton der Warnung ist *Don't be too sure* ('said by a second speaker to a first who has just made an unwarranted assumption, over-confident remark, etc.': "Verlaß dich nicht zu sehr darauf!").

In ihrem allgemeinen Aussagegehalt in bezug auf das Verhalten im öffentlichen und privaten Leben haben die Warnformeln Berührungspunkte mit Sprichwörtern mit dem Charakter einer Warnung (*Look before you leap.*: "Erst wägen, dann wagen". Vgl. 4.2.2.).

6.12. Aufforderungsformeln

Diese Gruppe von Routineformeln enthält nur Imperativsätze, darunter Strukturen mit *phrasal verbs*, die sich auf folgende Themenbereiche konzentrieren: die Aufforderung, sich sprachlich zu äußern; die Aufforderung, eine Äußerung oder eine Handlung zu beenden, und die Aufforderung an den Sprecher, sich zu entfernen. Im Unterschied zu der Mehrheit der bisher behandelten Formeln unterliegen diese Idiome nicht den kommunikativen Normen der Höflichkeit oder Verbindlichkeit, sondern werden im privaten Bereich in einem zwanglosen und saloppen bis groben Umgangston verwendet, so daß sie in den meisten Fällen unterhalb der neutralen Stilebene liegen. In literarischen Texten begegnen sie meist in Dialogen mit gruppensprachlichen Merkmalen, z. B. in Gesprächen zwischen Außenseitern oder Jugendlichen mit betont nachlässigen, gegen die sprachliche Konvention und das Establishment aufbegehrenden Umgangsformen. Ähnlich wie die Erstaunensformeln sind sie nicht frei von Modeerscheinungen. Die folgenden Idiome sind aber in den Wörterbüchern Chambers Idioms, LDEI, ODCIE 2 und Taylor/Gottschalk als Bestandteil der englischen Gegenwartssprache auf den Stilebenen *colloquial* (bzw. *informal*), *slang* und vereinzelt auch *taboo* belegt.

Die Aufforderung an einen Sprecher, sich zu äußern oder endlich zur eigentlichen Sache zu kommen, kann in verschiedene Idiome gekleidet werden: *Out with it* ('coll., say what you want to say'); *Let's have it!* (in der gleichen Bedeutung: "Heraus mit der Sprache!"); *Speak up* ('speak (more) loudly': "Sprich / sprechen Sie /lauter!"); *Make it snappy!*

(ODCIE 2, 'informal, be quick to do or in doing sth. required, requested, etc.': „Mach schnell!"/„Fassen Sie sich kurz!"). Das Idiom *Draw it mild!* ist eine Aufforderung an den Gesprächspartner, sich in seiner Ausdrucksweise zu mäßigen und bei den Tatsachen zu bleiben (ODCIE 2, 'moderate one's speech or behaviour; not exaggerate a description, overstate a case ...' – „Übertreibe / übertreiben Sie nicht!"/„Laß doch die Kirche im Dorf!"). Auch die Aufforderung an einen Sprecher, seine Rede zu beenden, kann in der Umgangssprache mit einer Vielzahl von Idiomen ausgedrückt werden: *Come off it!* ('informal, don't be ridiculous': „Schluß damit!"); *Stow it! / Stuff it! /Shut up! /Get lost!* (ODCIE 2, 'informal, shut up, don't interfere', in zweiter Bedeutung 'go away!'); *Get stuffed!* (ODCIE 2, 'taboo, be quiet, exclamation expressing violent contempt': „Halt den Mund!"); außerdem die stilistisch neutrale Formel *That will do* (ODCIE 2, 'stop it; that is quite enough; reproof for undesirable behaviour of speech, instructing sb. that it should stop': „Das reicht!").

Ebenfalls mit *phrasal verbs* gebildet sind einige Formeln, die zur Beendigung einer Handlung (nicht unbedingt einer Sprechhandlung) bzw. einer Verhaltensweise auffordern. Kennzeichnend für einige von ihnen ist die Verwendung des Personalpronomens *it* in der Funktion eines Pro-Elements für ein nicht genanntes, aber logisch erschließbares (Verbal)substantiv, z. B. *Come off it!* (Chambers, 'informal, don't be ridiculous, esp. in trying to persuade someone of sth. they do not believe': „Hör (mir) auf damit!"); *Lay it off!* ('informal, stop doing sth.': „Laß das!"); *Pack it in!* ('slang, stop doing whatever one is doing': „Hör auf damit!"); *Hold it!* (ODCIE 2, 'informal, stop doing sth. or wait a while before continuing it': „Mach Schluß!") und *Scrub it/that* (ODCIE 2, 'informal, stop doing it / that; delete, cancel it / that').

Die Aufforderung an eine Person, sich rasch zu entfernen, kann durch mehrere umgangssprachliche Idiome, deren Konnotationen vom Humor bis zur Grobheit und Verachtung reichen, wiedergegeben werden. Auch sie enthalten *phrasal verbs* und verteilen sich auf die Stilebenen *informal, slang* und *taboo*. Beispiele sind *Beat it* (ODCIE 2, 'informal, go away, esp. swiftly / [because either one's presence is not wanted or one does not want to stay]' – im Deutschen auf der gleichen Stilebene „Hau ab!"/„Ab durch die Mitte!" – vgl. Taylor/Gottschalk); *Hop it!* (Chambers, 'British slang, Go away' – „Verschwinde!"); *Clear off!* ('informal, go away or leave!'); *Make yourself scarce* (nach Taylor/Gottschalk „Mach dich dünn!"); *Get lost* ('informal, a rude way of saying 'go away'': „Hau ab!"); *Get stuffed* (ODCIE 2, 'taboo, go away ...; exclamation expressing violent contempt': „Scher dich weg!").

Der folgende Gesprächsausschnitt aus John Osbornes Erfolgsstück *Look Back in Anger*, das zugleich einer literarischen Strömung in England in den 60er Jahren den Namen gab, bietet zahlreiche Beispiele für die Verwendung von Aufforderungsformeln in der saloppen Umgangssprache, die zudem den Umgangston der Hauptfigur Jimmy Porter gegenüber seiner Ehefrau Alison und seinem Freund Cliff treffend charakterisieren. Es ist die Sprache der *Angry Young Men*.

CLIFF. *Leave the poor girlie alone.* She's busy.
JIMMY. Well, she can talk, can't she? You can talk, can't you? You can express an opinion. Or does the White Woman's Burden make it impossible to think?
ALISON. I'm sorry. I wasn't listening properly.
JIMMY. You bet you weren't listening. Old Porter talks, and everyone turns over and goes to sleep. And Mrs. Porter gets 'em all going with the first yawn.
CLIFF. *Leave her alone,* I said.

JIMMY. (shouting). All right, dear. Go back to sleep. It was only me talking. You know? Talking? Remember? I'm sorry.
CLIFF. *Stop yelling.* I'm trying to read.
JIMMY. *Why do you bother?* You can't understand a word of it.
CLIFF. Uh huh.
JIMMY. You're too ignorant.
CLIFF. Yes, and uneducated. Now *shut up, will you?*
JIMMY. Why don't you get my wife to explain it to you? She's educated. (To her.) That's right, isn't it?
CLIFF. (kicking out at him from behind the paper). *Leave her alone,* I said.
JIMMY. Do that again, you Welsh ruffian, and I'll pull your ears off. (He bangs CLIFF's paper out of his hands.)
CLIFF. (leaning forward). Listen – I'm trying to better myself. Let me get on with it, you big, horrible man. Give it me. (Puts his hand out for paper.)
ALISON. Oh, give it to him, Jimmy, *for heaven's sake!* I can't think!
CLIFF. Yes, *come on,* give me the paper. She can't think.
JIMMY. Can't think! (Throws the paper at him.) She hasn't had a thought for years! Have you?
ALISON. No.
JIMMY (picks up a weekly). I'm getting hungry.
ALISON. Oh, no, not already!
CLIFF. He's a bloody pig.
JIMMY. I'm not a pig. I just like food – that's all.

....

JIMMY (grins). Oh yes, yes, yes. I like to eat. I'd like to live, too. Do you mind?
CLIFF. Don't see any use in your eating at all. You never get any fatter.[228]

In diesem Gesprächsausschnitt der Eingangsszene wird die Konstellation der Handlung vorbereitet.Die zwischenmenschlichen Beziehungen sind gespannt und äußern sich in beleidigenden Ausfällen Jimmys gegen die beiden anderen Personen. In seinem Bemühen, Jimmy zu beruhigen, verwendet Cliff Aufforderungsformeln von unterschiedlichem Nachdruck: *Leave her alone* (ODCIE 2, *leave /let sb. / sth. alone* 'not take touch, interfere with sb./ sth.; not try to influence, or alter sb. / sth.' mit der deutschen Entsprechung „Laß sie in Ruhe!") und *Shut up,* das durch das Anhängsel *will you?* noch mehr Schärfe erhält. Beschwichtigungsformeln in diesem Gespräch sind *Why do you bother?* („Warum machst du dir Umstände?"/„Was kümmert's dich?"), *Don't bother* und *Come on!* (eine umgangssprachliche Aufforderung in der Bedeutung „Nur sachte!", aber auch „Vorwärts!"). Der Ausruf *for heaven's sake!* mit dem Synonym *for goodness sake!* drückt Verärgerung, Ungeduld oder auch eine Ablehnung aus ('coll., used to express impatient annoyance or surprise, esp. in questions or requests'). Alison, die in dieser Eingangsszene ihrer Hausarbeit nachgeht, verwendet die Entschuldigungsformeln *I'm sorry* und *I'm sorry. I wasn't listening properly.* Die Erwiderungsformel *Do you mind,* die Jimmy in diesem Kontext gebraucht, hat einen gereizten bis aggressiven Tonfall, wobei hier die Konstituente *mind* eine fallend-steigende Intonation trägt (vgl. ODCIE 2, 'an expression of objection, often aggressive, to sth. which is occurring' mit Verweis auf den Kontext 'could be an equivalent of 'get out of my way', 'stop interrupting'; a fall-rise tone on **mind**?'). Die Zustimmungsformel *All right* hat in diesem Zusammenhang einen ironischen Unterton (ODCIE 2 verzeichnet an zweiter Stelle die Bedeutung 'informal, I note what you say; I acknowledge what you say' und gibt dazu als Kommentar an 'attitude and tone of speaker can vary from simple politeness, to a certain amount of unwillingness, to a high degree of exasperation and anger').

Die Erwiderungsformel *You bet* ist eine Ellipse von *You can bet your life* ('it is certain that' – „darauf kannst du Gift nehmen!"). Sie kann an der Satzspitze oder am Satzende auftreten.

Die Erwiderung "*Uh huh*" von Cliff ist ein *gambit* in Form einer nichtlexikalisierten Interjektion, die in diesem Kontext eine scheinbare Zustimmung ausdrückt. Hinzuweisen ist schließlich auf die Modifikation des Phraseologismus *the white man's burden*, der ursprünglich ein Zitat ist und auf den englischen Erzähler Rudyard Kipling zurückgeht (vgl. ODCIE 2, 'the former concept (justifying colonialization etc.) of the European's duty to advance civilization, education, trade, public health, etc. in underdeveloped parts of the world'). Die hier okkasionelle Analogiebildung *The White Woman's Burden* ist eine ironische Anspielung auf die höhere Bildung, die Alison gegenüber Jimmy besitzt.

6.13. Erstaunensformeln

Formeln der Überraschung und des Erstaunens haben auffallende Ähnlichkeit mit Interjektionen und sind zugleich aufschlußreich für das Zusammenwirken der phatischen und expressiven Funktionen der Sprache. Sie sind festgeprägte Ausdrücke ohne Modifikationsmöglichkeiten und sind vor allem in Gesprächen der Umgangssprache anzutreffen. In den allgemeinsprachlichen Wörterbüchern und in den einschlägigen Idiomwörterbüchern werden sie gewöhnlich als Interjektionen gekennzeichnet. In den Darstellungen zur Phraseologie des Englischen und Deutschen sind sie unter der Bezeichnung „interjektionsähnliche phraseologische Einheiten" (A. V. Kunin[229]), „Erstaunensformeln" (K. D. Pilz[230]) bzw. als eine Untergruppe der „kommunikativen Formeln" (W. Fleischer[231]) berücksichtigt worden.

Erstaunensformeln sind lexikalisierte, reproduzierte, emotional-expressive Formeln, mit denen ein Sprecher in einer spontanen Äußerung seine Überraschung abreagiert. Sie können mit unterschiedlichen Konnotationen verbunden sein, die von der freudigen Überraschung und amüsierten Verwunderung bis zum befremdeten Erstaunen und zur Verstimmung reichen. Bei einigen dieser Formeln entsteht durch die Betonung und die Intonation eine semantische Kontrastwirkung, die vor allem für die Ironie bedeutungsvoll ist.

Einige Erstaunensformeln sind, isoliert betrachtet, mehrdeutig, da sie sowohl Freude als auch Mißfallen ausdrücken können. Dazu gehören: *Can you imagine!* (ODCIE 2, 'informal, an exclamation expressing one's own, or inviting another's astonishment; Would you believe it?', dazu der Kommentar 'may express either shocked or pleasurable surprise'). Die deutsche Entsprechung ist „Stell dir vor!", die Betonung, ₁can you ʹimagine. In ähnlicher Weise situationsabhängig ist die Erstaunensformel *Can you beat it!* (ODCIE 2, 'informal, exclamation of consternation, or shocked amusement, about sth. that has occurred, or that sb. has done'; das Betonungsmuster ist ₁can you ʹbeat it). Als deutsches Äquivalent kommen mehrere Idiome in Betracht: „Das schlägt dem Faß den Boden aus!"/„Das ist ja unerhört!"/„Hast du /haste /hat der Mensch Töne!"

Erstaunensformeln mit dem Unterton der Besorgnis sind *Good heavens! /Good God!*

(ODCIE 2, 'exclamation of alarm, dismay, surprise; or accompanies an assertion, denial, question, to emphasize it': „Du lieber Himmel!"/„Großer Gott!"). Der Ausruf *For goodness sake!/For heaven's sake!* (ODCIE 2, 'an exclamation of astonishment or protest; in the name of God etc.; often accompanies appeal, or order, to do or not to do sth'.) kann einer Bitte oder Anweisung stärkeren Nachdruck verleihen (vgl. auch die Gesprächspassage aus *Look Back in Anger*, S. 146f.). Einen ironischen Unterton hat die Erstaunensformel *Surprise, surprise!* (ODCIE 2, '[ironic] just as one would expect; it's really no surprise'); sie kann ebenfalls als Erwiderungsformel gelten. Die deutsche Entsprechung wäre „Was für eine Überraschung!" mit ähnlichen ironischen Konnotationen.

Auf der Ebene der Umgangssprache liegen die Idiome *That beats the band!* und *That takes the cake!* Das LDEI verzeichnet für *to beat the band* 'coll., chiefly US, with great force, vigour, etc.; in great quantity', ohne auf den Gebrauch als Erstaunensformel hinzuweisen; als deutsches Äquivalent geben Taylor/Gottschalk an „Das ist doch die Höhe!"/ „Nun schlägt's dreizehn!"[232]

Die Reaktion des Gesprächspartners sollen solche Erstaunensformeln herausfordern wie *Would you believe (it)?* und *I ask you*. Trotz der Frageeinkleidung ist *Would you believe (it)?* ein Ausruf (ODCIE 2, 'informal, exclamatory comment expressing, or inviting, astonishment or dismay' – deutsch etwa „Hast du /haben Sie Worte?"). Auch der Aussagesatz *I ask you* ist im Grunde ein Ausruf (ODCIE 2, 'informal, have you ever heard anything so ridiculous?' – Betonungsmuster ˌI ˈask you; die deutsche Entsprechung wäre etwa „Nun frage ich Sie /dich"). Die Erstaunensformel *You don't say (so)!* ist nach ODCIE 2 eine "catchphrase" in der Bedeutung 'Can that be true! I'm surprised to hear that! ... ('often genuinely astonished response to information but sometimes ironic'; Betonung auf **say**; „Was Sie nicht sagen!"/„Was du nicht sagst!"). Ähnliche Bedeutung hat *(well), did you ever!* ('coll., used to express surprise; How strange and surprising!').

Bei diesen lexikalisierten Erstaunensformeln darf man allerdings nicht übersehen, daß auch sie kurzlebig sein können, da sie oft im Zusammenhang mit anderen sprachlichen Modeerscheinungen stehen und vorzugsweise im Sprachgebrauch Jugendlicher verwendet werden.[233] Auch gibt es einige ursprünglich aus dem AE übernommene Erstaunensformeln, die in der englischen Gegenwartssprache als veraltet gelten, z.B. *Gee whizz!* ('exclamation of astonishment', nach ODCIE 2 'dated US informal').

6.14. Beteuerungsformeln

Diese Routineformeln sind phraseologische Einheiten mit rhetorischer Funktion auf der neutralen und – vereinzelt – auf der gehobenen Stilebene, die der Sprecher zur Bekräftigung seiner eigenen Aussage oder zur Beteuerung seiner persönlichen Aufrichtigkeit verwenden kann. Insofern ist für eine Reihe dieser Formeln das Pronomen *I* obligatorisch. Im allgemeinen spielen Beteuerungsformeln eine wichtige Rolle sowohl in der öffentlichen Rede, die der Meinungsbildung dient, als auch in einem privaten Klärungsgespräch, wenn der Sprecher seinen eigenen Standpunkt verteidigen oder durchsetzen will. Älteren Beteuerungsformeln wie z.B. Schwur- und Eidesformeln haftet noch das Pathos der für die Gerichtsbarkeit charakteristischen Situation an, in der der Sprecher „Gott als Zeugen" für seine Redlichkeit anrief.

Gewöhnlich kommen Beteuerungsformeln in monologischen Gesprächsabschnitten vor; meist dienen sie der Willensbekundung nach einer vorangegangenen zusammenhängenden Äußerung (*I'll say it is*). Sie können aber auch einen Gesprächsabschnitt einleiten (*to tell the truth*; *I can tell you*). Zu beachten ist ihre Stellung im Satz.

In Anfangs-, Mittel- oder Endstellung kann die Formel *I can tell you* auftreten (vgl. ODCIE 2, 'addition to a statement, expression of opinion, etc. which underlines or reinforces it': „ich kann Ihnen/ vielleicht /sagen!"). Ähnliche Stellungsvarianten bietet die Formel *to tell the truth* (ODCIE 2, 'speaking frankly and or exactly; as a matter of fact'; als schwächere Beteuerungsformel 'usually fairly unemphatic parenthesis and not intended to contradict any assumption to the contrary': „um die Wahrheit zu sagen", seltener: „um der Wahrheit die Ehre zu geben"). Hauptsächlich in Mittelstellung treten im Satz auf: *„in all honesty /in all sincerity* und *to be honest* (ODCIE 2, 'completely truthfully, sincerely': in aller Aufrichtigkeit"). In der Mitte oder am Ende des Satzes steht in der Regel die Beteuerungsformel *I say / say I* (ODCIE 2, 'that is my view, opinion; that's what I (always) say'). Dabei gilt *say I* als die förmlichere Variante. In beiden Formeln trägt das Personalpronomen *I* den Hauptton.

Am Ende einer Äußerung, deren Inhalt auch belanglos sein kann, steht oft die Formel *that's what I (always) say* (ODCIE 2, 'that's my opinion; that's what I agree with …'. Auch hier liegt der Hauptton auf dem Personalpronomen; „Das war schon immer meine Rede!"). In Endstellung erscheint ebenfalls die Formel *I'll say it is* (ODCIE 2, 'an emphatic form of agreement with an immediately preceding statement'). Stets Endstellung hat die wie ein kommentierendes Anhängsel verwendete Beteuerungsformel *and no mistake* mit der Variante *and no error*. Beide sind umgangssprachlich, vgl. ODCIE 2, 'informal, there can be no doubt about it'; der Hauptton liegt auf *no*. Die deutsche Entsprechung wäre „sicherlich"/„ohne Zweifel".

Beteuerungsformeln aus älterer Zeit, deren ursprüngliches Pathos heute verblaßt ist, sind *honest to God/goodness!* ('honestly, truthfully' – im Deutschen etwa „so wahr ich hier stehe!"); *God knows (that)* mit den Varianten *heaven / goodness /the Lord knows* (ODCIE 2, 'certainly; emphatically; affirms the truth of a statement'), ferner die Gerichtsformel *as God is my witness* (ODCIE 2, 'I swear, I vow, solemnly; truthfully; honestly; before God': – „Gott ist mein Zeuge") und die Eidesformel *if help me (God)* (ODCIE 2, 'formal, as God helps me; with the help of God/esp. concluding a solemn or legally sworn oath': – „so wahr mir Gott helfe"). Dieselbe Beteuerungsformel hat auch umgangssprachliche Konnotationen 'I am sure; I assure you; I declare'.

6.15. Rhetorische Formeln

Zu dieser Gruppe von Routineformeln gehören stereotype, in der Regel nichtidiomatisierte Wendungen, die vorzugsweise in monologischen Texten der schriftlichen Kommunikation verwendet werden. Sie können ein Hauptthema oder einen Gedankenkomplex einleiten, einen Sachverhalt paraphrasieren, ein Argument modifizieren und den Standpunkt des Sprechers oder Schreibers akzentuieren helfen. Insofern haben sie eine rhetorische Funktion, wenn der Textautor seinen Gegenstand überzeugend abhandeln will und sich deshalb auf seinen Adressaten – häufig in einem indirekten Dialog – einstellt.

In der mündlichen Kommunikation sind rhetorische Formeln vor allem in der Manuskriptrede zu finden, d. h. in solchen Formen des öffentlichen Vortrags, denen ein schriftlich ausformuliertes, den Normen der Schriftsprache entsprechendes Manuskript zugrunde liegt, das aber im Verlauf der Rede durch Elemente der Umgangssprache umgestaltet werden kann, namentlich dann, wenn der Sprecher Rückkopplungssignale für seine Zuhörer verwendet. Eine solche rhetorische Formel ist z. B. *you know*, die F. Coulmas als „Füllerformel" mit offenbar „pädagogischem Impetus"[234] bezeichnet und die in dem Konzept der *gambits* zu den *cajolers*[235] gezählt wird. Das LDEI erklärt *you know* als Idiom der Umgangssprache mit dem Charakter einer Interjektion: '1) used simply to fill pauses in conversation, e.g. while the speaker forms his statement, 2) listen; remember (used to remind another person of something that the speaker thinks he already does or should know'. Eine ähnliche Funktion hat die umgangssprachliche Formel *you see* (LDEI, 'you must understand/often used simply to fill in pauses in consideration').

Während diese Rückkopplungssignale im Inneren des fortlaufenden Textes auftreten, dient die Formel *now then* der Einleitung eines Textes oder Teiltextes; ihre rhetorische Funktion ist oft die einer Problemeinführung, weshalb *now then* auch zu den *problemopeners* als Untergruppe der *gambits*[236] gerechnet wird. Überdies ist diese Formel mehrdeutig (LDEI, 'coll., used esp. to attract a person's attention to sth. one is about to say, give comfort, or warn'), so daß sie sich mit den Beschwichtigungs- und Warnformeln als Gesprächselementen überschneidet.

Rhetorische Formeln der neutralen Stilebene, die in der mündlichen und schriftlichen Kommunikation auftreten können, sind *that is (to say)* und *to put it differently*. Sie signalisieren die Umschreibung oder Explizierung eines Begriffs oder eines Gedankenkomplexes. An der Spitze oder in der Mitte des Satzes tritt *that is (to say)* auf (ODCIE 2, 'accompanies a sentence, clause or phrase which redefines or further explains a previous one, 'in other words'': „das heißt"/„mit anderen Worten"); *to put it differently* ermöglicht die Varianten *as I would put it* (mit Abwandlung des Personalpronomens *I*) und *I don't know how to put it* und steht oft an der Spitze des Satzes, vgl. ODCIE 2, 'describe, express or explain sth. differently, etc.': „anders ausgedrückt"). Die kommentierende Formel *so to speak /so to say* hat zugleich einschränkenden Charakter ('in one sense; as one might say, used to warn the listener that one's words are playful, do not express the complete or exact truth etc.': „sozusagen"/„gewissermaßen"). Eine ähnliche Bedeutung haben die rhetorischen Formeln *as it were* (ODCIE 2, 'to speak figuratively; so to speak': „sozusagen"/„gewissermaßen") und *as one /you might say* (ODCIE 2, 'a comment attached, often semi-apologetically, to a statement when the speaker himself does not wish to identify himself with its content, its implications or its form': „man könnte sagen").

Mit einer kommentierenden rhetorischen Formel kann aber auch der Sprecher oder Schreiber eine scharfe persönliche Äußerung abschwächen, z. B. *to say the least (of it)* (LDEI, 'to say no more than this; using only the gentlest expression; used to give the impression that one might say much more': „milde ausgedrückt / gesagt"/„ohne zu übertreiben") und *to put it mildly* (ODCIE 2, '(to) make an understatement; (to) describe sth. in less harsh or realistic terms than it probably merits' – „gelinde gesagt/ausgedrückt").

Zur nachdrücklichen Bekräftigung eines Arguments kann ein Sprecher folgende rhetorische Formeln einflechten: *to the best of my knowledge* (ODCIE 2, 'not lying about, or withholding, any information or opinion one has, though one knows that it may be faulty and incomplete': „meines Wissens") und *to put it no higher* (ODCIE 2, 'without exaggeration, or making any greater claim for or against sth.': „ohne zu übertreiben"). In begründender Funktion kann die rhetorische Formel *as a matter of fact* (ODCIE 2, 'the fact is that; and that it a fact; to tell you the truth': „in Wirklichkeit", „tatsächlich", „eigentlich") verwendet werden. Emphatische Wirkung im Text haben die rhetorischen Formeln *needless to say* (ODCIE 2, 'of course; as you might expect; obviously': „es erübrigt sich zu sagen"); *it goes without saying* ('it is understood and agreed without needing to be mentioned or proved': „das ist selbstverständlich"/„das versteht sich von selbst") und *there is no / not any question* (ODCIE 2, 'there is no doubt'). Den Abschluß eines Gedankenganges, besonders bei einer Spezifizierung von Details, kann die rhetorische Formel *last but not least* ankündigen ('at the end, but not less important than those that have gone before it; used to introduce the last person or thing in a list': „und nicht zuletzt"/„nicht zu vergessen").

Zu den rhetorischen Formeln gehören auch feststehende Formen der Anrede bei öffentlichen Anlässen, beispielsweise eines Redners im House of Lords (*my noble friend Lord X*) und im House of Commons (*the honourable Member; the honourable Gentleman; my honourable Friend; my honourable and gallant Friend*).

7. Die kommunikative Funktion des Phraseologismus

Seine volle kommunikative Wirkung erzielt der Phraseologismus erst durch seine Einbettung in den Text und letztlich in den Situationszusammenhang. Im Text zeigt sich, wie das phraseologische Potential einer Sprache in verschiedenen kommunikativen Situationen auf mündlichem wie auf schriftlichem Wege aktuell genutzt wird und welchen Gebrauch der Einzelsprecher oder eine Kommunikationsgemeinschaft innerhalb einer bestimmten Tätigkeitssphäre davon macht. Die expressiven und stilistischen Konnotationen eines Phraseologismus, insbesondere eines Idioms, können erst im Text zur Geltung kommen. Schließlich ist der Text das Kriterium für die Entscheidung, ob ein Phraseologismus eine stabile Wortverbindung ist oder ob seine Konstituenten innerhalb der von der Kollokabilität gesetzten Grenzen variieren und neue „synonyme Varianten" bilden können. Somit liefert letztlich der Text den Nachweis für die **relative Stabilität eines Phraseologismus** und signalisiert zugleich Entwicklungstendenzen im phraseologischen System, wenn individueller Sprachgebrauch durch eine hohe Vorkommenshäufigkeit zum kollektiven Sprachgebrauch geworden ist und nachfolgend im Lexikon kodifiziert und normiert wird. Insofern erweist sich der Text als unentbehrliche Ausgangsbasis für jede diachronische Untersuchung von Phraseologismen.

Folgende Kriterien sind bei der Beurteilung der kommunikativen Leistung eines Phraseologismus zu berücksichtigen:

1. die Spezifik des mündlichen und des schriftlichen Sprachgebrauchs, die u. a. für die Zuordnung der Phraseologismen zu einer Stilebene in der Hierarchie der stilistischen Konnotationen wesentlich ist;

2. die Spezifik der Tätigkeitssphäre, da in bestimmten Kommunikationsbereichen (Tagespublizistik, öffentliche Rede) oder in typischen Situationen (Begrüßung, Dank) bestimmte Phraseologismen in hohem Maße erwartbar sind (vgl. die Routineformeln);

3. die Spezifik der Textsorte, die z. B. den Gebrauch bestimmter rhetorischer Formeln oder expressiver Idiome erwarten läßt;

4. die Spezifik des Stils eines Textautors als Individualstil, z. B. die Vorliebe einzelner Journalisten, Lehrbuchautoren, Wissenschaftler, Romanschriftsteller oder auch Werbetexter für Phraseologismen unterschiedlicher Art.

Das Zusammenwirken dieser Kriterien bei der Bewertung eines Phraseologismus in seiner Textumgebung soll im folgenden durch einige Textbeispiele aus unterschiedlichen Tätigkeitssphären und den ihnen zugeordneten Funktionalstilen demonstriert werden.

7.1. Phraseologismen in Texten des Tagesjournalismus

Das erste Beispiel aus dem *'Morning Star'* (25.7.1980, p.4) belegt die Textsorte **Kommentar**. Sie ist ein gewerkschaftlicher Tageskommentar zu einer Gesetzesvorlage der konservativen Regierung zur Wiederherstellung der Vollbeschäftigung in Großbritannien. Diese von James Prior der Öffentlichkeit vorgelegte *Employment Bill* wurde von dem Vorsitzenden des gewerkschaftlichen Liaison Committee, Kevin Halpin, als eine Verschleierung wichtiger Tatsachen kommentiert. Dabei wählte der Verfasser für seine Stellungnahme eine Überschrift, deren literarische Anspielung den Charakter der Gesetzesvorlage (und ihrer Urheber) schlaglichtartig beleuchtet.

Überschrift:
  Dr. Jekyll's mask slips

Liaison Committee chairman KEVIN HALPIN urges support for a lobby of the Tory conference.

Text:
  The "reasonable" mask and title given by the press to James Prior is wearing thin. *The Mr. Hyde is coming through the Dr. Jekyll.*
  The Employment Bill is not yet through Parliament, but the next stages of the attack are beginning to unfold.
  There is now talk of a "code of practice" which would attempt to limit the number of pickets in any single dispute to six.
        Extended
  Sections in the Bill on 100 per cent trade union shops are to be extended – their word is "strengthened" – by proposals for ballots, maybe every three years, to endorse existing agreements ...

Das Idiom *a Jekyll and Hyde* (vgl. die Erklärung auf S.125) hat in diesem Text expressive Konnotationen. Für den Leser ist die wirkungsvolle Überschrift eine Orientierung auf die folgenden inhaltlichen Argumente gegen die zur Diskussion stehende Gesetzesvorlage. Auch in anderen Textsorten des Tagesjournalismus (Leitartikel, Glosse) ist dieses Idiom als Bezeichnung der suspekten Zwielichtigkeit einer Person oder auch einer politischen Gruppierung belegt.

Vgl. die Überschrift im *'Morning Star'* vom 5.12.1983, p.2:
  Messenger dispute shows Labour Jekyll and Hyde.

Unterzeile:
  Our political correspondent Andrew Murray witnesses two responses to the Stockport Messenger dispute.

Der folgende Text aus dem *'Morning Star'* (3.3.1981, p.3) ist eine Meldung über eine Bürgerinitiative. Die Überschrift enthält ein Idiom, das treffsicher auf das Tagesereignis abzielt.

BUS STATION IS *'WHITE ELEPHANT'*
DEMONSTRATORS disrupted the opening of a new Greater Manchester bus station at Stockport yesterday in a protest against the cost – £ 1.6 million – at a time when passenger traffic is plummeting due to increased fares.

Greater Manchester Tory transport chairman Cllr. David Silverman was shouted down as he attempted to make his speech.

Stockport Labour MP Tom McNally joined the protesters, having turned down an official invitation to attend the ceremony.

"I am not boycotting the ceremony because we don't want the bus station in Stockport," he said, "but because it's no use having it as *a white elephant* when people are not using the buses".

He said the Labour Party intended to make bus fares a major issue in the Greater Manchester council elections. "We intend to draw attention to the lunatic policy of increasing fares, cutting services and increasing redundancies."

In diesem hier vollständig zitierten Text werden drei Phraseologismen, darunter zwei Idiome, verwendet. Der Phraseologismus *major issue* gehört zu den offenen Kollokationen (vgl. Abschnitt 1.2.7.); möglich sind ebenfalls *minor issue, main issue, successful issue*. *White elephant* ist dagegen ein bilaterales Idiom mit expressiven Konnotationen (ODCIE 2, 'sth. useless, seldom used, or too costly to be worth maintaining'). Der neu eröffnete Busbahnhof in Stockport scheint sich schon zu Beginn seiner Nutzung als Fehlinvestition, als 'costly or troublesome possession useless to its owner', zu erweisen. Das Idiom *turn down* ist ein bilaterales *phrasal verb* in der Bedeutung 'refuse to consider (an offer, a proposal, or the person who makes it)'. Da Pressetexte des *'Morning Star'* häufig den Wortschatz der Umgangssprache verwenden, wäre hier ein *hard word* wie *reject, neglect* (an official invitation) als funktionales Synonym nicht zu erwarten.

Der folgende Text veranschaulicht die Ausnutzung von Phraseologismen in der Wirtschafts**werbung**.

Im vorliegenden Beispiel sind Feinbackwaren einer englischen Großbäckerei der Werbegegenstand (vgl. *'Sunday Times Magazine'*, 25.9.1983, p.124–125 mit einem doppelseitigen Farbfoto eines attraktiven Angebots von Feinbackwaren).

Überschrift:
YOU'VE HEARD OF THE *BAKER'S DOZEN*.
WELL, TESCO DIDN'T JUST STOP THERE.

Text:

Many bakers would *have called it a day* after coming up with all our white and brown breads: crusty, uncut, sliced, wheatgerm, bran and wholemeal.

Most would certainly have *rested on their laurels* after baking all of our buns (burger, bath, fruit, iced, Belgian, Chelsea), and all of our rolls (snack, finger, morning, bran and muesli).

But at Tesco we then *went on (and on)* to include crumpets, muffins, fruited batch, floured baps, sultana scones, syrup pancakes, pitta bread and croissants.

In all we've introduced well over sixty different bakery lines, and we're not at the end of the line yet.

Why not give some a try?
Though we feel we should warn you, once you've started you'll probably find it very difficult to stop.

      We couldn't.   Todays
                                  TESCO

Die stilistische Wirkung dieses Werbetextes entsteht nicht nur aus der kumulativen Aufzählung des Backwarensortiments, der Arten von Brot, Kuchenbrötchen und Semmeln mit ihren Fachbezeichnungen, die in ihrer Gesamtheit eine Nomenklatur ergeben, sondern vor allem durch die geschickte Verwendung von Idiomen. Ein stilistischer Kunstgriff des Textautors besteht darin, daß er bereits in der Überschrift ein ursprünglich aus dem Bäckereigewerbe stammendes Idiom (*a baker's dozen*) wählt und im Text dessen denotativ-übertragene Bedeutung auf die denotativ-wörtliche Bedeutung zurückführt und das Dutzend zur Richtzahl seiner Betrachtungen über die Produktionsquantität macht. Das Idiom *a baker's dozen* gilt nach dem Wörterbuch von Chambers als veraltet, nach dem LDEI ist seine stilistische Konnotation 'not formal'. Es bedeutet 'thirteen'; seine Herkunft wird wie folgt kommentiert: "Formerly bakers were punished if they sold loaves of bread below a lawful weight. To each dozen (12) loaves that were sold, therefore, an extra loaf was added free, to keep the weight above the lawful standard" (LDEI). Der soziokulturelle Bezug dieses Idioms wird bei den Adressaten seitens des Textautors kaum als bekannt vorausgesetzt, sondern eher als fachliches Kolorit aus einer früheren Zeit (u. U. sogar nostalgisch) ausgenutzt. Im Text wird es dahingehend umgedeutet, daß das Angebot der modernen Großbäckerei die Zahl von zwölf Arten von Backwaren bei weitem überschritten hat, wobei der Gedanke, daß man sich nicht mit dem in der Produktion Erreichten zufriedengegeben hat, durch zwei verbale Idiome ausgedrückt wird: *to call it a day* (ODCIE 2, 'informal, decide or agree to stop (doing sth.), either temporarily or for good') und *to rest on one's laurels* (LDEI, 'coll., to be content with successes already gained and not attempt to increase them'). Diese Idiome bilden zugleich eine Komponente der antithetischen Grundstruktur des Werbetextes – in der Gegenüberstellung der "*good old days*" und der modernen Großproduktion einerseits und der weniger produktiven und experimentierfreudigen Bäcker (der Konkurrenz) und dem Sortiment der Großbäckerei Tesco, die für den Absatz ihrer Produkte wirbt, andererseits. Ein wesentlicher Bestandteil dieses Werbetextes ist der zweiseitige Bildtext, der einen Teil des Sortiments in attraktiver farbiger Darstellung präsentiert.

Als Vergleich soll ein technischer Werbetext aus der anspruchsvollen populärwissenschaftlichen Zeitschrift '*New Scientist*' angeführt werden (23.10.1980, hinteres Innenblatt). Der Werbegegenstand ist hier ein japanischer Computer für den Einsatz im Büro.

RICOH *MAKES MORE AND MORE FRIENDS* IN EUROPE EVERY DAY.

Our popularity is growing. More and more Europeans are discovering the fine qualities of our superb cameras, our precision watches, and our advanced office equipment.

We say "friends" where others talk of customers or clients.

We also say: "Try us and don't be afraid if Ricoh, the friendly giant from Japan, still seems small in your country."

Ricoh has *won its spurs* worldwide with hundreds of millions of discerning users in the Middle East, in the countries of Africa and both American continents. They choose Ri-

coh for its reliability, the best possible at the most reasonable price. That is our philosophy. And it is what we offer you. Try us, we were also made for Europe.
RICOH
THE FRIENDLY GIANT FROM JAPAN
Ricoh UK Ltd., 24-32 Stephenson Way London NW 1.
Ricoh Company Ltd., 15-5, 1-Chome, Minami - Aoyama Minato-ku, Tokyo 107, Japan.

Dieser auf einer Personifizierung beruhende Werbetext (die japanischen Erzeugnisse bieten sich selbst für eine Bewährungsprobe an) enthält neben den für fast jeden Text der kommerziellen Werbung typischen wertpositiven Adjektiven (*advanced, fine, friendly, superb*) die Idiome *to make friends (with)* ('become friendly with a new person') und *to win one's spurs* ('rather old-fash., to show one's true ability for the first time; gain fame'), deren Kontextfunktion darin besteht, die Solidität und „Nutzerfreundlichkeit" (die durch die Lexeme *friend* und *friendly* nahegelegt wird) des japanischen Büro-Computers hervorzuheben. Die vertrauliche Anrede der potentiellen Kunden als "friends" ist zugleich eine versteckte Werbestrategie der Firma bei der Erweiterung des japanischen Absatzmarktes von Asien auf Europa. Das Schlüsselwort "friends" der Überschrift zieht sich leitmotivartig durch den ganzen Text und ist das Epitheton in der Personifizierung *friendly giant* fixiert.

7.2. Phraseologismen in Texten der Belletristik

Auf die Verwendung von Routineformeln als einer Art der Phraseologismen des peripheren Bereiches des Systems der Phraseologie in Dialogen englischer Romane und Dramen wurde bereits hingewiesen (vgl. Abschnitt 6). Als Analysebeispiel für die Textsorte **Roman** soll im folgenden ein Textausschnitt aus dem Erfolgsroman *Catch-22* von Joseph Heller (1961) dienen. Die Wirkung der Erzählweise dieses amerikanischen Romanschriftstellers, eines Meisters der Situationskomik und der Personencharakterisierung, beruht in nicht geringem Maße auf seiner sprachlichen Originalität, die vor allem in der Abwandlung und teilweisen Verfremdung von Phraseologismen zum Ausdruck kommt. Der folgende Textausschnitt beschreibt den Erziehungs- und Bildungsweg eines durchschnittlichen amerikanischen Jungen aus bürgerlichem Hause, der maßgeblich durch den autoritären Einfluß seiner Eltern geprägt wurde.

He (MajorMajor) was polite to his elders, who disliked him. Whatever his elders told him to do, he did. They told him *to look before he leaped*, and *he always looked before he leaped*. They told him *never to put off until the next day what he could do the day before*, and he never did. He was told *to honor his father and his mother*, and *he honored his father and his mother*. He was told that *he should not kill*, and *he did not kill*, until he got into the Army. Then he was told to kill, and he killed. *He turned the other cheek on every occasion* and *always did unto others exactly as he would have had others do unto him*. When he gave to charity, *his left hand never knew what his right hand was doing. He never once took the name of the Lord his God in vain, committed adultery or coveted his neighbor's ass*. In fact, *he loved his neighbor* and *never even bore false witness against him*. Major Major's elders disliked him because he was such a flagrant nonconformist.[237]

Hellers stilistischer Kunstgriff besteht darin, daß er aus dem lebendigen Sprichwortgut und dem Zitatenschatz der Bibel insgesamt zwölf Propositionen, die zum phraseologischen Bestand der englischen Gegenwartssprache gehören, verwendet, darunter zwei englische Sprichwörter, ferner sechs der zehn Gebote in Form fragmentarischer Bibelzitate, die im Kontext paradigmatisch verändert werden, und schließlich zwei weitere Bibelzitate, die in die volkstümlichen Sprichwortsammlungen eingegangen sind. Mit diesen Zitatfragmenten verbindet Heller eine humorvolle und zugleich ironische Absicht, indem er mit stereotyp gebrauchten phraseologischen Einheiten einen typischen, nicht individuellen Entwicklungsweg eines jungen Menschen in Konformität mit den bürgerlichen Idealen der amerikanischen Gesellschaft darzustellen versucht. Die Anspielungen auf die zehn Gebote sollen dem Text ein ironisch gebrochenes biblisches Pathos verleihen. Um diese seltene Häufung von Phraseologismen dekodieren und ihre ursprüngliche Form als Proposition rekonstruieren zu können, braucht jedoch der Leser das entsprechende soziokulturelle Hintergrundswissen, die Kenntnis von Sprichwörtern und Zitaten, aus deren Einbettung in den Text gerade die expressive Wirkung einer Personencharakteristik entsteht. Der hier zitierten Textstelle liegen folgende Propositionen zugrunde:

Sprichwörter: *Look before you leap.*
  Never put off till tomorrow what you can do today.

Religiöse Gebote:
Second commandment: *Thou shalt not take the name of the LORD thy God in vain ...*
Fourth commandment: *Honor thy father and thy mother ...*
Fifth commandment: *Thou shalt not kill.*
Sixth commandment: *Thou shalt not commit adultery.*
Eighth commandment: *Thou shalt not bear false witness against thy neighbor.*
Ninth commandment: *Thou shalt not covet thy neighbor's house, thou shalt not covet thy neighbor's wife, nor his manservant, nor his maidservant, nor his ox, nor his ass, nor any thing that is thy neighbor's.*[238]

Bezeichnenderweise verwendet Heller die Fragmente der zehn Gebote in neuenglischer Sprache und verzichtet – bis auf die Formulierung 'as he would have had others do unto him' – auf ihren frühneuenglischen Wortlaut in der '*Authorized Version*' von 1611. Außerdem modifiziert er drei Bibelzitate, die in das englische Sprichwortgut Eingang gefunden haben:

> *Thou shalt love thy neighbor as thyself.*
> *Resist not evil: but whosoever shall smite thee on thy right cheek, turn to him the other also.*
> *Let not thy left hand know what thy right hand doth.*[239]

Heller beschränkt sich auf eine Anspielung auf diese Zitate, da sie aufgrund ihrer Geläufigkeit im Textzusammenhang leicht als volle Propositionen erkannt und ergänzt werden können. Daß diese Technik kein Einzelfall ist, sondern Hellers Individualstil maßgeblich prägt, beweisen andere Textstellen, wo der Autor Sprichwörter in wörtlicher Rede verwendet, um seine Figuren (im vorliegenden Beispiel Frontsoldaten des Zweiten Weltkriegs, die in einer Fliegerstaffel eingesetzt sind) durch ihr Sprachporträt zu charakterisieren.

> "What difference does it make to anyone if I'm in the plane or not?"
> "No difference."

"Sure, that's what I mean", Doc Daneeka said. "*A little grease is what makes this world go round. One hand washes the other.* Know what I mean? *You scratch my back, I'll scratch yours.*"[240]

Der stilistische Effekt dieser Textstelle beruht auf der dreifachen bildhaften Formulierung desselben Sachverhalts mit Hilfe von zwei Sprichwörtern und einer in Anlehnung an ein Sprichwort spontan gebildeten Wendung (in denotativ-übertragener Bedeutung). Der Ausdruck *A little grease is what makes this world go round* ist faktisch eine Kontamination aus dem Idiom *to grease/ oil sb.'s palm* ('bribe sb.') und dem Sprichwort *It's love that makes the world go round*. Die beiden Sprichwörter *One hand washes the other* und *You scratch my back and I'll scratch yours* sind lebendiges Sprachgut und dienen im vorliegenden Kontext der Intensivierung eines Appells an die gegenseitige Gefälligkeit und Hilfsbereitschaft.

Wie aus diesen Textpassagen ersichtlich ist, können phraseologische Einheiten in belletristischen Texten sowohl in der Figurenrede, d. h. als Mittel zur Charakterisierung der handelnden Personen durch ihre Sprachgewohnheiten, als auch in der auktorialen Rede, d. h. in nichtdialogischen, erzählenden, berichtenden oder beschreibenden Passagen, verwendet werden. Dabei kann sie der Autor auch individuell variieren. Ein treffendes Beispiel für Phraseologismen in beiden Funktionen ist der folgende Textausschnitt aus dem Roman *Room at the Top* des englischen Schriftstellers John Braine (1957). Der Autor berichtet hier über Kindheitserfahrungen des in einer tristen nordenglischen Kleinstadt aufgewachsenen und durch den Krieg elternlos gewordenen Arbeiterjungen Joe Lampton, der seine Arbeit in einer größeren Stadt (im Roman Warley genannt) aufnimmt und bei einem gutsituierten Ehepaar, dessen einziger Sohn als Pilot im Zweiten Weltkrieg ums Leben gekommen ist, ein Zimmer mietet und familiären Anschluß findet. Er und sein früherer Freund Charles hatten eine Abneigung gegenüber Angehörigen des saturierten Bürgertums in ihrer Heimatstadt Dufton und bezeichneten sie in ihrem privaten Sprachgebrauch als "*zombies*" ('according to certain African and Caribbean religions, a dead person who is made to move by magic', 'derog., someone who moves very slowly and behaves as if he were not really alive').

> Charm was a favourite object of discussion between Charles and myself; we had the notion that if only we could learn how to use it our careers would be much benefited. The possession of charm wasn't in itself a guarantee of success, but it seemed to follow ambition like a pilot fish. It wasn't a highly esteemed quality in Dufton, though. Bluntness was the fashion; as Charles said, everyone behaved as if they were under contract *to live up to the tradition of the outspoken Yorkshireman with a heart of gold underneath a rough exterior* ... The young man in the photograph (obviously Mrs Thompson's son who'd been killed during the war) had been given from birth the necessary background for charm. It's astounding how often golden hearts and *silver spoons in the mouth* go together.
>
> I was a little surprised that Mrs Thompson should so prominently display the picture of her dead son; I wouldn't have thought that she could have borne to be reminded of him. Then I remembered something that Charles had said: 'Zombies always *pass away* or *cross the Great Divide* or *go into the sunset*. And they **lose** people like a parcel or a glove. And they can't bear to talk of It or to be reminded of It. They're dead already, that's why.'[241]

7.2.

Die in wörtlicher Rede gehaltene Äußerung seines Jugendfreundes Charles, die sich Joe Lampton ins Gedächtnis zurückruft, gibt die im gehobenen Sprachgebrauch üblichen Euphemismen für das Verb *to die* wieder (vgl. auch S. 32); sie sind zugleich kennzeichnend für die Sprache einiger Vertreter der englischen Mittelklasse. Im Wörterbuch verzeichnet sind *to pass away* ('euphemistic, esp. of a person, to die') und *to cross the great divide* (LDEI, 'the great divide, euph., death, when regarded as separating the dead from the living; usually in the phrase to cross the great divide'); die Metapher *to go into the sunset* fehlt in den einschlägigen Idiom-Wörterbüchern, hat aber in diesem Kontext eine ähnliche euphemistische Konnotation. Das *phrasal verb 'to live up to'* bedeutet 'to behave as well etc. as (someone) or in a manner worth of (something)'. Stilistisch reizvoll ist Braines bildhafte Charakteristik der Lebensumstände der Thompsons mit den Worten "how often golden hearts and silver spoons in the mouth go together". Während die Metapher *golden hearts* auf das Wesen einfacher Menschen in Yorkshire bezogen ist und aus dem Kontext hervorgeht, muß die Formulierung '*silver spoons in the mouth*' aus der sprichwörtlichen Redensart *born with a silver spoon in one's mouth* erst erschlossen werden. Das Idiom-Wörterbuch von Chambers gibt außer der Bedeutung 'to be born into a wealthy family' auch noch eine kulturhistorische Erklärung: 'probably from the custom of godparents giving a silver spoon to a child as a christening present'. Der Autor spielt mit diesem Idiom auf das Leben in Wohlstand an, das die Thompsons ihrem Sohne hätten bieten können.

Ein weiteres Beispiel, das den Gebrauch von Phraseologismen im literarischen Text veranschaulichen soll, ist eine Textpassage aus einer **Autobiographie**. Die englische Schriftstellerin M. V. Hughes berichtet in ihrer Trilogie *A Victorian Family*[242] von ihrem eigenen Entwicklungsweg als einer jungen Lehrerin in den Jahren 1880–90, in einer Zeit, als die Frauenemanzipation noch ein Fernziel war. In ihrer Selbstdarstellung bevorzugt die Autorin einen zwanglosen Gesprächsstil, der durch umgangssprachliche Elemente und mitunter auch durch eine Häufung von Phraseologismen geprägt ist.

> Another difficulty had been lurking in my mind for a long time, and as the second term was coming near *I had to face it.* How best to deal with special subjects? Each student would probably intend to specialize in some branch, such as mathematics, modern languages, or science. *Jack of all trades* though I was, it was not possible for me to cope with the best methods for all these. Suddenly I realized that *I was starving in the midst of plenty.* Bedford College was replete with professors of everything, genial fellows with whom I had hobnobbed at staff meetings. Surely I could harness them. So one by one I waylaid them in some passage and asked them casually whether they would spare an hour to give my students a lecture on their subject.[242]

Gerade die Idiome verleihen diesem autobiographischen Bericht über die Ausbildungsformen in der Unterrichtsmethodik verschiedener Fächer Lebendigkeit und Anschaulichkeit, eine Stilqualität, die in Memoiren dieser Art nicht oft zu finden ist. Das Idiom *to face it*, auch *to face the music* bezeichnet treffend die Situation an dem beschriebenen Lehrerinnenseminar (ODCIE 2, 'informal, accept the difficulties, criticism, repercussions that follow a decision or action of one's own; meet a crisis, emergency with boldness and confidence'). Das Sprichwortfragment *Jack of all trades* verwendet die Autorin mit leichter Selbstironie, denn ihre akademische Ausbildung war in manchen Fächern, die sie vermitteln sollte, unter den damaligen Verhältnissen nur ein Provisorium. Der Aussagegehalt des vollständigen Sprichworts (*A Jack of all trades is a master of none*), der aus diesem Kontext leicht erschlossen werden kann, ist als Assoziation von der Autorin sicher mit berücksichtigt worden. Der Phraseologismus *to starve in the midst of plenty* ist möglicherweise eine Anspielung auf das Idiom *Buridan's ass*, den Esel der Tierfabel, der sich zwischen zwei Heuhaufen nicht entscheiden konnte und schließlich verhungerte. Der häufige Gebrauch von Idiomen, Sprichwörtern und Zitatfragmenten ist für den Individualstil der Schriftstellerin M. V. Hughes insgesamt charakteristisch.

7.3. Phraseologismen in Fachtexten

Da Fachtexte ein breites Spektrum von Textsorten auf unterschiedlichen Abstraktionsstufen umfassen, können in diesem Rahmen nur zwei Fachgebiete als stellvertretend für den Kommunikationsbereich Wissenschaft und zwei Textsorten anstelle eines hierarchischen Systems von Textsorten berücksichtigt werden. Allgemein läßt sich feststellen, daß in Texten der Gesellschaftswissenschaften eine stärkere Tendenz zur Verwendung von Phraseologismen besteht als in den Naturwissenschaften, was offenbar durch die Beschaffenheit des Untersuchungsgegenstandes, die Einstellung des Textautors dazu und die kommunikativen Normen in beiden Bereichen bedingt ist. Da Phraseologismen im Text eine intensivierende Funktion haben können, indem sie eine Aussage wirkungsvoll akzentuieren, sind sie in solchen Texten der wissenschaftlichen Kommunikation anzutreffen, wo der Autor seinen persönlichen Standpunkt mit verschiedenartigen Stilmitteln betonen kann, weil er nicht durch bestimmte stilistische Konventionen eingeengt ist.

Das erste Textbeispiel ist der literaturwissenschaftlichen **Monographie** *Anger and After. A Guide to the New British Drama* von J. R. Taylor entnommen. Durch die detaillierte Beschreibung der Aufführungspraxis der neuen Stücke hat dieses Buch zugleich Berührungspunkte mit der Theaterwissenschaft.

> As it happens, however, a natural arrangement presents itself, and that is the one I have followed. For since 1956 each year has brought *a new wave of writers*, and in each case there has been one thing recognizably in common about their arrival, if nothing else. First there was John Osborne and *the whole batch of new dramatists* brought forward after his success by the English Stage Company at the Royal Court. Then it was the turn of Joan Littlewood's Theatre Workshop at Stratford, E., *to come to prominence* with Brendan Behan, Shelagh Delaney, and a number of lesser figures. 1959 was the year which really brought the work going on out of town *into the London limelight*, with Arnold Wesker's *Roots* from Coventry and all that led to. And before the excitement from that had *died down* yet another group *appeared on the theatrical horizon*, loaded with *laurels acquired* in the more enterprising sections of television drama: Clive Exton *built a solid reputation* on television alone, Alun Owen began on radio and *came to maturity* on television before returning to new successes on the stage, and even Harold Pinter had to wait until television had enabled him to reach a mass audience without preconceptions before the more conservative West End audience could be persuaded to take serious note of him. In 1962 it was the turn of an Arts Theatre

> Club unexpectedly resuscitated *under the aegis* of the Royal Shakespeare Company *to bring forward* two interesting new talents, David Rudkin and Fred Watson; subsequently Michael Codron continued a similar policy at the Arts and elsewhere, while the major subsidized companies were to be observed competing for new works by new talents if the commercial theatre did not *snap them up* first.[243]

Nicht nur in der Einleitung, aus der diese Textstelle stammt, sondern auch in den folgenden Kapiteln zu den einzelnen Autoren zeigt J. R. Taylor eine Vorliebe für plastische Metaphern, Idiome und andere Phraseologismen, die seine mit starkem persönlichem Engagement vorgetragene Darstellung der Resonanz moderner englischer Dramatik im Theater und seine Werkanalysen besonders lebendig wirken lassen. Beispiele dafür sind die stilistisch expressiven Nominalphrasen "a new wave of writers" als Metapher und "the whole batch of new dramatists" mit dem umgangssprachlich ('*informal*') konnotierten Substantiv *batch* anstelle des Synonyms *group* auf der neutralen Stilebene. Außerdem verwendet Taylor mehrere verbale Metaphern, die an der Grenze von Idiomen liegen: *to acquire laurels, to build a (solid) reputation, to appear on the theatrical horizon*. Hinzukommen offene Kollokationen, die noch nicht zu Phraseologismen geworden sind, wie *to come to maturity / to prominence, to reach a mass audience, to take note of sb./sth.* und echte Idiome in Form von *phrasal verbs* (*to bring forward, to go on, to die down, to snap up*). Adverbiale Phraseologismen in diesem Textausschnitt sind der Ausdruck *in the limelight* ('receiving great attention from the public; in a position where one is easily noticed'), der hier durch die Attribuierung "into the London limelight" modifiziert wird, und das auf der gehobenen Stilebene liegende Idiom *under the aegis* ('lit., with the protection or support of'). Eine Substitution der Phraseologismen und Autorenmetaphern durch nichtphraseologische und stilistisch neutrale Wörter würde die Stilqualität des Textes wesentlich beeinträchtigen.

Als zweites Analysebeispiel soll ein Lehrbuchtext aus einem Spezialgebiet der Linguistik dienen. Es handelt sich um einen Ausschnitt aus dem **Hochschullehrbuch** zur englischen Semantik von F. R. Palmer, das aus einem Vorlesungszyklus hervorgegangen ist und infolgedessen noch auffällige Merkmale der mündlichen Rede bewahrt hat. Der Verfasser verwendet wiederholt Phraseologismen, um den linguistischen Gedankengang aufzulockern, aber auch um die Aufmerksamkeit der Studierenden zu fesseln. Dabei bedient er sich auch okkasioneller Wortverbindungen (in Form von *phrases*).

> There is no obvious way in which we can *look into* our minds to recognise them (the concepts – R. G.), and still less a way in which we can *look into* the minds of others. In effect all this theory is doing is *to set up*, in some possible place, entities that are BY DEFINITION mirror images of the words that they are supposed to explain. Wherever we have a word there will be a concept – and the concept will be the 'meaning of that word'. This is, obviously, a completely *circular definition* of meaning. It involves what is sometimes called a 'ghost-in-the-machine' argument. We wish to *account for* the working of a machine and present a total explanation in mechanical terms, but for some hypothetical person this is not enough – he cannot understand how this machine could work unless there is some kind of disembodied ghost or spirit inside it. Such an arrangement *accounts for* the phenomena by *setting up* an entity whose existence is justified solely as something that 'explains' the phenomena.[244]

... it is surely obvious that to define meaning in terms of distribution is very largely *to put the cart before the horse*. Words have different distribution BECAUSE they have different meanings.[245]

Palmers Kritik in dem ersten Textausschnitt gilt offensichtlich der unilateralen Auffassung des sprachlichen Zeichens. Der dieses Konzept charakterisierende Ausdruck *circular definition* („Zirkeldefinition")ist ein nichtidiomatisierter Phraseologismus. Die Wortverbindung *'ghost-in-the-machine' argument* ist eine syntaktische Wortgruppe in der Funktion eines Attributs, die in publizistischen Texten oft zu finden ist; sie ist kein Phraseologismus. Semantisch gesehen, ist sie ein kurzgefaßtes Analogon zu einem zu explizierenden linguistischen Sachverhalt. Palmer verwendet es zur Veranschaulichung eines gedanklichen Trugschlusses. Im zweiten Textausschnitt verwendet er eine sprichwörtliche Redensart (*to put the cart before the horse*), um seiner Argumentation mehr Anschaulichkeit und Überzeugungskraft zu verleihen. Kennzeichnend für den mündlichen Vortrag (und seine schriftliche Fixierung in Form einer Vorlesungsskripte) sind außerdem mehrere *phrasal verbs* (*to account for, to look into, to set up*). Der Phraseologismus erweist sich auch in diesem Lehrbuchtext als ein kommunikativ berechtigtes Stilelement.

Als eine Textsorte der populärwissenschaftlichen Literatur, die der nutzerfreundlichen und allgemeinverständlichen Vermittlung wissenschaftlicher Sachverhalte an eine fachlich nicht spezialisierte Leserschaft dient, soll das **Sachbuch** vorgestellt werden. Da populärwissenschaftliche Texte ein wissenschaftliches Problem häufig in einer anschaulichen, aufgelockerten Darstellung behandeln und dabei auch Ausdrucksformen der Publizistik ausnutzen, sind unter den für sie charakteristischen Stilelementen auch Phraseologismen anzutreffen. Erwartungsgemäß sind sie hier in stärkerem Maße vertreten als in (natur)wissenschaftlichen Texten mit einem hohen Abstraktionsgrad (z. B. Monographie, Zeitschriftenaufsatz, Konferenzvortrag).

Der folgende Textausschnitt stammt aus dem vierbändigen Werk *'Science in History'* von J. D. Bernal, Band 4, *The Social Sciences: Conclusion*, und behandelt einen in sich abgeschlossenen Teiltext.

SOCIAL THOUGHT IN BRITAIN
In Britain, *in accordance with* traditions that *go* even farther *back* than the Industrial Revolution, abstract theory never *played such an important role* as in Europe, and, accordingly, social science and practical politics were never entirely distinct. The British, more particularly the English, for Scotland still *clung to* the European tradition, *prided themselves on* being practical and having no use for theory or metaphysics, especially on social matters. *As we have already seen* in discussing the physical sciences (p. 746), this was only an illusion, for much theory, most of it unacceptable if it had been *brought into the open*, was implied in their practical judgements. Nevertheless it was a convenient fiction *up to a point*, for it could not conceal any degree of internal inconsistency and it *allowed for* change without *loss of face*. It was by such methods that, as long as outside circumstances remained favourable, the English bourgeoisie had, for the greater part of 300 years, managed to have their way without the violent collisions which their colleagues abroad had to suffer. From 1850 to 1880 they had indeed *to meet very little opposition* from the working class.[246]

7.3.

Charakteristisch für diesen Text sind Phraseologismen unterschiedlicher Art, darunter *phrasal verbs* (*to allow for, go back, cling to, pride oneself on*) und **restringierte Kollokationen** (*to play a role; to meet opposition*). Nichtidiomatisierte Phraseologismen sind *in accordance with* und *up to a point*. Das Idiom *loss of face* ist die Nominalisierung des verbalen Idioms *to lose one's face* ('be humiliated, suffer loss of credit or reputation'); das Idiom *to bring into the open* bedeutet 'to bring into public view'. Als Ausdruck der Hinwendung zum Leser verwendet Bernal außerdem die rhetorische Formel *as we have (already) seen* (registriert als "*phrase idiom*" in ODCIE 2, 'as has already been shown, demonstrated or proved'). Dieses konzentrierte Vorkommen von Phraseologismen in einem relativ kurzen Teiltext dürfte auch Rückschlüsse auf den Individualstil Bernals als Sachbuchautor im Vergleich zu seinen fachwissenschaftlichen Publikationen als Physiker gestatten.

8. Der Phraseologismus als Übersetzungsproblem

Mit der auf die Sprachverwendung erweiterten Betrachtung der Systemeigenschaften des Phraseologismus, die im vorhergehenden Kapitel durch seine kommunikative Funktion in unterschiedlichen Textsorten exemplarisch dargestellt wurde, sind bereits Probleme der angewandten Sprachwissenschaft berührt worden. Daraus ergibt sich als Konsequenz, daß in diesen Bezugsrahmen auch einige Aspekte der Übersetzungstheorie und -praxis einzubeziehen sind. Sie werden ergänzt durch Aspekte des englisch-deutschen Sprachvergleichs,[247] der bisher erst ansatzweise bei den für das Verständnis angeführten Wörterbuchäquivalenten für Routineformeln eine Rolle gespielt hat (vgl. Abschnitt 6). Die Sprachkonfrontation gilt allgemein als vorgängige Disziplin der Übersetzungstheorie in dem Sinne, daß sie durch empirisch gewonnene Datenkorpora notwendige Voraussetzungen für die theoretische Durchdringung des Übersetzungsvorganges schafft und seine einzelnen Arbeitsphasen bewußt und überschaubarer macht. Mit einer solchen Hinwendung zu einigen Problemen, die das Übersetzen von Phraseologismen in verschiedenen Textsorten (und in besonderem Maße der Belletristik) mit sich bringt, wird der Gegenstand dieses Buches, der, wie eingangs formuliert, in der Beschreibung und Klassifizierung von Phraseologismen im System der Lexikologie besteht, keineswegs auf das Gebiet der angewandten Sprachwissenschaft verlagert, sondern notwendigerweise durch einen weiteren kommunikativen Aspekt des vorher behandelten Sprachmaterials bereichert – nicht zuletzt im Interesse der gesellschaftlichen Praxis. Erfahrungsgemäß sind Sprachmittler und vor allem literarische Übersetzer häufig mit Phraseologismen und ihren Modifikationen konfrontiert.[248] Aber auch im Fremdsprachenunterricht können Idiome bereits beim Übersetzen alltagssprachlicher Texte zu Verständnisbarrieren werden. Mit der folgenden Erörterung einiger übersetzungsbezogener Aspekte des Phraseologismus soll deshalb die Dialektik von Sprache als System und als kommunikative Leistung erneut unter Beweis gestellt werden.

Im Mittelpunkt dieser speziellen, notwendigerweise fragmentarischen Betrachtung kann jedoch nicht die Frage stehen, was eine Übersetzung ist, welche Übersetzungstechniken es im einzelnen gibt und wie sie realisiert werden, sondern vielmehr welche Äquivalenzbeziehungen zwischen Quellen- und Zielsprache (nachfolgend QS und ZS) bestehen und wie unterschiedliche Phraseologismen des Englischen adäquat ins Deutsche übersetzt werden können. Wie die Praxis lehrt, ist beim Übersetzungsvorgang die Übersetzungseinheit nicht immer mit der Einheit des Sprachsystems identisch. Satzinterne Äquivalenzbeziehungen sind nicht selten satzübergreifend auf verschiedenen sprachlichen Ebenen (z. B. morphologisch, lexikalisch, syntaktisch oder im Teiltext – im Sinne eines Absatzes) zu realisieren. In dieser Hinsicht wird gerade der Phraseologismus zu einem exemplarischen Demonstrationsobjekt für die Arten von Äquivalenzbeziehungen sowohl auf den Ebenen des Sprachsystems als auch im Text. In der Übersetzungstheorie gilt der Text als materielles Ergebnis eines Kommunikationsvorganges, als Redeprodukt.[249] So ist eine komplexe Betrachtung der System- und Textbeziehungen der Übersetzungseinheit für die Übersetzungstheorie mithin unabdingbar. Bestätigt wird sie durch die funktional-kommunikative Sprachbeschreibung.

Im Rahmen dieser Untersuchung sollen für die Begriffe Übersetzen und Übersetzung folgende Arbeitsdefinitionen gelten:

> Das **Übersetzen** ist die geistige und sprachliche Tätigkeit, die ein Sprachmittler ausübt, wenn er einen Text der Quellensprache als Resultat eines Kommunikationsaktes dekodiert und unter Wahrung des Inhalts und der Stilqualität in der Zielsprache enkodiert.
> Die **Übersetzung** als Ergebnis des Übersetzungsvorganges ist die kommunikativ adäquate Wiedergabe eines quellensprachlichen Textes in der Zielsprache in schriftlich fixierter Form.

Kommunikative Adäquatheit[250] beinhaltet nicht nur den Informationsgehalt des Textes, sondern auch seine emotional-expressiven und stilistischen Konnotationen, seine soziokulturellen Bezüge und nicht zuletzt individualstilistische Merkmale des Textautors der Quellensprache. Letztere sind für belletristische Texte von grundsätzlicher Bedeutung.

Die üblichen Arbeitstechniken beim Übersetzen hat O. Kade in prägnanter Form zusammengefaßt, so daß diese Textstelle in der Funktion eines Thesenzitats hier ausführlich wiedergegeben werden soll:

> „Ein Wesenszug des Übersetzens besteht darin, daß das g l e i c h e wie im Original a n d e r s als im Original ausgedrückt wird. Deshalb finden sich in jeder guten Übersetzung Auslassungen und Hinzufügungen, Umstellungen und Verschiebungen gegenüber dem Original, die keineswegs versehentliche oder willkürliche Eingriffe des Übersetzers sind. Sie ergeben sich vielmehr aus der Verschiedenheit der Sprachen und sind zum anderen aus sozialen (im besonderen sozio-kulturellen) Unterschieden zwischen den Gemeinschaften, zwischen denen das Übersetzen eine Vermittlung der Kommunikation ermöglicht.[251]"

O. Kade nennt implizit als Übersetzungstechniken: **Auslassung** (Eliminierung), **Hinzufügung** (Expansion), **Umstellung** (Permutation); zu ergänzen wären **Umschreibung** (Paraphrase) und **Verkürzung** (Komprimierung[252]). Veranschaulichen lassen sich diese Arbeitsgänge nur durch den Vergleich von Texten in der Quellen- und in der Zielsprache. Dieses Thema wird im Abschnitt 8.2. ausführlich behandelt.

8.1. Äquivalenzbeziehungen im Sprachsystem

Zunächst sind verschiedene Arten von Äquivalenzbeziehungen zu klären, die im System der QS und ZS begründet sind und bei einem konfrontativen Vergleich auf der Ebene der Lexikologie, im vorliegenden Falle des phraseologischen Inventars des Englischen und Deutschen,[253] zutage treten. So lassen sich die von der Übersetzungstheorie herausgearbeiteten Arten von Äquivalenzbeziehungen auch auf lexikalische Einheiten, genauer gesagt, auf Lexeme als Wörterbucheintragungen, anwenden. Sie gelten aber gleichermaßen für morphologische und syntaktische Beziehungen.

L. Barchudarov unterscheidet drei Typen von Äquivalenzbeziehungen:

1. Vollständige Äquivalenz (die beim Übersetzungsvorgang durch die Technik der Substitution realisiert wird);
2. partielle Äquivalenz (bei der semantische oder stilistische Unterschiede im Sinne von Konnotationen zwischen den Übersetzungseinheiten bestehen, aber in einem größeren Kontext kompensiert werden);
3. fehlende oder Nulläquivalenz (die durch Paraphrasen oder Anmerkungen usw. in der ZS ausgeglichen werden kann. Nulläquivalenz tritt häufig bei Realienbezeichnungen auf).[254]

In der Übersetzungswissenschaft gilt als gesicherte Erkenntnis, daß die Invarianz der denotativen Bedeutung des QS-Textes in der ZS nur als Minimum angesehen werden kann und daß das Optimum einer Übersetzung eine größtmögliche Annäherung ebenfalls an die expressiven und stilistischen Konnotationen des QS-Textes sein muß.[255] Zunächst sollen die genannten Äquivalenzbeziehungen von Phraseologismen im Rahmen des Sprachsystems des Englischen und Deutschen betrachtet werden. Bei der Substitution nichtidiomatisierter Phraseologismen, darunter einer Reihe von **Nominationsstereotypen**, treten kaum Probleme auf. **Vollständig äquivalent** sind: *acting partner* – „tätiger Teilhaber"; *unconditional surrender* – „bedingungslose Kapitulation", *civil disobedience* – „bürgerlicher Ungehorsam"; *malice aforethought* – „böser Vorbedacht"; *contempt of court* – „Mißachtung des Gerichts"; *Far East* – „Ferner Osten"; *null and void* – „null und nichtig"; *to take into account* – „in Betracht ziehen"; *to commit a crime* – „ein Verbrechen begehen"; *of one's own accord* – „aus eigenem Antrieb"; *in terms of* – „im Sinne von".

Anders dagegen liegen die Verhältnisse bei Idiomen. Sie sind nicht nur der Prototyp des Phraseologismus aufgrund ihres quantitativen Vorkommens und ihrer Typenvielfalt, sondern auch durch ihre Funktion im Text (wobei Modifikationen von Idiomen, wie bereits im Abschnitt 7 gezeigt wurde, keine Seltenheit sind). Bei ihnen treten die eigentlichen Probleme einer adäquaten Übersetzung auf.

Vollständige Äquivalenz bei Idiomen besteht dann, wenn nicht nur die denotative Bedeutung, sondern auch die emotional-expressiven und stilistischen Konnotationen in beiden Sprachen übereinstimmen. In diesen Fällen entstammen Metaphern der gleichen Bildsphäre[256]: *cold war* – „kalter Krieg"; *lame duck* – „lahme Ente"; *as proud as a peacock* – „stolz wie ein Pfau"; *high and low* – „hoch und niedrig"; *to tighten one's belt* – „den Gürtel enger schnallen"; *to sail under false colours* – „unter falscher Flagge segeln"; *to work like a horse* – „arbeiten wie ein Pferd"; *at one blow* – „mit einem Schlag"; *like a bolt from the blue* – „wie ein Blitz aus heiterem Himmel". Vollständige Äquivalenz begegnet auch bei satzähnlichen Idiomen wie Sprichwörtern und einzelnen Routineformeln: *Out of sight – out of mind* – „Aus den Augen, aus dem Sinn"; *No one can serve two masters* – „Keiner kann zweien Herren dienen". *Be a man!* „Sei ein Mann!" *How right you are!* „Wie recht Sie haben!"

Partielle Äquivalenz liegt bei solchen Idiomen vor, die in ihrer denotativen Bedeutung zwar vollständig äquivalent sind, aber aufgrund unterschiedlicher Bildsphären, d. h. der Bildspender für die übertragene Bedeutung, unterschiedliche Konnotationen tragen können. Die Bevorzugung eines bestimmten Denotats, das als Bild in einem Idiom lexikalisiert ist, kann soziale, kulturelle oder historische Gründe haben. Wesentlich dabei ist, daß diese Idiome trotz ihres „nationalen Kolorits" funktional gleichwertig und damit kommunikativ äquivalent sind. Beispiele dafür finden sich in allen Wortarten: *jack of all trades* – „Hans Dampf in allen Gassen" (im Deutschen aber k e i n Sprichwortfragment); *a bull in a china shop* – „ein Elefant im Porzellanladen"; *green with envy* – „blaß / gelb vor Neid"; *as hungry as a hunter* – „hungrig wie ein Wolf"; *to sit on pins and needles* – „wie auf Kohlen sitzen"; *to carry coals to Newcastle* – „Eulen nach Athen tragen"; *head over heels* – „Hals über Kopf"; *from pillar to post* – „von Pontius zu Pilatus"; *off the cuff* – „aus dem Handgelenk", „aus dem Stegreif". Die funktionale Äquivalenz bei unterschiedlichen Bildsphären betrifft vor allem sprichwörtliche Redensarten (*to lock the stable door after the horse has bolted* – „den Brunnen zudecken, nachdem das Kind hineingefallen / ertrunken" ist; *to make a mountain out of a molehill* – „eine Mücke aus einem Elefanten machen"), Sprichwörter (*Make hay while the sun shines* – „Schmiede das Eisen, solange es heiß ist"; *Don't count your chickens before they are hatched* – „Man soll den Tag nicht vor dem Abend loben") und bildhafte Routineformeln (*Keep a stiff upperlip* – „Halte die Ohren steif"; *I wouldn't be in your shoes* – „Ich möchte nicht in deiner Haut stecken").

Partielle Äquivalenz mit der gleichen kommunikativen Funktion im Text ist aber auch bei solchen Idiomen festzustellen, deren Bedeutungsstruktur nicht auf eine Bedeutungsübertragung in Form einer Metapher oder Metonymie zurückgeführt werden kann, wie z. B. bei Routineformeln (*Keep smiling!* „Kopf hoch!" – *Many happy returns of the day* – „Herzlichen Glückwunsch zum Geburtstag". – *Don't mention (it)* – „Keine Ursache!" „Gern geschehen"). Die Äquivalenz beruht hier auf der Eindeutigkeit der Situationen und der für sie verbindlichen stereotypen Wendungen. Zur partiellen Äquivalenz gehören ferner solche Fälle, wo dem englischen Phraseologismus in der ZS ein einfaches oder komplexes Wort ohne übertragene Bedeutung entspricht, wodurch die expressiven und stilistischen Konnotationen des quellensprachlichen Idioms teilweise verlorengehen können. In einzelnen Fällen können diese Konnotationen des englischen Idioms durch eine metaphorisierte Konstituente des deutschen Kompositums kompensiert werden. Oft tritt dabei aber eine Verschiebung der Stilebene ein, wenn der Phraseologismus stilistisch gefärbt, das Kompositum dagegen stilistisch neutral ist. Beispiele: *white lie* – „Notlüge" (in beiden Sprachen neutral); *wet blanket* (coll.) – „Spielverderber" (neutral); *cock-and-bull story* (coll.) – „Ammenmärchen" (neutral, aber in beiden Sprachen negativ konnotiert); *a mare's nest* – (old-fash.) – „Zeitungsente" (neutral); *full of beans* (coll.) – „lebhaft" (neutral); *as stiff as a poker* ('not formal') – „stocksteif" (neutral); *dyed-in-the-wool* ('not formal') – „waschecht" (im Deutschen leicht umgangssprachlich; in beiden Sprachen nur in übertragener Bedeutung); *to grease sb.'s palm* (oft humorvolle Konnotationen) – „jmdn. bestechen"; *by fits and starts* ('not formal') – „stoßweise"; *by leaps and bounds* ('not formal') – „sprunghaft" (neutral); *once and for all* – „endgültig" (neutral in beiden Sprachen).

Liegt **Nulläquivalenz** im Sprachsystem der ZS vor, weil aufgrund historischer oder kultureller Gegebenheiten spezifische Realien und demzufolge entsprechende Benennungen in einer Sprache fehlen, so kann die denotative Bedeutung durch Paraphrasierung in der ZS ausgedrückt werden. Allerdings kann dabei die historische Konnotation verlorengehen. Beispiele für Nulläquivalenz im Deutschen sind einige verbale Idiome des Englischen, die sich auf bestimmte Berufe mit hohem Sozialprestige beziehen, z. B. *to eat one's dinners / one's terms* aus dem juristischen Kommunikationsbereich, „seine Studien an den Inns of Court absolvieren (und an den vorgeschriebenen Essen teilnehmen)"; *to be called within the bar* – „Brit., zum King's (Queen's) Counsel ernannt werden"; *to be called* (AE *admitted*) *to the bar* – „als Barrister oder Advokat oder plädierender Anwalt zugelassen werden". Auch unter substantivischen Idiomen der Allgemeinsprache findet sich Nulläquivalenz, z. B. *green fingers* ('coll.') – „geschickte Hand für Gartenarbeit, gärtnerische Begabung"; *golden handshake* – etwa zu umschreiben mit „finanzielles Abschiedsgeschenk, Abfindung". Nulläquivalenz besteht ebenfalls (noch) bei dem englischen Neologismus *a catch-22 situation*, der nach dem LDIE als Slang gilt. Die Paraphrase im Deutschen wäre etwa „absurde, unerträgliche Situation, aus der es aufgrund widersinniger Verordnungen keinen Ausweg gibt.".

Bei der Erörterung von Äquivalenzbeziehungen zwischen Phraseologismen sollte ein Nebenaspekt nicht übersehen werden, der sowohl für den Übersetzer als auch für den Fremdsprachenlehrer von Belang ist: Es ist die **scheinbare Äquivalenz** phraseologischer Einheiten in der QS und ZS aufgrund oberflächlicher Ähnlichkeiten der Formative (zumeist nur einer Konstituente), wobei aber in Wirklichkeit die Gesamtbedeutung dieser Phraseologismen in beiden Sprachen stark divergieren. Bei scheinbarer Äquivalenz kann der Übersetzer, sofern er noch nicht hinreichend erfahren ist, wie auch jeder andere Benutzer der Fremdsprache, der sich noch im Anfangsstadium befindet, aufgrund einer ihm bekannt erscheinenden Konstituente, die wie ein Signalwort auf ihn wirkt, kurzschlüssig eine falsche Äquivalenzbeziehung in der Zielsprache herstellen. Insofern gehört die scheinbare Äquivalenz zu den typischen Fehlerquellen. Im Fremdssprachenunterricht entsteht solche **interlinguale Interferenz** gewöhnlich beim Dekodieren eines fremdsprachigen Lexems. In der Praxis der Fremdsprachenausbildung, die sich bereits seit längerer Zeit Ergebnisse des Sprachvergleichs zunutze gemacht hat, werden Lexeme der Fremdsprache, die ähnliche Formative wie in der Muttersprache, aber unterschiedliche Sememe aufweisen, traditionell als „falsche Freunde" (*false friends, faux amis*) bezeichnet. Sie finden sich nicht nur unter einfachen und komplexen Wörtern (actual – „aktuell"; sensible – „sensibel"; *eventually* – „eventuell"; *meaning* – „Meinung"; *direction* – „Direktion"),[257] sondern auch unter Wortgruppenlexemen, und hier vorzugsweise unter Idiomen. Offensichtliche Verwechslungsmöglichkeiten bestehen zwischen dem englischen Idiom *to pull strings* und dem deutschen „Leine ziehen". Dem englischen *to pull strings* ('not formal, to use private or personal influence to obtain something or to fulfil one's aims') entspricht im Deutschen „seine Beziehungen spielen lassen". Dagegen lautet das englische Äquivalent zu dem umgangssprachlichen deutschen Idiom „Leine ziehen": *to hightail it out of there*. Außerdem birgt das englische Idiom zusätzliche Gefahren einer Verwechslung im Sinne der intralingualen Interferenz mit dem durch den bestimmten Artikel gekennzeichneten Idiom *to pull the strings* („die Fäden in der Hand halten", „der Drahtzieher sein"). Auch die Lexeme *bush* – „Busch" können als Signalwörter zu falschen Zuordnungsbeziehungen führen im Falle von *to beat about the bush* und „auf den Busch klopfen", Das englische Idiom *to beat about/around the bush* ('coll., to delay talking or considering the most important point or part of a discussion, subject, etc.') hat als deutsche Entsprechung „wie die Katze um den heißen Brei herumgehen", „um eine Sache herumreden", während für das deutsche Idiom „auf den Busch klopfen" die englischen Äquivalente *to sound sb. out* und *to feel sb.'s pulse* zur Verfügung stehen.

In ähnlicher Weise kann das umgangssprachliche englische Idiom *to turn over a new leaf* mit dem deutschen „das Blatt hat sich gewendet" verwechselt werden. Die deutsche Entsprechung zu *to turn (over) a new leaf* ('not formal, to change one's behaviour for the better') lautet jedoch „einen neuen Anfang machen" und ist stilistisch neutral. Das Idiom „das Blatt hat sich gewendet" ist dagegen im Englischen mit *the tables are turned /the tide has turned* wiederzugeben. Weitere Interferenzen sind möglich zwischen dem englischen Idiom *to keep s. o. on the run* und dem deutschen „jmdn. auf dem laufenden halten". Das englische Idiom hat die Bedeutung 'to keep s. o. moving or retreating' und entspräche im Deutschen etwa „jemdn. im Trab halten". Das Äquivalent zu „auf dem laufenden halten" ist aber *to keep s. o. up to date.* Verwechslungsmöglichkeiten bestehen schließlich auch zwischen den verbalen Idiomen *to have one's back to/against the wall* ('not formal, to be in a very difficult situation in which one is forced to defend oneself, esp. when one is fighting for one's life or existence') und dem deutschen „mit dem Rücken an die Wand kommen" (d. h., ‚auf seinen eigenen Vorteil bedacht sein'), dem im Englischen das Idiom *to feather one's nest* entspricht.

Diese Beispiele ließen sich beliebig vermehren. Es ist jedoch zu berücksichtigen, daß **interlinguale Interferenzen** nicht nur zwischen Phraseologismen in nominativer Funktion, sondern auch solchen mit dem Charakter einer Proposition möglich sind. Bei Routineformeln sind sie keineswegs ausgeschlossen. So kann beispielsweise die Erwiderungsformel *you are welcome*, die auf eine Dankesbezeugung hin geäußert wird (und im Deutschen mit „aber bitte!", „gern geschehen!" wiederzugeben wäre), mit der Formel der Begrüßung „Herzlich willkommen!" „Sie sind (uns) willkommen" verwechselt werden (im Englischen auszudrücken mit *welcome to* mit Angabe der Ortes bzw. *welcome home!*). In ähnlicher Weise kann die Vorstellungsformel *how do you do?* aufgrund der Gepflogenheiten in der Muttersprache als Erkundigungsformel nach dem persönlichen Befinden („Wie geht es Ihnen/dir?") fehlgedeutet werden, während sie im Englischen nur „Guten Tag!" bzw. „(sehr) angenehm" bedeutet. (Vgl. Abschnitt 6.1.)

Diese Problematik soll an einem Übersetzungsvergleich einer Textpassage des Romans *Life at the Top* von John Braine und seiner deutschen Übersetzung „Ein Mann der Gesellschaft"[258] veranschaulicht werden.

> "This is Joe Lampton," Brown said. "Joe, Norah Hauxley."
> "How do you do?" I put out my hand.
> "Mrs. Hauxley's from the Leddersford News," Brown interjected as excusing himself. (p. 80)

> „Darf ich Ihnen Joe Lampton vorstellen?" sagte Brown.
> „Joe – Norah Hauxley."
> „Angenehm." Ich reichte ihr die Hand.
> „Mrs. Hauxley ist von der Leddersford News", warf Brown gewissermaßen entschuldigend ein. (S. 92)

Dieses Beispiel leitet bereits zu einer neuen Thematik über, deren Gegenstand die Äquivalenzbeziehungen von Phraseologismen in Texten der QS und ZS sind und denen die folgende Erörterung gelten soll.

8.2. Äquivalenzbeziehungen im Text

In Übersetzungen von Textsorten der Belletristik zeigt sich, wie faktisch alle Arten der Bedeutung (bei einfachen und komplexen Wörtern wie auch bei Wortgruppenlexemen) zusammenwirken können. Bei Idiomen lassen sich überdies vielfach individuelle Modifikationen in der Art beobachten, daß der Textautor mit Anspielungen arbeitet oder aber die denotativ-übertragene Bedeutung eines Idioms auf die denotativ-gegenständliche

(„wörtliche") bewußt zurückführt und für ein stilistisch wirkungsvolles Wortspiel ausnutzt. Bei partieller Äquivalenz von Idiomen lassen sich solche Kunstgriffe in der ZS selten durch Substitution nachvollziehen, sondern bedürfen anderer Übersetzungstechniken, die eine ähnliche Wirkung erzielen. Fiktionale Texte wie Romane, Kurzgeschichten, Dramen, Gedichte und andere Gattungen der Belletristik dienen der poetischen Kommunikation; ihr Ziel ist es, beim Rezipienten einen poetischen und damit auch ästhetischen Eindruck hervorzurufen. Gerade bei solchen pragmatisch bewußt gestalteten Texten muß der Übersetzer sein gesamtes literarisches, soziokulturelles und landeskundliches Hintergrundwissen aufbieten, um nicht nur die inhaltliche Invarianz des Originals zu wahren, sondern auch dessen Konnotationspotential adäquat wiederzugeben. Insofern ist die stilistisch adäquate Übersetzung eines Wortkunstwerkes bis zu einem gewissen Grade auch Interpretation der künstlerischen Intention durch den Übersetzer.

Wie gelungene literarische Übersetzungen überzeugend nachgewiesen haben, läßt sich der Übersetzer bei der Wiedergabe von Phraseologismen in der ZS nicht immer von Äquivalenzbeziehungen auf der Systemebene, d. h. von den im Wörterbuch verzeichneten Wortgleichungen, leiten, sondern wählt durch subjektive Entscheidung ein mitunter nur für den vorliegenden Kontext geltendes, funktional angemessenes Äquivalent, wodurch ein okkasionelles Synonym zu einer den usuellen Sprachgebrauch registrierenden Wörterbucheintragung entstehen kann.

Der folgende auf die Äquivalenzbeziehungen von Phraseologismen in literarischen Übersetzungen abzielende Textvergleich beruht auf umfangreichen Stichproben aus einer deutschsprachigen Romanerzählung, einem englischen und einem amerikanischen Roman mit ihren jeweiligen Übersetzungen in der Zielsprache Englisch bzw. Deutsch. Die Quellenwerke sind: „Nachdenken über Christa T." von Ch. Wolf mit der englischen Übersetzung *The Quest for Christa T.* von Ch. Middleton[259]; *Life at the Top* von John Braine mit der deutschen Übersetzung „Ein Mann der Gesellschaft"[260] und *Catch-22* von J. Heller mit der deutschen Übersetzung „Der IKS-Haken" von I. und G. Danehl[261]. Bereits der letztgenannte Titel, der inzwischen zum Idiom geworden ist, verlangt eine deutsche Entsprechung, die eine ähnliche Ambiguität einschließt. Ausschlaggebend dafür ist das Motto des Romans:

There was only one catch ...
and that was Catch-22.

Die deutsche Übersetzung lautet:

Es war nur ein Haken dabei,
und das war der IKS-Haken.

Der fiktionale Titel des amerikanischen Originals leitet sich von dem Idiom ab *there is a catch in it – die Sache hat einen Haken.*

Wie durch den Vergleich von Phraseologismen auf der Ebene des Sprachsystems deutlich wurde, treten auch bei Phraseologismen im Textzusammenhang unterschiedliche Äquivalenzbeziehungen in der QS und ZS auf, wobei gegenüber den Idiomen in nominativer Funktion bei solchen in der Funktion einer Proposition weitaus interessantere und mitunter auch problematischere Fälle vorkommen.

Vollständige Äquivalenz zwischen Idiomen in der QS und ZS veranschaulichen die folgenden Sätze, die hier nur verkürzt wiedergegeben werden können.

Christa T.

Ich fühlte die kostbaren Wochen *mir durch die Finger rinnen* ...(S. 16)
I felt the valuable weeks *slipping through my fingers* ...(p. 11)

Originalität, notiert sie sich, und dazu: verschenkt, aus Feigheit. Vielleicht darf man im Leben *Abstriche machen*, schrieb sie. Nicht hier. (S. 181)
Originality, she notes, and then: jettisoned, because of cowardice. She wrote: Perhaps in life one can *make certain cuts*, but not here. (p. 144)

Life at the Top

"... Now, you're not going to go on about something that's *dead and buried* long since, are you?" (p. 34)
„... Du willst doch nicht etwa weiterhin an etwas herumzerren, daß seit langem *tot und begraben* ist, nicht wahr?" (S. 37)

"Where the hell's George?" I gestured towards the door.
"*Speak of the devil*," I said. (p. 85)
„Wo, zum Henker, bleibt George bloß?" Ich zeigte zur Tür hin.
„*Wenn man vom Teufel spricht* ...", sagte ich. (S. 97/98)
(In dem intensivierenden Ausdruck liegt partielle Äquivalenz vor!)

I'd got the order. *He'd played cat-and-mouse with me* for a bit, because that was his nature; ... (p. 56)
Ich hatte den Auftrag bekommen. *Er hatte* eine Weile *Katz und Maus mit mir gespielt*, weil das so seine Art war; ... (S. 63)

Catch-22

It was *love at first sight*. The first time Yossarian saw the chaplain he fell madly in love with him. (p. 13)
Es war *Liebe auf den ersten Blick*. Als Yossarian den Kaplan zum erstenmal sah, verliebte er sich auf der Stelle in ihn. (S. 7)

For a frantic half hour it was *touch and go*. Then the firemen began *to get the upper hand*. (p. 17)
Eine aufregende halbe Stunde lang *hing alles an einem Faden*. Dann bekam die Feuerwehr *die Oberhand*. (S. 12)
(Bei der Paarformel *touch and go* liegt in der deutschen Übersetzung partielle Äquivalenz vor. Diese Übersetzungsvariante ist insgesamt als gelungen zu betrachten, auch wenn die Wiedergabe von *touch and go* nicht völlig der Wörterbucheintragung in Muret-Sanders entspricht: *it is touch and go – es steht jetzt auf des Messers Schneide; es hängt jetzt an einem Haar*.)

Partielle Äquivalenz zwischen Phraseologismen der QS und ZS auf der Systemebene wiederholt sich erwartungsgemäß im Text, insofern als ein Idiom der QS durch eine Entsprechung in einer anderen Bildsphäre oder mit einer anderen semantischen Struktur in der ZS wiedergegeben wird, ohne daß jedoch eine Paraphrase vorliegt. Ein Teil der emotional-expressiven Konnotationen kann dabei in der ZS getilgt werden.

Christa T.

... das war mir immer noch lieber, als zuzusehen, wie diese Neue mit unserer Lehrerin umging. *Wie sie die bei der Stange hielt.* (S. 11)
... it was more pleasing to look at that than at the way this newcomer treated our teacher. *The way she kept the reins on her* ... (p. 7)

Sie hatte verstanden, sie antwortete mit einem dunklen spöttischen Blick, daß sie keinen Anlaß sehe, darüber *aus dem Häuschen zu geraten.* (S. 17)
She'd understood, she replied with a dark mocking look, which meant that she didn't regard this as a reason *to come dancing out into the open.* (p. 12)
(Diese Übersetzung des Idioms entspricht allerdings nicht der Wortgleichung auf der Systemebene. Das Wörterbuch von Muret-Sanders verzeichnet für *(ganz) aus dem Häuschen (geraten)* als Äquivalent *to be (to get) beside oneself, to hit the ceiling* (colloquial). Im vorliegenden Kontext gibt die offenbar noch okkasionelle Wendung die Bedeutung des QS-Idioms funktional adäquat wieder.)

Ich zog die Mundwinkel herab: Nein. Nicht freundschaftlich. Überhaupt nicht aufnehmen. *Links liegenlassen.* (S. 12)
I drew down the corners of my mouth: not me. No friendly welcome from me. I won't give her anything. *Ignore her.* (p. 8)
(In diesem Falle gehen die stilistischen Konnotationen des Idioms der QS durch die Wiedergabe mit einem einfachen, stilistisch neutralen Wort verloren.)

Gewiß, Du erinnerst Dich unserer Losung, wenn einer von uns mal den Kopf hängenließ: Wann – wenn nicht jetzt? Wann soll man leben, wenn nicht in der Zeit, die einem gegeben ist? *Damit brachten wir uns immer wieder hoch.* (S. 90)
You'll certainly remember what we used to say when one of us was feeling forlorn: When, if not now? When should one live, if not in the time that's given to one? *It always helped.* (p. 70)
(Der letzte Satz wird allerdings der stilistischen Konnotation des Phraseologismus der QS nicht gerecht. Nicht repräsentiert in der ZS sind die umgangssprachliche Stilfärbung und das Bedeutungselement der Kameradschaftlichkeit. Das erste Idiom ist funktional adäquat.)

Life at the Top

"I'm not really bothered about that lot," I said.
"You needn't be. Just *keep your nose clean*, that's all."
"I never do anything else," I said.
"You've settled down very well, Joe. But *watch your step*." (p. 84)

"*Der* Clique wegen (Hervorhebung im Original) mach ich mir eigentlich keine allzu großen Sorgen", sagte ich.
„Brauchst du auch nicht. *Achte auf deine weiße Weste*, weiter nichts." „Was andres tue ich überhaupt nicht," sagte ich.
„Du bist recht solide geworden, Joe. *Aber paß auf dich auf.*" (S. 97)
   (Dieser Dialog enthält zwei Routineformeln, die hier funktional angemessen übersetzt sind. Das Idiom *to keep one's nose clean* bedeutet nach LDEI 'coll., to avoid getting into trouble'.)

"It's odd, but I feel a kind of responsibility for you. You go blindly ahead, *butting your head against stone walls* ..." (p. 88)
„Sonderbar, aber ich empfinde so etwas wie Verantwortlichkeit für Sie. Sie gehen blindlings drauflos, *rennen mit dem Kopf gegen die Wand* ..." (S. 101)
(Der Autor des QS-Textes verwendet eine leicht modifizierte Form des umgangssprachlichen Idioms *to knock / bang / rush / bash one's head against a brick wall* mit der Bedeutung 'coll., to try to do or obtain something difficult with very little hope of success'.)

Catch-22

He managed the distance between the orderly room and his trailer by darting around the corner of the tent *when the coast was clear*... (p. 112)
Die Entfernung zwischen der Schreibstube und seinem Wohnwagen überwand er, indem er um die Ecke des Zeltes huschte, *wenn niemand in Sicht war*... (S. 110)

He advocated thrift and hard work and disapproved of loose women who *turned him down*. (p. 94)
Er empfahl Sparsamkeit und harte Arbeit und hatte was gegen lockere Frauenzimmer, die *ihm einen Korb gaben*. (S. 90)
(Das englische *phrasal verb* ist dem deutschen Idiom zwar funktional äquivalent, hat aber nicht die gleichen expressiven und historischen Konnotationen.)

"I hate that *son of a bitch*," Yossarian growled. (p. 26)
„Ich kann diesen *Stinkstiefel* nicht leiden," knurrte Yossarian. (S. 20)

Bei Übersetzungen ist auch der umgekehrte Fall möglich, daß in der ZS ein Phraseologismus für ein einfaches oder komplexes Wort der QS verwendet wird, wobei mitunter Verschiebungen in der Stilebene, wie im folgenden Beispiel, vorkommen können.

Life at the Top

"I hope all his rabbits die," I said. "That's the seventh time that he's reminded me how clever he was about Flamville's. If he does it just once more I swear to God *I'll bash him.*" (p. 231)
„Hoffentlich verhagelt ihm mal seine Petersilie," sagte ich. „Jetzt hat er mir schon das siebtemal *unter die Nase gerieben*, wie schlau er die Flamville-Angelegenheit angepackt hat. Wenn er es noch mal macht, *haue ich ihm eine runter* – das schwöre ich Ihnen." (S. 269)
(Diese Textstelle ist charakteristisch für John Braines individuelle Vorliebe für Idiome in der Figurenrede, vgl. die Kraftausdrücke Joe Lamptons. Der Übersetzer hat es geschickt verstanden, diese Stilqualität herauszuarbeiten durch die Verwendung zusätzlicher Idiome für einfache Wörter des QS-Textes. Die ursprüngliche Eidesformel wird als Element der Emphase in der ZS sinngemäß modifiziert.)

Catch-22

... and it wasn't long before he *donated* his views. (p. 15)
... und es dauerte nicht lange, *da gab er bereits seine Ansichten zum besten*. (S. 10)
Besondere Aufmerksamkeit verdienen Routineformeln, die im literarischen Text vor allem in wörtlicher oder erlebter Rede vorkommen und zumeist auf den unteren Stilebenen

liegen. Wie bereits das oben erwähnte Beispiel von John Braine zeigt, werden sie häufig zur Redecharakterisierung der Figuren in der Art eines Sprachporträts im Wortkunstwerk verwendet. Daher verlangen sie von einem Übersetzer viel Einfühlungsvermögen in die konkrete Sprechsituation.

Christa T.

Verfluchter Hochmut von dieser Neuen. *Die spinnt ja.* (S. 12)
Thinks rather a lot of herself, this new girl. *She's crazy.* (p. 8)
(Das in diesem Kontext als Kommentarformel fungierende Idiom bringt in der ZS eher einen Zustand als eine Augenblickslaune zum Ausdruck.)

Übermäßig höflich ist sie ja nicht, wie? Ich sah in die Luft und sagte: *Na und?* (S. 12)
She's not excessively polite, is she? I looked up in the air and said: *So what?* (p. 8)

Wo kam sie denn her, die Neue? ... Eichholz – *du lieber Himmel!* (S. 11)
Where are you from, newcomer? ... Eichholz – *good heavens.* (p. 7)

Life at the Top

"May I come in?" she asked.
"By all means." (p. 264)
„Darf ich näher treten?" fragte sie.
„Aber gewiß doch." (S. 308)
(In diesem Beispiel bevorzugt der Übersetzer die im Deutschen übliche Höflichkeitsformel, die gegenüber der zwanglosen Frage „Darf ich hereinkommen?" gewählter wirkt und zugleich die asymmetrische Beziehung der Gesprächspartner erkennen läßt: Die Gattin des Fabrikbesitzers Brown besucht ihren Schwiegersohn Joe Lampton in London, nachdem er sich von seiner Familie getrennt hat.)

Catch-22

"Oh, *shut up*," Dunbar told Clevinger. (p. 26)
„Oh, *halt dein Maul*," sagte Dunbar zu Clevinger. (S. 21)
(Hier wird die Stilebene der Umgangssprache beibehalten.)

"*Who gives a shit?*" he asked tiredly, and turned over on his side to go to sleep. (p. 16)
„*Na und?*" fragte er müde und legte sich auf die andere Seite, um einzuschlafen. (S. 10)
(Im ZS-Text ist hier eine Verschiebung der Stilebene eingetreten. Die Kommentarformel ist im Englischen *'vulgar'*, im Deutschen jedoch nur umgangssprachlich bis salopp, außerdem stärker als kommentierendes Anhängsel gekennzeichnet.)

Auch für **Nulläquivalenz** für Phraseologismen lassen sich überzeugende Beispiele in literarischen Übersetzungen finden. Eine Sonderform sind Auslassungen im ZS-Text, wenn ein Phraseologismus der QS nicht als lexikalische Einheit wiedergegeben, sondern nur durch den Satzkontext ausgedrückt wird.

Christa T.

Schularbeiten *kamen seit langem nicht in Frage,* Sonne schien auch keine; ... (S. 13)
We hadn't been given any homework for months, and the sun wasn't shining either; (p. 8)

(Der ZS-Text verzichtet auf den Phraseologismus gänzlich und bewegt sich auf der neutralen Stilebene; der einzige Hinweis auf die Stilebene der Umgangssprache des QS-Textes ist die kontrahierte Verbform.)

Vereinzelt finden sich Weglassungen von Phraseologismen im ZS-Text, wenn sie für das Verständnis der kommunikativen Situation nicht unbedingt erforderlich sind.

Life at the Top

"He's tight, you see. He's in between jobs and it's a great strain for him."
"You're breaking my heart," I said. I put my arm around her and nuzzled her neck. "Diorissimo," I said. (p. 63)
„Er ist sternhagelvoll, mußt du wissen. Er hat keinen Job, und das macht ihm schwer zu schaffen."
Ich legte den Arm um ihre Taille und schnupperte an ihrem Nacken. „Diorissimo", sagte ich. (S. 71)
(In diesem Falle liegt keine Nulläquivalenz in der ZS vor. Die Übersetzungsvariante „Du brichst mir (noch) das Herz" wäre möglich gewesen. Durch diese Weglassung interpretiert der Übersetzer bereits den Text.)

Echte Nulläquivalenz besteht bei dem Idiom *Box and Cox* im Deutschen. Das Wörterbuch von Muret-Sanders kann dafür nur eine Umschreibung anbieten: „Zwei Personen, die nie zusammen sind oder zur selben Zeit zu Hause sind (nach einem gleichnamigen Lustspiel)". Ähnlich lautet die Erklärung in ODCIE 2, die aber durch einen Hinweis auf den Ursprung dieses Idioms ergänzt wird: "from a story – also the theme of a short Gilbert and Sullivan opera – of two lodgers named Box and Cox who shared the same room unknown to each other, one occupying it by day, the other by night." (Vgl. S. 74)

Life at the Top

"Hello, old man," he said. "Long time no see."
"We've been playing *Box and Cox*," I said. "When we came back from our holidays you went on yours." (p. 212)
„Hallo, alter Junge", sagte er. „Lang nicht mehr gesehn."
„Wir haben *Bäumchen-verwechselt-Euch* gespielt", sagte ich. „Als wir aus den Ferien zurückkamen, seid ihr in die Ferien gefahren." (S. 246).
Dieses Idiom wird in der Konversation zwischen den Gästen der Geburtstagsfeier nochmals aufgenommen:
"It's lovely to see you both again," she said. "We've kept missing each other ..."
"*Box and Cox*," Sybil said. "Many happy returns, Susan." (p. 214)
„Wunderbar, euch beide wiederzusehen", sagte sie. „Wir haben einander dauernd verfehlt ... ."
„Es war *Bäumchen-verwechselt-Euch*", sagte Sybil. „Meinen herzlichsten Glückwunsch, Susan." (S. 250)
(Es ist fraglich, ob die folkloristische Anspielung im Deutschen noch lebendiges Allgemeinwissen ist und diese Übersetzungsvariante überhaupt verstanden werden kann.)

In einem anderen Falle, wo für ein englisches Idiom im Deutschen zwar ein partielles Äquivalent vorliegt, aber keine denotativ-gegenständliche Bedeutung dieses Idioms im Kontext aktualisiert werden kann, hat sich der Übersetzer für die Eliminierung eines Textstücks der QS entschieden.

Life at the Top

"It's *as plain as a pikestaff,*" he said. *"And if you want to know how plain a pikestaff is, look at the walls of this monument to a pseudo-medievalism.* Everybody in Warley wants the swimming baths ... ." (p. 136) „Es ist doch sonnenklar," sagte er. „Jedermann in Warley möchte das Schwimmbad ... ." (S. 157)

Wie bereits erwähnt, hat John Braine eine besondere Vorliebe für das Spiel mit Idiomen, indem er ihnen eine denotativ-gegenständliche Bedeutung unterlegt und mit dieser Variation eine ganze Textpassage gestaltet. In seinem Roman *Life at the Top* wählt er einen stereotypen Ausspruch Joe Lamptons, und zwar die Beruhigungsformel *"Let it ride"* („Finde dich damit ab!") als Motiv für ein stilistisch wirkungsvolles Wortspiel, das sich über mehrere Sätze erstreckt.

Let it ride again. I'd given way. *I let things ride* for the sake of peace; *but they weren't riding away from me. They were riding over me, on me,* trampling me into submission, and sometimes I felt that everyone knew it. I felt something very near like hatred for Susan ... . (p. 16)

Abermals: *Laß gut* (sic!) *sein.* Ich hatte nachgegeben. Um des lieben Friedens willen *ließ ich den Dingen ihren Lauf; aber sie liefen nicht von mir weg.* Sie *überrannten mich, fielen über mich her,* trampelten mich nieder, bis ich unterworfen war, und manchmal hatte ich das Gefühl, alle Welt wisse darum. Ich empfand Susan gegenüber etwas, das dem Haß sehr nahe kam ... . (S. 16)

(Der Übersetzer meistert hier das auf dem Idiom beruhende Wortspiel, indem er im Deutschen Synoyme einsetzt, wobei zwar nicht mehr das gleiche Lexem wie im QS-Text „durchgespielt" werden kann, aber der Sinn der Aussage erhalten bleibt.)

An anderer Stelle verwendet John Braine das Idiom *to throw out a sprat to catch a mackerel* (LDEI, 'saying; sth. of relatively small importance etc. that is sacrificed, risked or offered in the hope of securing a much greater gain'), um es zu einer satzübergreifenden Metapher zu expandieren. Im Deutschen existiert keine direkte Entsprechung zu dieser sprichwörtlichen Redensart, sondern nur eine partielle Äquivalenz durch das Idiom „mit der Wurst nach der Speckseite werfen." Mit diesem Idiom versucht der Übersetzer eine ähnliche stilistische Wirkung zu erzielen. Der folgende QS-Text, in den es eingebettet ist, veranschaulicht abermals John Braines Vorliebe für Idiome nicht nur in der Figurenrede, sondern auch in der auktorialen Rede.

Enough, for him, was roughly half the amount we needed to sell in order to break even; and we couldn't sell it to anyone else because there wasn't anyone else who needed it. But we knew this when we began research, we had *set a sprat to catch a mackerel.* My father-in-law had been wrong to describe Tiffield as a big customer; he really meant that he hoped Tieffield would be a big customer. To me it appeared as if *he were going to swim off with the plump juicy sprat XA 81 triumphantly between his yellow teeth.* And if he did I knew who would get the blame. (p. 52)

Was ihm genügte, war, grob geschätzt, die Hälfte der Menge, die wir absetzen mußten, um unsere Unkosten wieder hereinzubekommen; und wir konnten es an niemanden sonst verhökern, weil niemand sonst es brauchte. Das hatten wir freilich gewußt, als wir mit der experimentellen Entwicklung anfingen: Wir hatten *mit der Wurst nach der Speckseite geworfen.* Mein Schwiegervater hatte sich geirrt, als er Tiffield einen großen Kunden nannte. Eigentlich hatte er wohl sagen wollen: Er hoffe, daß Tiffield sich zu einem großen Kun-

den entwickle. Ich hatte den Eindruck, *er werde uns* vielmehr *mit der leckeren, saftigen Wurst* XA 81 *zwischen den gelben Zähnen triumphierend durch die Lappen gehen.* Und wenn er das tat, dann wußte ich, wer den Schwarzen Peter zugeschoben bekam. (S. 58)
(Der Übersetzer variiert das dichterische Bild durch das Ausweichen auf ein Idiom der Jägersprache, das in diesem Kontext als funktionales Äquivalent gelten kann. Außerdem verwendet er im letzten Satz ein treffendes Idiom, dem im QS-Text nur eine expressiv neutrale Kollokation entspricht.)

Im Rahmen dieser Erörterung der Äquivalenzbeziehungen von Phraseologismen in literarischen Übersetzungen ist eine übersetzungskritische Beurteilung der ZS-Texte weder möglich noch notwendig.[262] Die zitierten Textausschnitte können insgesamt als Beispiele für funktionale Äquivalenz von Phraseologismen angesehen werden. Die individualstilistische Verwendung dieser Lexeme im Wortkunstwerk wurde in den meisten Übersetzungen adäquat wiedergeben.

Abschließend soll ein Einzelbeispiel angeführt werden, bei dem eine offensichtliche Falschübersetzung eines Idioms oder zumindest eine recht eigenwillige Interpretation von seiten des Übersetzers vorliegt.

Life at the Top

"I've been in business fifty years. *Man and boy*, as they say. I started at the same time as your father-in-law. I was in business in the same part of the world." (p. 55)
„Ich bin seit fünfzig Jahren in der Branche. Ich bin *ein alter* und Sie sind *ein heuriger Hase*, wie man so sagt. Ich habe zur gleichen Zeit angefangen wie Ihr Schwiegervater. Und zwar in der gleichen Gegend." (S. 61)
(Das Idiom *man and boy* hat die Stilmerkmale *'not formal'* und *'old-fashioned'* und die Bedeutung 'since boyhood, from boyhood on'. Eine ähnliche Erklärung wie das LDEI gibt Muret-Sanders: *I have known him man and boy – Ich habe ihn schon als Jungen gekannt.* In der vorliegenden Übersetzung wird ein Generationsgegensatz zwischen den Gesprächspartnern und berufliche Überlegenheit des Sprechers ausgedrückt, für die es im QS-Text keine Anhaltspunkte gibt.)

Die vorstehend behandelten Äquivalenzbeziehungen und Übersetzungstechniken gelten nicht nur für Phraseologismen, sondern für Lexeme aller Art und lassen sich über den Text in der poetischen Kommunikation hinaus auch auf Texte anderer Kommunikationsbereiche verallgemeinern. In Fachtexten treten jedoch weitaus weniger individualstilistische Varianten von Phraseologismen auf, so daß die Äquivalenzbeziehungen zwischen dem Text in der QS und ZS relativ unproblematisch sind.

9. Schlußbemerkung

Die Untersuchung von Phraseologismen in ihrer Textumgebung unter dem Aspekt ihrer aktuellen Verbreitung und Variationsmöglichkeiten wie auch im Hinblick auf Äquivalenzprobleme und Übersetzungstechniken hat gezeigt, daß der Phraseologismus systemhafte und textbezogene Eigenschaften hat. Abhängig von der Textsorte und dem Funktionalstil hat er im Text stilistische Wertigkeit. Die textbezogene Analyse von Phraseologismen hat aber auch verdeutlicht, daß die Phraseologie hierbei unmittelbar andere linguistische Disziplinen berührt, eine komplexere Betrachtungsweise notwendig macht und zugleich neue Anwendungsgebiete eröffnet, von denen nur die wichtigsten genannt seien:

1. die Bereicherung des Systems der Linguostilistik durch eine der Lexikostilistik angegliederte Beschreibungsebene einer „Phraseostilistik", die sich mit der Art und Verwendungsweise von Phraseologismen im Text und ihrer stilistischen Wirkung zu beschäftigen hat;

2. die engere Verknüpfung der Phraseologie mit der Textlinguistik – nicht zuletzt aufgrund der Tatsache, daß okkasionelle Varianten von Phraseologismen häufig satzübergreifend im Text „eingespielt" werden und als Gestaltungsprinzipien des Textautors zu werten sind (vgl. die Beispiele von J. Braine und J. Heller);

3. die stärkere Annäherung der Phraseologie an die Übersetzungswissenschaft unter dem Aspekt der Äquivalenzbeziehungen zwischen Phraseologismen der Quellen- und Zielsprache bzw. zwischen Phraseologismen und anderen lexikalischen Einheiten, woraus sich unterschiedliche Übersetzungstechniken ableiten lassen;

4. die deutlichere Abgrenzung zwischen Phraseologie und Terminologielehre als Teilgebiet der Fachsprachenforschung bei der Untersuchung von Mehrwortlexemen und terminologischen Wortverbindungen, die in den seltensten Fällen idiomatisiert sind;

5. die Berücksichtigung der mit Eigennamen gebildeten bzw. durch deonymische Derivation entstandenen Phraseologismen durch die Onomastik als Bindeglied zwischen den Nomina propria und den Appellativa;

6. die Umsetzung theoretischer Einsichten der Phraseologie im Fremdsprachenunterricht, um dem Lernenden die Struktur und Funktion nominativer wie propositionaler Phraseologismen bewußt zu machen und ihn zu einem sicheren Umgang mit diesen sprachlichen Einheiten zu befähigen, wobei der Beherrschung der für die Alltagskommunikation notwendigen Routineformeln besondere Aufmerksamkeit gelten sollte.

Anmerkungen

1 K. Hansen, Englische Lexikologie (1982, 28) bezeichnet als Gegenstand der Wortbildungslehre „die Modelle und Typen bzw. die Regeln, die der Bildung und Analyse von morphologisch oder gelegentlich auch durch bestimmte Besonderheiten ihrer Form motivierten Wörtern zugrunde liegen". Die Wortbildungslehre beschreibt die Wortbildung als Prozeß und als dessen Ergebnis und hat somit einen Synthese- und einen Analyseaspekt.

2 Der Terminus Wortgruppenlexem als Synonym für Phraseologismus hat sich in der Linguistik inzwischen eingebürgert, vgl. A. Neubert, Englische Lexikologie (1982, 13), U. Fix (1971), W. Fleischer (1982, 16, 67, 123).

3 K. Hansen, Englische Lexikologie (1982, 2.1.1.), und A. Neubert, ebenda: 1.2. (Das Lexem).

4 Vgl. K. Hansen, Englische Lexikologie (1982, 2.1.2.1).

5 H. Marchand (1969^2, 122 ff.) („Phrases"), E. Leisi (1974^6, 102 ff.).

6 Vgl. A. Rothkegel (1973).

7 A. Makkai (1972) erweitert den Einzugsbereich der Idiome des Englischen auf idiomatisierte Komposita, engt ihn aber andererseits in bezug auf idiomatisierte Sätze stark ein.

8 Diese Beispiele stammen aus der Autobiographie von M. V. Hughes, A London Girl of the 1880s (repr. 1979, 129, 123, 109).

9 Vgl. A. V. Kunin (1970, 1972), W. Fleischer (1982, 67 ff.).

10 Vgl. A. Neubert, Englische Lexikologie (1982, 19 ff.) und M. Schentke, ebenda: 155. Vgl. auch Abschnitt 1.2.5.3.

11 Zur Notation der semantischen Merkmale bzw. Komponenten vgl. M. Schentke, Englische Lexikologie (1982, 162 ff.)

12 Zu den Prädikats- und Rollentypen vgl. M. Schentke, Englische Lexikologie (1982, 165 ff.) und K. Hansen, ebenda: 57.

13 Kurzlebige Neologismen und situationsbedingte Varianten von Phraseologismen sind jederzeit möglich und bereits Gegenstand phraseologischer Untersuchungen gewesen, vgl. A. V. Kunin (1980), V. L. Daševskaja (1980), W. Schade (1976), W. Fleischer (1982, 70 ff.) Vgl. auch Abschnitt 7.

14 Vgl. J. Häusermann (1977, 15 f.) und das Wörterbuch von A. P. Cowie, R. Mackin & I. R. McCaig (1983).

15 J. Häusermann (1977, 67 f.): „In der Phraseologie ... ist die ‚Festigkeit' keine absolute Größe. Ein Frasmus ist mehr oder weniger ‚variabel'". Vgl. auch W. Fleischer (1982, 63 ff.) „Stabilität nichtidiomatischer Konstruktionen".

16 Gleichzeitig eine literarische Anspielung auf den Roman „Robinson Crusoe" von Daniel Defoe. Vgl. auch Abschnitt 5.1.4.

17 Vgl. K. Hansen, Englische Lexikologie (1982, 49, 57).

18 Vgl. K. Hansen, Englische Lexikologie (1982, 115); W. Fleischer (1982: 189 ff.).

19 Vgl. K. Hansen, Englische Lexikologie (1982, 115).

20 Solche Phraseologismen werden in der sowjetischen Linguistik als „lexikalische Ganzheiten" aufgefaßt. Sie sind festgefügt, motiviert, selbstdeutig oder nur teilweise idiomatisiert. Vgl. J. Häusermann (1977, 38) und W. Fleischer (1982, 63 f. „Nominationsstereotype", die z. T. diese „onymischen Wortgruppen" mit abdecken, aber zugleich einen weiteren Einzugsbereich haben).

21 Vgl. A. Neubert, Englische Lexikologie (1982, 19 ff.).

22 Vgl. B. Hansen, Englische Lexikologie (1982, 211 ff.).

23 Diese Meinung vertreten z. B. Ch. Fernando and R. Flavell (1981, 48) "A pure idiom is a non-literal set expression whose meaning is not a compositional function of its syntactic constituents but which always has a homonymous literal counterpart".

24 Vgl. J. Häusermann (1977, 20) in Anlehnung an H. Burger (1973). Beispiele aus dem Deutschen: die Flinte ins Korn werfen; sein Mäntelchen nach dem Wind hängen.

25 Vgl. M. Schentke, Englische Lexikologie (1982, 154), A. Neubert (ebenda: 17).

26 Vgl. auch den Aufsatz von K. Bochmann, „Zum theoretischen Status und operativen Wert der Konnotation". In: Linguistische Arbeitsberichte (=LAB) 10, Sektion Theoretische und angewandte Sprachwissenschaft, Karl-Marx-Universität Leipzig 1974. S. 27, und die theoretische Begründung für die Unterscheidung zwischen "conceptual meaning" und "connotative meaning" bei G. N. Leech (1976: 15).

27 A. Neubert, Englische Lexikologie (1982: 22 ff.).

28 Zur Charakteristik des politischen Schlagworts **big stick** vgl. A. Neubert (1978: 6).

29 Politische Euphemismen insbesondere der Massenmedien können auch kurzlebig sein und aus dem Sprachgebrauch verschwinden, wenn bestimmte zu verhüllende außen- oder innenpolitische, ökonomische oder militärische Sachverhalte nicht mehr aktuell sind. Vgl. R. Gläser, „Euphemismen in der englischen und amerikanischen Publizistik". In: Zeitschrift für Anglistik und Amerikanistik, 14, 1966, Heft 3, S. 229–258.

30 A. Neubert, Englische Lexikologie (1982, 19).

31 A. Neubert, Englische Lexikologie (1982, 20ff.).

32 Vgl. Wörterbuch der deutschen Gegenwartssprache. Hrsg. R. Klappenbach und W. Steinitz, Berlin 1978; E. Riesel/E. Schendels, Deutsche Stilistik, Moskau 1975; M. D. Kuznec/Ju. M. Skrebnev, Stilistik der englischen Sprache. Autorisierte Übersetzung aus dem Russischen von R. Gläser, Leipzig 1968[2] (bes. Kap. II); G. Graustein und Kollektiv, Englisch Grammar. A University Handbook, Leipzig 1977, 17ff.

33 Vgl. den Aufsatz von H. Béjoint, „The use of informants in dictionary-making". In: Hartmann (1979), p. 25–29.

34 Vgl. E. Partridge, A Dictionary of the Underworld, London 1950, und A Dictionary of Slang and Unconventional English, London 1951[4].

35 Wesentliche Aspekte der Kollokation enthält die Definition von T. F. Mitchell: "In my view, collocations are habitual associations of linguistic forms, however difficult it is to measure habitualness, and are therefore a subset of selectional restrictions. Unlike idioms, they are productive, but their definition as textual elements must be as tightly controlled as that of any other linguistic item, class, or category." In: "Meaning Is What You Do – and How He and I Interpret It – a Firthian View of Pragmatics". In: Die Neueren Sprachen, Heft 3/4, Juli 1978, p. 246.

36 Die Kollokabilität/Kompatibilität von Lexikoneinheiten nach semantischen und syntaktischen Regeln wurde in verschiedenen Ansätzen der generativen Transformationsgrammatik, insbesondere der generativen Semantik, beschrieben. Dabei galt der Interesse der Verletzung von Selektionsregeln, die wesentliche Aufschlüsse über eine Gradation der Grammatikalität im Rahmen dieses Konzeptes gibt. Durch die Verletzung von Selektionsregeln können stilistische Effekte (z. B. Metaphern) entstehen. Vgl. W. Motsch, Zur Kritik des sprachwissenschaftlichen Strukturalismus. Berlin 1974.

37 Vgl. die Definition von Collocation in dem Dictionary of Language and Linguistics von R. R. K. Hartmann and F. C. Stork, London 1976 (repr.), p. 41.

38 A. P. Cowie (1981, 224).

39 A. P. Cowie, R. Mackin & I. R. McCaig (1983, XIII).

40 B. Carstensen (1970, 194); A. P. Cowie (1981, 223; 226).

41 Beispiele aus A. P. Cowie (1981, 227).

42 Beispiele aus A. P. Cowie (1981, 226).

43 Beispiele aus A. P. Cowie (1981, 227).

44 Auf halbfeste Wortverbindungen bezieht sich z. B. I. V. Arnol'd mit ihrem Terminus 'semi-fixed combinations' anhand solcher Beispiele wie go to school/go to courts (1973, 141f.). N. N. Amosova spricht von „Einheiten des halbfesten Kontextes" mit Bezug auf solche Beispiele wie Dutch comfort/Dutch consolation (1963, 71; vgl. dazu den Kommentar von J. Häusermann, 1977, 28). Auf den Terminus 'semi-idioms' verweisen die Autoren des Oxford Dictionary of Current Idiomatic English Vol. 2 (1983, XIII). Der Terminus 'degree of frozenness' spielt eine entscheidende Rolle in der von B. Fraser entwickelten sechsstufigen "frozenness hierarchy" (1970, 39–42; vgl. dazu den Kommentar von A. Makkai 1972, 52f.). Der von G. L. Permyakov (1979, 238) verwendete Terminus 'phraseological collocation' für feste (idiomatisierte wie nichtidiomatisierte) Wortverbindungen ist jedoch wegen der spezifischen Bedeutung des Terminus collocation in der britischen Linguistik irreführend.

45 Beispiele von G. N. Leech (1976, 20).

46 Vgl. die Überblicksdarstellungen von J. Häusermann (1978), E. G. Beljaevskaja (1980) und W. Fleischer (1982).
English, Vol. 2: Phrase, Clause & Sentence Idioms.

47 Propositionen als einen festen Bestandteil der Phraseologismen behandeln A. V. Kunin (1970, 194ff.; 1972: 240ff.), I. V. Arnol'd (1973, 161ff.), A. Makkai (1972, 172ff., wobei die "Idioms of Institutionalized Detachment or Indirectness" und "Idioms of Institutionalized Greeting" als Arten von Routineformeln besonders relevant sind), D. Götz (1976, 55ff.), J. Häusermann (1977, 113ff.) und W. Fleischer (1982, 128ff.). Vgl. auch das Oxford Dictionary of Current Idiomatic

48 Vgl. die "frozenness hierarchy" von B. Fraser (1970, 39–42), die eine Reihe von Zuordnungsproblemen aufwirft. (Vgl. auch S. 57f.)

49 Die Unterscheidung zwischen Zentrum und Peripherie geht auf ein Konzept der Prager Schule zurück, das aufgrund seiner Anwendbarkeit auf unterschiedliche sprachliche Erscheinungen zum Allgemeingut der modernen Linguistik geworden ist. W. Fleischer (1982) ordnet dem „Kernbereich" bzw. dem Zentrum der Phraseologie solche Wortverbindungen zu, für die „Idiomatizität; semantisch-syntaktische Stabilität; Lexikalisierung und Reproduzierbarkeit" kennzeichnend sind, während im „Grenzbereich" bzw. an der Peripherie der Phraseologie andere Strukturen angesiedelt sind.

50 Diese Art Phraseologismus wird im Hauptteil der folgenden Darstellung unter den „unilateralen Idiomen" der einzelnen Wortarten behandelt.

51 Vgl. A. Makkai (1972, 155 "irreversible binomial idioms").

52 Zum Terminus 'winged words' vgl. G. L. Permyakov (1979, 8). I. V. Arnol'd bezeichnet diese volkstümlichen Zitate als "familiar quotations" (1973, 162). Zum Gegenstandsbereich vgl. das Nachschlagewerk von K. Böttcher, K. H. Berger, K. Krolop, Ch. Zimmermann, Geflügelte Worte. Zitate, Sentenzen und Begriffe in ihrem geschichtlichen Zusammenhang. Leipzig 1981, insbes. die „Vorbemerkung" von K. Böttcher, 7 ff.

53 Vgl. F. Coulmas (1981).

54 Diese Termini stehen im Einklang mit den in der sowjetischen Phraseologie-Forschung häufig verwendeten Termini „frazeologičeskoe edinstvo", „frazeologičeskaja edinica" und „frazeologizm" sowie dem in englischsprachigen Veröffentlichungen üblichen Terminus "phraseological unit". Der von J. Häusermann (1977) eingeführte Terminus "Frasmus" als Sammelbegriff für phraseologische Erscheinungen aller Art und der von K. D. Pilz (1979) und W. Fleischer (1982) verwendete Terminus "Phraseolexem" werden in der folgenden Darstellung nicht aufgenommen, um die Übersichtlichkeit der Arbeitsbegriffe und -termini zu gewährleisten.

55 K. Hansen, Englische Lexikologie (1982, 28), W. Fleischer (1982, 195 ff.).

56 K. Hansen, Englische Lexikologie (1982, 28).

57 K. Hansen, Englische Lexikologie (1982, 30).

58 W. Fleischer (1982, 36).

59 vgl. Abschnitt 1.2.3. und 7.
W. Fleischer (1982, 209 ff.) bezeichnet die im Text mögliche Modifikationen von Phraseologismen als „phraseologische Variation" mit verschiedenen Ausprägungen als Erweiterung, Reduktion von Konstituenten eines Phraseologismus oder als Kontamination zweier Phraseologismen.

60 Diesen Terminus verwendet W. Fleischer (1982).

61 Vgl. den Aufsatz von N. E. Osselton (1979, 120–126).

62 Vgl. B. Hansen, Englische Lexikologie (1982, 198 ff.).

63 W. Fleischer (1982, 189 ff.) bezeichnet als "dephraseologische Derivation" solche "Wortbildungskonstruktionen" (d. h. komplexe Wörter), deren Basen phraseologische Einheiten sind, z. B. Haarspalter (< Haare spalten), Dünnbrettbohrer (< ein dünnes Brett bohren; das Brett an der dünnsten Stelle bohren), Schwarzseher (< schwarz sehen).

64 Vgl. Ch. Fernando and R. Flavell (1981, 26).

65 Im nicht streng linguistischen Sinne wird das Idiom häufig als "the way of expression typical of a person or a people in their use of language" für bestimmte einzelsprachliche Besonderheiten verwendet. Vgl. die Erklärungen im Longman Dictionary of Contemporary English und im Oxford Advanced Learner's Dictionary of Current English.

66 Vgl. die Darstellungen von W. Schmidt-Hidding (1962) und D. Götz (1976).

67 Vgl. die Definition des Idioms S. 28 und P. Schifko (1977, 90).

68 R. Klappenbach (1968).

69 Vgl. Th. Schippan (1975^2, 125).

70 I. A. Mel'čuk (1968), zitiert bei J. Häusermann, 1977: 35.

71 K. D. Pilz (1978, 517).

72 Vgl. Ch. Fernando and R. Flavell (1981); J. Strässler (1982); dazu die Einleitungen zu den Wörterbüchern Longman Dictionary of English Idioms (1979), Chambers Idioms (1982) und Oxford Dictionary of Current Idiomatic English, Vol. 2 (1983).

73 Vgl. A. Makkai (1972), B. Fraser (1970), U. Weinreich (1972), dazu die Übersichtsdarstellungen von J. Strässler (1982), Ch. Fernando and R. Flavell (1981).

74 Vgl. N. N. Amosova (1963), A. V. Kunin (1970, 1972) und die Zusammenfassungen von J. Häusermann (1977) und W. Fleischer (1982).

75 Zitiert und kommentiert bei A. Makkai (1972, 48). Deutsche Übersetzung in U. Weinreich (1972, 434): „Eine phraseologische Einheit, die wenigstens zwei polyseme Konstituenten umfaßt, und in der eine reziproke kontextuelle Wahl von Unterbedeutungen stattfindet, wird mit Idiom bezeich-

76 Zitiert und erläutert bei L. Lipka (1974, 276).
77 Diese Art der Idiome berührt sich mit den restringierten Kollokationen, vgl. Abschnitt 1.2.7.
78 Auf die Schwierigkeiten einer widerspruchsfreien Klassifikation von Phraseologismen und auf die Berechtigung unterschiedlicher theoretischer und methodischer Ansätze, selbst wenn diese nur fragmentarisch sind und nur einen begrenzten Teil des phraseologischen Bestandes erfassen können, hat W. Fleischer (1982, 116) hingewiesen.
79 Das Gesamtkorpus mit Einschluß der satzähnlichen Phraseologismen beträgt ca. 2500 Belege.
80 A. Rothkegel (1973). Vgl. dazu den kritischen Kommentar von W. Fleischer (1982, 126ff.).
81 K. D. Pilz (1978).
82 B. Fraser (1970). Vgl. dazu den Kommentar von A. Makkai (1972, 52ff.).
83 vgl. A. Makkai (1972) und den Kommentar in der Arbeit von Ch. Fernando and R. Flavell (1981, 7ff.).
84 Vgl. A. Neubert (1977, 9); W. Fleischer (1982, 52ff.).
85 W. Schmidt-Hidding (1962) bezeichnet solche Fälle wie in less than no time und he's one too many for me ausdrücklich als „unlogische Idiome" (S. 16).
86 Vgl. A. Makkai (1972), L. Lipka (1974), P. Schifko (1977 92), W. Fleischer (1982, 54ff.).
87 Es ist jedoch jederzeit möglich, daß in einem bestimmten Situationszusammenhang, z. B. in humorvoller oder ironischer Absicht, solche Formen gebildet werden. Vgl. Kap. 7 „Die kommunikative Funktion des Phraseologismus".
88 Vgl. M. Schentke, Englische Lexikologie (1982, 155f.).
89 Auch A. V. Kunin (1970/1972) und A. Rothkegel (1973) gliedern den phraseologischen Wortschatz des Englischen bzw. des Deutschen nach Wortarten.
90 W. Fleischer (1982, 63) definiert ‚Nominationsstereotype' als „Wortverbindungen, deren Gesamtsemantik durch die wendungsexterne Semantik ihrer Komponenten gegeben ist, die sich aber doch noch auf nicht voraussagbare Weise – und sei dies noch so geringfügig – von der einfachen Summe dieser Komponentenbedeutungen unterscheiden." Zu diesen Phraseologismen zählt W. Fleischer u. a. ‚nichtidiomatisierte Wortpaare', ‚nominale und verbale – mehr oder weniger komplexe – Klischees', die für die mündliche Kommunikation und für Texte der Massenmedien kennzeichnend sind, terminologische Wortgruppen und ‚onymische Wortgruppen (Wortverbindungen als Eigennamen)'.
91 Vgl. S. Krahl/J. Kurz (1973): Kleines Wörterbuch der Stilkunde. Leipzig, 64. Auf Wortverbindungen in der Funktion von Nominationen und Propositionen bezieht sich die Definition des Terminus cliché bei R. R. K. Hartmann and F. C. Stork (1976): Dictionary of Language and Linguistics. London, 37: "A stereotyped word or phrase which has become almost meaningless through excessive use, particularly in such fields as political propaganda, e. g. democracy, advertising, e. g. value for money, and in certain jargons such as journalese, e.g. inside information'.
92 E. Partridge (1979, 4).
93 Diese Feststellung ist notwendig, weil A. V. Kunin (1970, 238ff.) sogar so weit geht, Termini als Untergruppe der „festen Wendungen mit wörtlicher Bedeutung der Komponenten" grundsätzlich in den Gegenstandsbereich der Phraseologie einzubeziehen. Als „Benennungen mit terminologischer Bedeutung" klassifiziert er z. B. 'reinforced concrete; thermal efficiency; light artillery; war of annihilation' – In der Fachsprachenforschung wird dieser Wortschatz zweckmäßigerweise als terminologische Wortverbindungen bezeichnet und nicht der Phraseologie, sondern der Terminologielehre zugewiesen.
94 Bemerkenswert an diesen nichtidiomatisierten Wortgruppen ist ein Aspekt der Sprachkonfrontation: Phraseologismen des Englischen entsprechen im Deutschen meist. Determinativkomposita, vgl. folding door – Falttür; full employment – Vollbeschäftigung; special offer – Sonderangebot.
95 Definition aus J. A. Cuddon (1982, 423): A Dictionary of Literary Terms. Harmondsworth.
96 W. Fleischer (1982, 64).
97 E. Leisi (1974^6, 102) behandelt diese Verben unter dem Oberbegriff der ‚Wortverbände' und bezeichnet das in finiter Verbform auftretende und weitgehende bedeutungsleere Verb als ‚rein dynamisches Verb (operator)'.
98 Vgl. English Grammar. A University Handbook (1984, 112): „Paraphrasal verbs consist of a (verbal) stem and a NP (Det = ∅-Art or 'a') plus a closely cohesive preposition (of, to, for, with) and form a lexical unit. They

are called paraphrasal verbs because they can be said to 'paraphrase' (or restate) the meaning of a lexically corresponding or synonymous verbal expression." Als Beispiele werden genannt: catch sight of ('see, discover'); lose sight of ('overlook, no longer be able to see'); make use of ('use'); pay attention to ('attend to').

99 W. Fleischer (1982, 139 ff.) behandelt als ‚Funktionsverbgefüge' „Wortverbindungen aus Substantiv + Verb", das als „beziehungsweit" angesehen werden kann.

100 Beispiele für häufig gebrauchte "collocations with simple verbs", die zu solchen Phraseologismen führen, verzeichnet die Grammatik von R. A. Close (1979, 223 ff.): A Reference Grammar for Students of English. Moscow (Nachdruck der Londoner Ausgabe von 1975).

101 W. Fleischer (1982, 141).

102 W. Fleischer (1982, 141) beruft sich auf G. Helbig (1979): Probleme der Beschreibung von Funktionsverbgefügen im Deutschen. In: Deutsch als Fremdsprache 16, H. 5, 273 ff.

103 Vgl. die Übersicht der 'Collocations with simple verbs' bei R. A. Close (1979, 223 ff.): A Reference Grammar for Students of English.

104 Vgl. B. Hansen, Englische Lexikologie (1982, 205 ff.).

105 A. Makkai (1972, 155, 314 ff.).

106 Vgl. Th. Schippan (1972, 116), K. D. Pilz (1978, 51 f.), W. Fleischer (1982, 111 ff.).

107 E. Agricola (1969, 589), W. Fleischer (1982, 111 ff.).

108 I. V. Arnol'd (1973, 143).

109 A. V. Kunin (1970, 329, Zusammenfassung. Kunins Terminus wäre etwa mit „phraseologische Einheiten mit koordinierender Struktur" zu übersetzen.

110 E. Agricola (1969, 589) nennt als Beispiele 'Mensch und Tier; Hund und Katze'.

111 Vgl. die Definition bei J. A. Cuddon (1982, 50): A Dictionary of Literary Terms. Harmondsworth: "antonomasia (Gk 'naming instead') A figure of speech in which an epithet, or the name of an office or dignity, is substituted for a proper name. So 'the Bard' for Shakespeare, 'a Gamaliel' for a wise man; 'a Casanova' for a womanizer; and 'a Hitler' for a tyrant."

112 K. Hansen (1979, 46); H. Marchand (1969, 123 ff. 'phrases').

113 E. Leisi (1974, 102).

114 Vgl. H. Marchand (1969, 124 'sentence phrases').

115 Den Terminus verwendet E. Agricola (1969, 589).

116 Zu dem Terminus 'stereotyper Vergleich' s. W. Schmidt-Hidding (1962), A. V. Kunin (1970), W. Fleischer (1982).

117 In den Vergleichsbildern – ähnlich wie in den Sprichwörtern – hat die folk wisdom ihren Niederschlag gefunden. Der Aussage as weak as a cat widerspricht aber das Sprichwort a cat has nine lives, und as weak as water wird offenbar durch das Sprichwort constant dropping drains/wears away the stone widerlegt.

118 Vgl. K. Hansen (1979, 40).

119 D. Götz (1976, 78) bezeichnet solche Idiome, bei denen eine Konstituente nur noch wendungsintern vorkommt (kit and caboodle; kith and kin; spick and span; tit for tat) als ‚Pseudo-Idioms'. In ähnlicher Weise spricht A. Koralova (1980, 123) von ‚Pseudowörtern', wenn die betreffenden Konstituenten nicht mehr selbständig, sondern nur noch in ‚tautologischen Wendungen' existieren, und nennt als Beispiele spick and span; tit for tat.

120 Vgl. die Verben to drop a hint; to pick a quarrel mit den einfachen Verben to hint (at) und to quarrel und den ‚Funktionsverbgefügen' innerhalb der verbalen Phraseologismen, Abschnitt 3.1.3.

121 Vgl. damit das bilaterale Idiom to keep a stiff upperlip 'to refuse to complain or show emotion of fear in danger', dem eine Metonymie zugrunde liegt (eine Geste steht für eine innere Haltung).

122 Vgl. G. Kirchner (1952): Die zehn Hauptverben des Englischen. Halle.

123 K. Gommlich (1980).

124 Vgl. H. Spitzbardt (1962): Lebendiges Englisch. Halle. Eine ähnliche Beobachtung haben bereits die Verfasser älterer Arbeiten zur englischen Stilistik gemacht wie etwa M. Deutschbein (1932); Neuenglische Stilistik. Leipzig. Auch T. McArthur und B. Atkins (1974, 6) und ODCIE 1 (1975) bestätigen die expressive Funktion dieser Elemente.

125 Auf diese Spezifik verweist besonders K. Gommlich (1980).

126 A. V. Kunin (1970/1972).

127 A. Makkai (1972).

128 Vgl. den Überblicksartikel von R. Eckert (1976, 7–26).

129 Als stellvertretend kann die Meinung von Th. Schippan gelten: „Sprichwörter betrachten wir nicht als lexikalische Einheiten. Sprichwörter sind kurze Sprüche, in denen Lebenserfahrungen oder Lebensregeln mit

lehrreicher Tendenz meist in bildlicher Einkleidung vorgetragen werden. Die Form des Sprichwortes ist immer ein Satz, sein Inhalt eine Aussage." (1975, 126).
130 N. N. Amosova (1963) und V. N. Telija (1975, 381).
131 I. V. Arnol'd (1973, 161).
132 A. V. Kunin (1970, 337) – Übersetzung des Zitats – R. G.
133 A. Makkai (1972, 124), Variationen der sprichwörtlichen Redensart to carry coals to Newcastle: Don't carry coals to Newcastle. – He was carrying coals to Newcastle. – This amounts to carrying coals to Newcastle. – So was it worth your while to carry coals to Newcastle?
134 R. Alexander (1978, 2).
135 K. Daniels (1976).
136 J. Häusermann (1977).
137 K. D. Pilz (1978).
138 W. Fleischer (1982).
139 Longman Dictionary of English Idioms (1979).
140 Chambers Idioms (1983 repr.).
141 Oxford Dictionary of Current Idiomatic English, Vol. 2 (1983).
142 Auf Probleme der Zuordnung von Propositionen zum System der Sprache oder der Rede verweist H. Thun in seinem Beitrag „Der Nutzen einer Klassifikation der fixierten Wortgefüge für den Französischunterricht". In: Die Neueren Sprachen, 1979/H. 6, S. 508.
143 G. L. Permyakov (1979, 8) klassifiziert die Sprichwörter neben den nominativen Phraseologismen unter den lexikalischen Einheiten der Rede, wobei er sich auf ein logisch-semiotisches System stützt. "The lexical stock of any spoken language includes a fair number of so-called complex clichés, i. e. set word-combinations which are reproduced in a form fixed once and for all. These include various idiomatic phrases, e. g. at one's fingertips, complex terms, e. g. atomic weight, all kinds of proverbs, proverbial phrases, winged words, quotations and folk aphorisms, newspaper and literary clichés and the like. Unfortunately, the relevant statistics are lacking as to their proportion in the national language and in human language in general."
144 K. D. Pilz (1978, 51 ff.).
145 I. V. Arnol'd (1973², 161 ff.).
146 W. Schmidt-Hidding (1962).
147 R. Alexander (1978, 8).
148 R. Ridout and C. Witting (1969, 14).
149 S. Scheibe (1969, 592), W. Fleischer (1982, 17 ff.), W. Fleischer (1983, 314).
150 K. Sontheim (1972).
151 A. P. Cowie / R. Mackin (1975, 174).
152 A. P. Cowie / R. Mackin (1975, 209).
153 M. V. Hughes, A London Girl of the 1880s, Oxford 1979 repr., p. 120.
154 M. V. Hughes, A London Girl of the 1880s, Oxford 1979 repr., p. 14.
155 Vgl. I. V. Arnol'd (1973², 161). I. M. Deeva (1970, 3) verweist auf diese Tendenz unter dem Gesichtspunkt der praktischen Vermittlung englischer Sprichwörter im Unterricht: "English people use proverbs in speech so often that a book of proverbs with explanations, examples and exercises will be a valuable help to the advanced student of the English language. This is what a noted linguist has to say on the subject: 'Proverbs are so much the common property of all Englishmen that in conversation it is often enough to repeat just the beginning of a proverb; the rest is easily supplied by the other collocutor. The 'part for the whole' is a common feature of the economy of English ...'" (Zitate von W. J. Ball, Conversational English, ohne Jahresangabe).
Vgl. auch das Vorwort zum Oxford Dictionary of Current Idiomatic English (1983, XV).
156 Vgl. die Vorbemerkungen zu den Sprichwortsammlungen von R. Ridout / C. Witting (1967), J. A. Simpson (1982) und R. Fergusson (1983).
157 Vgl. die Ausführungen von U. Kändler „direkte Rede in Sachprosa" in: Stilistik der deutschen Gegenwartssprache (von W. Fleischer und G. Michel), 1979³, 211: „Weniger dokumentarischen als illustrativen Charakter haben solche Zitate von Autoritäten, die als Anschauungszitate oder als eine Gruppe der geflügelten Worte wie Sprichwörter in den verschiedensten Texten verwendet werden können. Sie wirken im Unterschied zu den Thesen- und Beweiszitaten zumeist expressiv und veranschaulichen schlaglichtartig Haltungen zu den dargestellten Sachverhalten, die damit kommentiert und gewertet werden können."
158 Vgl. M. Schentke, Englische Lexikologie (1982, 216).
159 Zusammenstellung der Beispiele nach R. Ridout / C. Witting (1967, 21).
160 Vgl. The Concise Oxford Dictionary of Proverbs (1982, 146).
161 Vgl. The Concise Oxford Dictionary of Proverbs (1982, 108).
162 Vgl. den Kommentar von R. Ridout / C. Witting (1967, 38): "This proverb is often used as an excuse for not helping those outside

the family circle ... But that is not the real meaning of the proverb. In its literal sense charity is Christian love of one's fellow men; kindness; natural affection. If children learn to love and help those nearest to them in their early years, they will love and help their fellow men when they grow up. In other words, charity begins at home, but it does not end there."
163 Vgl. R. Ridout/C.Witting (1967, 7ff.). Das Penguin Dictionary of Proverbs enthält 6000 Sprichwörter (einschließlich der Entlehnungen oder der Übersetzung aus anderen Sprachen).
164 R.Ridout/C.Witting (1967, 12).
165 G.L.Permyakov (1979, 8).
166 S.Scheibe (1969, 602).
   Vgl. auch W. Fleischer (1982, 83ff.) und W.Fleischer (1983, 314, wo geflügelte Worte den „Sentenzen", „Maximen" und „Aphorismen" zugeordnet werden), außerdem die „Vorbemerkung" in dem Lexikon Geflügelte Worte. Zitate, Sentenzen und Begriffe in ihrem geschichtlichen Zusammenhang (1981).
167 Die Angaben stammen aus dem Concise Oxford Dictionary of Proverbs (1982).
168 Das Concise Oxford Dictionary of Proverbs (1982, 90) gibt dafür folgende Erklärung: "Garbage is a colloquial term in data processing for 'incorrect input' which will, according to the proverb, inevitably produce faulty output".
169 F.Coulmas (1981, 62).
170 F.Coulmas (1981, 66). Vgl. auch K. D. Pilz (1978, 109).
171 F.Coulmas (1981, 65).
172 vgl. W. Fleischer (1982, 114) führt diesen Phraseologismus unter den "phraseologischen Wortpaaren" auf, andere Gemeinplätze (ohne diesen Terminus zu verwenden) unter den "Phraseoschablonen", 135ff. (Beispiele wie Sicher ist sicher; Geschenkt ist geschenkt.)
173 R.Taylor/W.Gottschalk (1966², 92).
174 I.V.Arnol'd (1973, 161/162).
175 R.Alexander (1978, 27). Vgl. auch das Longman Dictionary of English Idioms (1979, X).
176 R.Alexander (1978, 27).
177 A.Makkai (1972, 169ff.).
178 A.V.Kunin (1972, 57ff.).
179 R.Ridout/C.Witting (1969, 11f.).
180 Vgl. auch R.Gläser (1980c).
181 Diese Phraseologismen sind jedoch nicht zu verwechseln mit den literarischen Eigennamen, die zu Gattungsnamen geworden sind: a Shylock, a Robinson Crusoe, a Scrooge/scrooge. Diese sind lexikalisierte Metonymien.
182 E.Partridge (1979, 33). Vgl. auch S.176.
183 Das Idiom Catch-22 ist erstmals aufgeführt bei E. de Bono (1977, 25) und als catch 22 bzw. catch twenty-too im Longman Dictionary of English Idioms (1979, 50).
184 Vgl. die Quellen und den Kommentar bei R. Gläser, „Extratextuale Faktoren der Stilbeschreibung". In: Wissenschaftliche Zeitschrift der Pädagogischen Hochschule ‚Dr. Theodor Neubauer' Erfurt-Mühlhausen. Gesellschafts- und Sprachwissenschaftliche Reihe, 7.Jg. 1970, Heft 2, S.89-91. Der Beleg Patricia in Pinterland stammt aus dem Sunday Times Magazine vom 25. 9. 1983, p.56 (Überschrift).
185 F.Coulmas (1981).
186 K.D.Pilz (1978).
187 W.Fleischer (1982).
188 H.Petzschler/I.Zoch (1974, 209ff.).
189 A.Makkai (1972, 172ff.).
190 E.Gülich/K.Henke (1979, 513ff.).
191 K.Daniels/G.Pommerin (1979, 572ff.).
192 E.Gülich/K.Henke (1979, 513 ff.).
193 I.V.Arnol'd (1973, 150).
194 F.Coulmas (1981).
195 Vgl. den gleichlautenden Aufsatz von E.Gülich/K.Henke (1979).
196 D.Götz (1976, 58).
197 Hier können nur einige Standardwerke genannt werden: McH. Sinclair, J. and Coulthard, M. R. (1975): Towards an Analysis of Discourse. London; McH. Sinclair and Brazil, D. (1982): Teacher Talk. Oxford; Lörscher, W. (1983): Linguistische Beschreibung und Analyse von Fremdsprachenunterricht als Diskurs. Tübingen.
198 J.House (1982, 110): „Gambits in deutschen und englischen Alltagsdialogen. Versuch einer pragmatisch-kontrastiven Analyse". In: Grazer Linguistische Studien 17/18. Perlokutionäre Aspekte, Herbst 1982.
199 R.Alexander (1978, 14f.).
200 Wie bereits erwähnt, betrachtet P.L.Permyakov Sprichwörter als lexikalische Einheiten der Rede (1979); Th. Schippan (1975²) schließt sie aus dem System der Sprache auf lexikalischer Ebene aus.
201 A.V.Kunin (1970, 336); Übersetzung des Zitats – R.G.
202 A.V.Kunin (1967): Anglo-russkij frazeologičeskij slovar', izdanie tret'e, ispravlennoe. Moskva.
203 Als Quelle für die deutschen Äquivalente wurden folgende zweisprachige Wörterbücher herangezogen: Langenscheidts Wörterbuch der englischen und deutschen

Sprache. Teil 1 Englisch-Deutsch (1962); Schöffler/Weis (Nachdruck 1983): Englisch-Deutsch. Globalwörterbuch Klett; Langenscheidts Handwörterbuch Englisch-Deutsch (1977); Taylor/Gottschalk (1966²): A German-English Dictionary of Idioms.
204 Vgl. die kommunikativen Formeln in den Lehrbuch von P. Plant (1976³): Everyday English. Leipzig.
205 J. Braine, Life at the Top (1962, 187).
206 Deutsche Übersetzung: Ein Mann der Gesellschaft (1964, 217).
207 J. Braine (1962, 112f.): Life at the Top; Ein Mann der Gesellschaft (1964, 129).
208 W. Douglas Home (1963 repr., 38 – Act 1, Scene 2).
209 T. Stoppard (1982, 18): The Real Thing. London
210 A. Ayckbourn (1975, 26): The Norman Conquest. A Trilogy of Plays. Part One: Table Manners. London.
211 A. Makkai (1972, 172).
212 K.D. Pilz (1978).
213 W. Fleischer (1982, 208).
214 A. Ayckbourn (1975, 80 – Act Two, Scene Two): The Norman Conquest, Part One: Table Manners.
215 W. Douglas Home (1963 repr., 24 – Act 1, Scene 1): The Reluctant Debutante.
216 K.D. Pilz (1978).
217 R. Taylor/W. Gottschalk (1966², 462).
218 J. Braine (1962, 16): Life at the Top; Ein Mann der Gesellschaft (1964, 16).
219 A. Ayckbourn (1975, 82 – Act Two, Scene two): The Norman Conquest, Part One: Table Manners.
220 K.D. Pilz (1978).
221 A. Ayckbourn (1975, 131 – Act Two): The Norman Conquest, Part Two: Living Together.
222 J. Braine (1962, 43): Life at the Top; Ein Mann der Gesellschaft (1964, 47).
223 R. Taylor/W. Gottschalk (1966², 301).
224 R. Taylor/W. Gottschalk (1966², 249).
225 R. Taylor/W. Gottschalk (1966², 18).
226 A. Makkai (1972, 173, 178).
227 F. Coulmas (1981, 102).
228 J. Osborne (1961, 8ff.): Look Back in Anger. London.
229 A.V. Kunin (1970, 336) – Übersetzung des Zitats – R.G.
230 K.D. Pilz (1978, 54).
231 W. Fleischer (1982, 133).
232 Taylor/Gottschalk (1966², 244, 100).
233 Typische Beispiele für Erstaunensformeln im Sprachgebrauch Jugendlicher in der DDR waren Anfang der siebziger Jahre solche paradigmatische Abwandlungen wie „Ich denke/dachte/, mich streift ein Bus/ mich tritt ein Pferd". Vgl. das Erfolgsstück von U. Plenzdorf (1973): Die neuen Leiden des jungen W. Rostock.
234 F. Coulmas (1981, 106).
235 J. House (1982, 114): „Mit Hilfe von cajolers will der aktuelle Sprecher die Harmonie zwischen sich und dem aktuellen Hörer entweder etablieren, erhöhen oder neu wiederherstellen". Die cajolers dienen „zur Überbrückung von Formulierungsunsicherheit".
236 R. Alexander (1978, 15).
237 J. Heller (1979 repr., 96f.).
238 Zitiert nach The New Testament. American Bible Society. Instituted in the Year 1816. New York o.J. (Anhang: The Ten Commandments).
239 J.M. and M.J. Cohen (1974 repr., 32, 47).
240 J. Heller (1979 repr., 42).
241 J. Braine (1960 repr., 18f.): Room at the Top.
242 M. V. Hughes (1979 repr., 22), A London Home in the 1890s.
243 J.R. Taylor (1971 repr., 13f.).
244 F.R. Palmer (1979 repr., 27).
245 F.R. Palmer (1979 repr., 94).
246 J. D. Bernal (1969 repr., 1095), Science in History. Vol.4: The Social Sciences: Conclusion.
247 Vgl. den von K. Hansen herausgegebenen Sammelband Studien zur Sprachkonfrontation (Englisch-Deutsch). Humboldt-Universität, Sektion Anglistik/Amerikanistik, Berlin 1983, und den dort veröffentlichten Beitrag von K. Hansen, „Entwicklungstendenzen und aktuelle Probleme der Konfrontativen Linguistik", S. 7–31. Vgl. auch R. Eckert (1979a und 1979b).
248 Vgl. R. Eckert 1979c, „Zur Variabilität phraseologischer Wendungen" und R. Gläser (1984), „Modifikationen von Idiomen im Text".
249 Vgl. L. Barchudarow (1979, 17): Sprache und Übersetzung. Probleme der allgemeinen und speziellen Übersetzungstheorie. Moskau/ Leipzig
250 O. Kade (Hrsg.), Übersetzungswissenschaftliche Beiträge 4 „Probleme des übersetzungswissenschaftlichen Textvergleiches", Leipzig 1981.
251 Vgl. O. Kade (1981, 4 – Vorwort), Hervorhebung im Original.
252 H. Schmidt, „Zur Textkomprimierung beim Übersetzen aus dem Russischen ins Deutsche". In: O. Kade (1981, 38–69).
253 Vgl. die Darstellungen der phraseologischen Systeme des Englischen von R. Gläser (1981) und des Deutschen von W. Fleischer (1982).

254 L. Barchudarow (1979).

255 Dieses über die reine Denotation hinausreichende Bedeutungspotential faßt L. Barchudarow (1979, 73) unter dem Begriff „pragmatische Bedeutung" zusammen. H.-E. Tietz (1982) bezeichnet es als „nichtreferentielle lexikalische Bedeutungskomponenten", vgl. H.-E. Tietz, Probleme bei der Übersetzung nichtreferentieller lexikalischer Bedeutungskomponenten (Englisch-Deutsch). Diss. A, Karl-Marx-Universität Leipzig 1982.

256 Vgl. R. Gläser (1983).

257 Lehrbücher für den Erwachsenenunterricht widmen dieser Erscheinung besondere Aufmerksamkeit, vgl. List-Luck-Middell (1980, 439) English Step by Step. English for beginners and elementary refresher course; English for intermediate learners; English for advanced learners and scientists. Leipzig. Auf false friends verweist auch das Übungsbuch von A. E. Hieke und E. Lattey (1983).

258 J. Braine (1962), deutsche Übersetzung (ohne Nennung des Übersetzers) (1964).

259 Ch. Wolf (1968), deutsche Übersetzung von Ch. Middleton (1971).

260 J. Braine (1962), deutsche Übersetzung (1964).

261 J. Heller (1961, repr. 1979), deutsche Übersetzung von I. und G. Danehl (1964, Lizenz-Ausgabe 1975).

262 Ansätze für die Bewertung literarischer Übersetzungen, insbesondere von Dramentexten, entwickelt J. House (1977, A Model for Translation Quality Assessment. Tübingen.

Deutsch-englisches Terminusverzeichnis

Alliteration/Stabreim	alliteration
Anspielung	allusion
Antithese	antithesis
Antonympaar	pair of antonyms
Appellativum	common noun
Bedeutung	meaning
denotative ~	referential ~
übertragende ~	figurative ~; transferred sense
bildhaft	figurative
Binnenreim	internal rhyme
Denotat	referent
Eigenname	proper noun; proper name
Eliminierungstest	elimination test / deletion test
feste Wendung	set expression
Festigkeit	stability
semantische ~	semantic ~
syntaktische ~	syntactic ~
Gebot	commandment
geflügeltes Wort	winged word; household word
Gemeinplatz	common place; truism; platitude
Gesprächselement / -floskel	gambit
Graduierung der Idiomatizität	grading of idiomaticity
Homonymie	homonymy
Hyperbel	hyperbole
Idiom	idiom
unilaterales ~	unilateral ~
bilaterales ~	bilateral ~
multilaterales ~	multilateral ~
Idiomatisierung	idiomatisation
Idiomatizität	idiomaticity
Kollokabilität	collocability
Kollokation	collocation
offene ~	open ~
restringierte ~	restricted ~
Kompatibilität	compatibility
Komponente	component
Kompositum	compound
idiomatisiertes ~	idiomatised ~
Konfiguration	configuration
Konnotation	connotation
expressive ~	expressive ~
stilistische ~	stylistic ~

Konstituente	constituent
unmittelbare ~	immediate ~
Lexem	lexeme; lexical unit
Losung	slogan; catchphrase
Metapher	metaphor
Metonymie	metonymy
Nomination	nomination; word-like phraseological unit
nominative Funktion	nominative function
Operator	operator
Paarformel	irreversible binomial
Permutationstest	reordering; permutation test
phatische Funktion	phatic funktion
Phraseologie	phraseology
Phraseologismus / phraseologische Einheit	phraseologism; phraseological unit
Polysemie	polysemy; multiple meaning
Proposition	proposition; sentence
rhetorische Formel	rhetorical formula
Routineformel	routine formula
satzähnlicher Phraseologismus	sentence-like phraseological unit
Semem	sememe
Semem-Komponente	component of a sememe
sprichwörtliche Redensart	proverbial saying; semiproverb; saying
Sprichwort	proverb
stereotyper Vergleich	stereotyped comparison; simile
Stilebene	stylistic level
Stilfärbung	stylistic colouring
Stilmerkmal / Stilsignator	stylistic marker; usage label
Stilwert	stylistic value
Substitutionstest	substitution test
Synonympaar	pair of synonyms
Synonymreihe	paradigm of synonyms
usuell	commonly used
Vergleich	comparison; simile
Wort	word
einfaches ~	simple ~; simplex
komplexes ~	complex ~
wortähnliches Phraseologismus	word-like phraseological unit
Wortart	part of speech
Wortbildung(slehre)	word formation
Wortgruppenlexem	multiple lexeme; phrase
Wortverband	phrase
Zitat	quotation
Zwillingsformel	irreversible binomial (idiom)

Literaturverzeichnis

1. Wörterbücher und Idiomsammlungen

Chambers Idioms. Ed. by E. M. Kirkpatrick and C. M. Schwarz. Edinburgh 1983 repr.
The Concise Oxford Dictionary of Current English. Ed. by J. B. Sykes. Oxford 1976[6] (= COD)
Langenscheidts Enzyklopädisches Wörterbuch der englischen und deutschen Sprache. Teil 1 Englisch – Deutsch. 2 Bde. Hrsg. von O. Springer. Berlin – Schöneberg 1962/1963
Langenscheidts Handwörterbuch Englisch – Deutsch/Deutsch – Englisch. Hrsg. von H. Messinger und W. Rüdenberg. Berlin – München – Wien – Zürich 1977
Longman Dictionary of Contemporary English. Ed. by P. Procter. London 1978 (= LD)
Longman Dictionary of English Idioms. Ed. by Th. Hill Long. London 1979 (= LDEI)
Oxford Advanced Learner's Dictionary of Current English. By A. S. Hornby with the assistance of A. P. Cowie and J. Windsor Lewis. London 1974[3] (= ALD)
Oxford Dictionary of Current Idiomatic English. Volume 1: Verbs with Prepositions and Particles. By A. P. Cowie and R. Mackin. London 1975 (= ODCIE 1)
Oxford Dictionary of Current Idiomatic English. Volume 2: Phrase, Clause and Sentence Idioms. By A. P. Cowie, R. Mackin and I. R. McCaig. Oxford, London, Glasgow etc. 1983 (= ODCIE 2)
PONS Globalwörterbuch Klett, Schöffler, Weis*: Englisch – Deutsch.* Bearbeitet von E. Weis und H. Mattutat. Stuttgart 1983 Nachdruck

Alekseeva, L. S. (Ed.) (1964): *Familiar Quotations. Sbornik citat i izrečenij na anglijskom jazyke.* Moskva
Böttcher, K./K. H. Berger/K. Krolop/Ch. Zimmermann (1981): *Geflügelte Worte. Zitate, Sentenzen und Begriffe in ihrem geschichtlichen Zusammenhang.* Leipzig
Cohen, J. M. and M. J. (1974 repr.): *The Penguin Dictionary of Quotations.* Harmondsworth
Davidoff, H. (Ed.) (1963[15]): *The Pocket Book of Quotations. A New Collection of Favorite Quotations from Socrates to the Present.* New York
de Bono, E. (1977): *Wordpower. An Illustrated Dictionary of Vital Words.* London
Deeva, I. M. (1970): *English Proverbs and How to Use Them. Pjat'desjat anglijskich poslovic i ich upotreblenie.* Leningrad
Engeroff, K./C. Lovelace-Käufer (1975): *An English-German Dictionary of Idioms.* München
Fergusson, R. (1983): *The Penguin Dictionary of Proverbs.* Harmondsworth
Fowler, W. S. (1979 repr.): *Dictionary of Idioms.* Sunbury-on-Thames
McArthur, T. and B. Atkins (1974): *Dicitionary of English Phrasal Verbs and Their Idioms.* Stuttgart
McMordie, W. (1966[11]): *English Idioms and How to Use Them.* Revised by R. C. Goffin. London
Partridge, E. (1979 repr.): *A Dictionary of Clichés.* London
Ridout, R. and C. Witting (1969): *English Proverbs Explained.* London
Simpson, J. A. (Ed.) (1982): *The Concise Oxford Dictionary of Proverbs.* Oxford – New York – Toronto – Melbourne
Taylor, R. and W. Gottschalk (1966[2]): *A German-English Dictionary of Idioms.* München
Tripp, Rh. Th. (1979 repr.): *The International Thesaurus of Quotations.* Harmondsworth

2. Überblicksdarstellungen zur (englischen) Lexikologie und Semantik

Arnol'd, I. V. (1973[2]): *The English Word. Leksikologija sovremennogo anglijskogo jazyka.* Moskva
Bauer, L. (1983): *English Word-Formation.* Cambridge – London etc.
Hansen, B./K. Hansen/A. Neubert/M. Schentke (1982): *Englische Lexikologie. Einführung in Wortbildung und lexikalische Semantik.* Leipzig
Hansen, K. (1966): „Die Bedeutung der Worttypenlehre für das Wörterbuch". In: *Zeitschrift für Anglistik und Amerikanistik,* 14, Heft 2, S. 160–178.

Hansen, K. (1977): "Gegenstand und Beschreibungsaspekte der Wortbildungslehre (am Beispiel des Englischen)". In: *Linguistische Studien* (Reihe A), 36, Berlin, S. 37-68
Hansen, K. (1979): *Abriß der modernen englischen Wortbildung. Lehrmaterial zur Ausbildung von Diplomlehrern Englisch.* Wissenschaftlich-Technisches Zentrum der Pädagogischen Hochschule Potsdam
Hansen, K. (1980): "Probleme der Konstituentenanalyse von Wortbildungen im Englischen". In: *Linguistische Studien* (Reihe A), 67, Berlin, S. 12-26
Hartmann, R. R. K. (1979) (Ed.): *Dictionaries and Their Users. Papers from the 1978 B. A. A. Seminar on Lexicography.* Exeter Linguistic Studies, Vol. 4. University of Exeter
Leech, G. N. (1976): *Semantics.* Harmondsworth
Leisi, E. (1973): *Praxis der englischen Semantik.* Unter Mitwirkung von D. Weniger und W. Naef. Heidelberg
Leisi, E. (1974[6]): *Das heutige Englisch. Wesenszüge und Probleme.* Heidelberg
Lipka, L./H. Günther (Hrsg.) (1981): *Wortbildung.* Darmstadt
Lyons, J. (1977): *Semantics.* 2 vols. Cambridge
Marchand, H. (1969[2]): *The Categories and Types of Present-Day English Word-Formation. A Synchronic-Diachronic Approach.* München
Neubert, A. (1977): "Zu einigen Grundfragen der englischen Lexikologie". In: *Linguistische Studien* (Reihe A), 36, Berlin, S. 2-36
Neubert, A. (1978): "Arten der lexikalischen Bedeutung". In: *Linguistische Studien* (Reihe A), 45, Berlin, S. 1-23
Osselton, N. E. (1979): "Some Problems of Obsolescence in bilingual dictionaries". In: Hartmann (1979), pp. 120-126
Palmer, F. R. (1979 repr.): *Semantics. A new outline.* Cambridge
Schifko, P. (1977): *Aspekte einer strukturalen Lexikologie.* Bern
Schippan, Th. (1975[2]): *Einführung in die Semasiologie.* Leipzig
Schippan, Th. (1984): *Lexikologie der deutschen Gegenwartssprache.* Leipzig

3. Überblicksdarstellungen zur (englischen) Phraseologie und Idiomatik

Agricola, E. (1969): "Wortverbindungen und Redewendungen". In: *Kleine Enzyklopädie Deutsche Sprache.* Bd. 1, Leipzig, S. 580-590
Akhmanova, O. S. (Ed.) (1974): *Word-Combination. Theory and Method.* Moskva (MGU)
Aktuelle Probleme der Phraseologie (1976): Materialien der Wissenschaftlichen Konferenz des Wissenschaftsgebiets Ostslawische Sprachwissenschaft der Sektion Theoretische und Angewandte Sprachwissenschaft. Karl-Marx-Universität Leipzig
Alexander, R. (1978): *Fixed Expressions in English: A Linguistic, Psycholinguistic, Sociolinguistic and Didactic Study.* Series B, Paper N. 26. Trier
Amosova, N. N. (1963): *Osnovy anglijskoj frazeologii.* Leningrad
Barz, I. (1984): "Primäre und sekundäre Phraseologisierung". In: *Linguistische Studien* (Reihe A), 123, Berlin, S. 119-140
Beljaevskaja, E. G. (1980): "Anglijskaja frazeologija: Osnovnye napravlenija issledovanija". In: Kunin (1980), S. 36-67
Burger, H. (1973): *Idiomatik des Deutschen.* Unter Mitarbeit von H. Jaksche. Tübingen
Burger, H./A. Buhofer/A. Sialm (1982): *Handbuch der Phraseologie.* Berlin (W)
Černyševa, I. (1984): "Aktuelle Probleme der deutschen Phraseologie". In: *Deutsch als Fremdsprache,* 21, Heft 1, S. 17-22
Coulmas, F. (1981): *Routine im Gespräch. Zur pragmatischen Fundierung der Idiomatik.* Wiesbaden
Fernando, Ch./R. Flavell (1981): *On Idiom. Critical Views and Perspectives.* Exeter Linguistic Studies, Vol. 5. University of Exeter
Fix, U. (1971): *Das Verhältnis von Syntax und Semantik im Wortgruppenlexem. Versuch einer objektivierten Klassifizierung und Definition des Wortgruppenlexems.* Diss. A, Karl-Marx-Universität Leipzig
Fleischer, W. (1982): *Phraseologie der deutschen Gegenwartssprache.* Leipzig
Fleischer, W. (1983): "Phraseologie". In: *Kleine Enzyklopädie Deutsche Sprache.* Hrsg. W. Fleischer, W. Hartung, J. Schildt, P. Suchsland, Leipzig, S. 307-322
Garifulin, L. B./A. M. Čepasova (Hrsg.) (1976): *Frazeologičeskaja sistema jazyka.* Čeljabinsk

Gläser, R. (1981): *Phraseologie der englischen Sprache. Lehrmaterial zur Ausbildung von Diplomlehrern Englisch.* Wissenschaftlich-Technisches Zentrum der Pädagogischen Hochschule Potsdam

Häusermann, J. (1977): *Phraseologie. Hauptprobleme der deutschen Phraseologie auf der Basis sowjetischer Forschungsergebnisse.* Tübingen

Klappenbach, R. (1968): „Probleme der Phraseologie". In: *Wissenschaftliche Zeitschrift der Karl-Marx-Universität Leipzig.* Gesellschafts- und Sprachwissenschaftliche Reihe, 17, Heft 2/3, S. 221–227

Kunin, A. V. (1970): *Anglijskaja frazeologija (Teoretičeskij kurs).* Moskva

Kunin, A. V. (1972): *Frazeologija sovremennogo anglijskogo jazyka. Opyt sistematizirovannogo opisanija.* Moskva

Kunin, A. V. (Hrsg.) (1978): *Voprosy frazeologii. Sbornik naučnych trudov.* Vypusk 131, Moskovskij gosudarstvennyj pedagogičeskij institut inostrannych jazykov imeni Morisa Toreza. Moskva

Kunin, A. V. (Hrsg.) (1980): *Voprosy frazeologii anglijskogo jazyka. Sbornik naučnych trudov.* Vypusk 168. Moskovskij gosudarstvennyj pedagogičeskij institut inostrannych jazykov imeni Morisa Toreza. Moskva

Makkai, A. (1972): *Idiom Structure in English.* The Hague – Paris.

Pilz, K. D. (1978): *Phraseologie. Versuch einer interdisziplinären Abgrenzung, Begriffsbestimmung und Systematisierung unter besonderer Berücksichtigung der deutschen Gegenwartssprache.* Göppingen

Rothkegel, A. (1973): *Feste Syntagmen. Grundlagen, Strukturbeschreibung und automatische Analyse.* Tübingen

Scheibe, S. (1969): „Sprichwort und Redensart". In: *Kleine Enzyklopädie Deutsche Sprache,* Bd. 1, Leipzig, S. 590–605

Schippan, Th. (1975²): „Phraseologie". In: *Einführung in die Semasiologie.* Leipzig, S. 122–131

Schmidt-Hidding, W. (1962): *Englische Idiomatik in Stillehre und Literatur.* München

Strässler, J. (1982): *Idioms in English. A Pragmatic Analysis.* Tübingen

Telija, V. N. (1975): „Die Phraseologie". In: *Allgemeine Sprachwissenschaft.* Hrsg. B. A. Serébrennikov, Bd. 2, Berlin, S.374–429

Thun, H. (1978): *Probleme der Phraseologie. Untersuchungen zur wiederholten Rede mit Beispielen aus dem Französischen, Italienischen, Spanischen und Rumänischen.* Tübingen

Wallace, M. J. (1979): "What is an Idiom? An applied linguistic approach". In: Hartmann (1979), pp. 63–70

Weinreich, U. (1972): „Probleme bei der Analyse von Idioms". In: *Semantik und generative Grammatik.* Hrsg. F. Kiefer, Frankfurt/M., S. 415–475

Yorio, C. A. (1980): "Conventionalized Language Forms and the Development of Communicative Competence". In: *TESOL QUARTERLY,* vol. XIV, No. 4, Dec. 1980, p. 433–442

4. Darstellungen zu Einzelaspekten der (englischen) Phraseologie

Aisenstadt, E. (1979): „Collocability restrictions in dictionaries". In: *Dictionaries and Their Users.* Ed. by R. R. K. Hartmann, Exeter, pp. 71–74

Barkova, L. A. (1980): „Lingvostilističeskie osobennosti funkcionirovanija frazeologizmov v reklamnych tekstach". In: Kunin (1980), S. 18–35

Berišvili, M. S. (1980): „O vlijanii žanra na funkcionirovanie frazeologičeskich edinic". In: Kunin (1980), S. 68–84

Bolinger, D. (1971): *The Phrasal Verb in English.* Cambridge/Mass.

Carstensen, B. (1964): „Zur Struktur des englischen Wortverbandes". In: *Die Neueren Sprachen,* 13, S. 305–328

Carstensen, B. (1970): „Englische Wortschatzarbeit unter dem Gesichtspunkt der Kollokation". In: *Neusprachliche Mitteilungen aus Wissenschaft und Praxis,* Heft 4, S. 193–202

Černyševa, I. (1980): „Variabilität in Sprachsystem und Text auf lexikalisch-phraseologischer Ebene". In: *Zeitschrift für Phonetik, Sprachwissenschaft und Kommunikationsforschung,* 33, Heft 3, S. 307–311

Činenova, L. A. (1983): „Precessy razvitija anglijskoj idiomatiki". In: *Vorprosy jazykoznanija,* 31, Heft 2, S. 111–117

Cowie, A. P. (1981): "The Treatment of Collocations and Idioms in Learners' Dictionaries". In: *Applied Linguistics,* Vol. II, Nr. 3, Autumn 1981, pp. 223–235

Literaturverzeichnis

Daniels, K. (1976): „Neue Aspekte zum Thema Phraseologie in der gegenwärtigen Sprachforschung". In: *Muttersprache,* Heft 4, S. 267–293

Daniels, K./G. Pommerin (1979): „Die Rolle sprachlicher Schematismen im Deutschunterricht für ausländische Kinder". In: *Die Neueren Sprachen,* 78, Heft 6 ('Idiomatik'), S. 572–586

Daševskaja, V. L. (1978): „Frazeologičeskie edinicy v kontekste gazetnogo zagolovka". In: Kunin (1978), S. 43–56

Eckert, R. (1976): „Aktuelle Probleme der Phraseologieforschung". In: *Aktuelle Probleme der Phraseologie,* S. 7–26

Eckert, R. (1979a): „Aspekte der konfrontativen Phraseologie". In: *Linguistische Studien* (Reihe A), 56, Berlin, S. 74–80

Eckert, R. (1979b): „Zum vergleichenden Studium der Phraseologie". In: *Linguistische Studien* (Reihe A), 57, Berlin, S. 148–155

Eckert, R. (1979c): „Zur Variabilität phraseologischer Wendungen". In: *Linguistische Arbeitsberichte,* 22, Sektion Theoretische und Angewandte Sprachwissenschaft der Karl-Marx-Universität Leipzig, S. 144–149

Faerch, C./G. Kasper (1982): "Phatic, Metalingual and Metacommunicative Functions in Discourse, Gambits and Repairs". In: *Impromptu Speech: A Symposium.* Ed. Nils Enkvist. Åbo.

Fleischer, W. (1980): „Zur Charakterisierung substantivischer Phraseologismen in der deutschen Sprache der Gegenwart". In: *Zeitschrift für Phonetik, Sprachwissenschaft und Kommunikationsforschung,* 33, Heft 1, S. 22–27

Fraser, B. (1970): "Idioms within a transformational grammar". In: *Foundations of Language,* Vol. 6, p. 22–42

Glaap, A.-R. (1979): „Idiome im Englischunterricht – kontextualisiert, sachfeldbezogen, kontrastiv". In: *Die Neueren Sprachen,* 78, Heft 6, S. 485–498

Gläser, R. (1977): „Probleme der englischen Phraseologie". In: *Linguistische Studien* (Reihe A), 36, Berlin, S. 87–107

Gläser, R. (1978): "Syntaktische und semantische Aspekte der Klassifizierung von Phraseologismen". In: *Linguistische Studien* (Reihe A), 45, Berlin, S. 78–98

Gläser, R. (1980a): „Zum Problem der Idiomatik – Forschungsstand und praktische Lösungswege". In: *Linguistische Studien* (Reihe A), 67, Berlin, S. 161–171

Gläser, R. (1980b): „Syntactico-semantic Aspects of the Phraseological Unit". In: *Zeitschrift für Anglistik und Amerikanistik,* 26, Heft 4, S. 351–355

Gläser, R. (1980c): „Eigennamen in idiomatisierten Phraseologismen des Englischen". In: *Studia Onomastica 1, Namenkundliche Informationen,* Beiheft 2, Karl-Marx-Universität Leipzig, S. 25–37

Gläser, R. (1983): „Phraseologismen als Übersetzungsproblem". In: *Studien zur Sprachkonfrontation (Englisch-Deutsch).* Hrsg. K. Hansen. Humboldt-Universität, Sektion Anglistik/Amerikanistik, Berlin, S. 134–145

Gläser, R. (1984): "The Translation Aspect of Phraseological Units in English and German". In: *Papers and Studies in Contrastive Linguistics,* Vol. 18. Ed. J. Fisiak, Adam Mickiewicz University Poznań, Poznań, p. 123–134

Gläser, R. (1958): „Idiomatik und Sprachvergleich". Sprache und Literatur in Wissenschaft und Unterricht. In: *Idiomatik.* Hrsg. von Georg Stötzer, Paderborn – München, Heft 56, S. 67-73.

Gläser, R. (1986): "A Plea for Phraseo-Stylistics". In: *Linguistics across Historical and Geographical Boundaries. In Honour of Jacek Fisiak on the Occasion of His Fiftieth Birthday.* Vol. Edited by D. Kastovsky and Aleksander Swedek. Berlin – New York – Amsterdam

Glöckner, H. (1973): „Die Äußerungsform – eine kommunikative Größe bei der Entwicklung der Gesprächsfähigkeit". In: *Deutsch als Fremdsprache,* 10, Heft 6, S. 399ff.

Götz, D. (1976): *Stilistik und Idiomatik im Englischunterricht.* Dortmund

Gommlich, K. (1980): *Das Phrasal Verb und Möglichkeiten seiner Bedeutungsbeschreibung. Ein ausgewähltes Kapitel der englischen Phraseologie.* Diss. A, Karl-Marx-Universität Leipzig

Gontscharowa, N. (1981): *Untersuchungen zur phraseologischen Antonymie in der deutschen Gegenwartssprache.* Diss. A, Karl-Marx-Universität Leipzig

Gülich, E./K. Henke (1979): „Sprachliche Routine in der Alltagskommunikation. Überlegungen zu 'pragmatischen Idiomen' am Beispiel des Englischen und Französischen". In: *Die Neueren Sprachen,* 78, Heft 6, S. 513–530

Hieke, A. E./L. Lattey (1983): *Using Idioms. Situationsbezogene Redensarten.* Tübingen
House, J. (1982): „Gambits in deutschen und englischen Alltagsdialogen. Versuch einer pragmatisch-kontrastiven Analyse". In: *Grazer Linguistische Studien 17/18. Perlokutionäre Aspekte.* Herbst 1982, S. 110–132
Kade, O. (1976): „Phraseologismen als Übersetzungsproblem". In: *Aktuelle Probleme der Phraseologie,* Karl-Marx-Universität Leipzig, S. 49–62
Kastovsky, D. (1980): "Selectional restrictions and lexical solidarities". In: *Perspektiven der lexikalischen Semantik. Beiträge zum Wuppertaler Semantikkolloquium vom 2.–3. Dezember 1977.* Hrsg. D. Kastovsky, Bonn, S. 70–92
Kerimzade, M. K. (1980): „Nominativnyj aspekt frazeologičeskoj derivacii". In: Kunin (1980), S. 106–119
Koralova, A. L. (1980): „Charakter informativnosti frazeologičeskich edinic". In: Kunin (1980), S. 120–134
Kunin, A. V. (1978) „Lingvostilističeskie osobennosti frazeologičeskogo ellipsa". In: Kunin (1978), S. 103–126
Kunin, A. V. (1980): „Mechanizm okkazional'noj frazeologičeskoj nominacii i problema ocenki". In: Kunin (1980), S. 158–185
Kunkel, K. (1986): *Untersuchungen zur funktional differenzierten Verwendung von Phraseologismen in ausgewählten Textsorten der deutschen Gegenwartssprache.* Diss. A, Karl-Marx-Universität Leipzig
Lipka, L. (1974): „Probleme der Analyse englischer Idioms aus struktureller und generativer Sicht". In: *Linguistik und Didaktik,* 20, S. 274–285
Marchand, H. (1969²): „Phrases". In: *The Categories and Types of Present-day Word-formation,* München, p. 123 ff.
McCallum, G. P. (1970): *idiom drill for students of english as a second language* (sic!). New York – Hagerstown – San Francisco – London
McCallum, G. P. (1978): *More Idiom Drills for students of english* (sic!) *as a second language.* New York – Hagerstown – San Francisco – London
Meier, H. H. (1975): "On Placing English Idioms in Lexis and Grammar". In: *English Studies, A Journal of English Language and Literature,* 56, Number 3, June 1975, pp. 231–243
Meier, H. H. (1975): "The State of Idiomatics". In: *Dutch Quarterly Review of Anglo-American Letters,* 5, pp. 163–179
Militz, K.-M. (1979): „Phraseologische Wendungen in der sprachlichen Kommunikation". In: *Sprachpflege* 28, Heft 11, S. 230 ff.
Militz, H.-M. (1980): „Phraseologische Wendungen in literarischen Texten". In: *Sprachpflege* 29, Heft 5, S. 99 ff.
Militz, H.-M. (1984): „Sprachspiele im phraseologischen Bereich". In: *Sprachpflege* 33, Heft 3, S. 32–33
Mitschri, E. (1979): *Idiomatische attributive Wortverbindungen mit substantivischem Kern in der deutschen Gegenwartssprache.* Diss. A, Karl-Marx-Universität Leipzig
Permyakov, G. L. (1979): *From Proverb to Folk-Tale. Notes on the General Theory of Cliché.* Moscow
Petzschler, H./I. Zoch (1974): „Die Rolle dialogtypischer Wortverbindungen und Wendungen bei der Vervollkommnung sprachlichen Könnens auf dem Gebiet des dialogischen Sprechens". In: *Deutsch als Fremdsprache 11,* Heft 4, S. 209 ff.
Prošin, A. V. (1976): „Aktualizacija stilističeskoj sniženosti (na materiale frazeologii sovremennogo anglijskogo jazyka". *In: Frazeologičeskaja sistema jazyka.* Čeljabinsk, S. 137–146
Rudenko, S. A. (1980): „Leksiko-frazeologičeskaja sinonimija v sovremennom anglijskom jazyke". In: Kunin (1980), S. 205–221
Schade, W. (1976): „Zu den komparativen Phraseologismen des Deutschen und Russischen". In: *Aktuelle Probleme der Phraseologie.* Karl-Marx-Universität Leipzig, S. 127–134
Smit, L. P. (1959): *Frazeologija anglijskogo jazyka.* Moskva (L. P. Smith 1925): *Words and Idioms. Studies in the English Language.* Russische Übersetzung von A. S. Ignat'eva)
Sontheim, K. (1972): *Sprichwort, sprichwörtliche und metaphorische Redewendung, Synchronische und diachronische Studien zu semantisch-idiomatischen Konstruktionen im Englischen.* Diss. Erlangen-Nürnberg
Stupin, L. P./K. S. Ignat'ev (1980): *Sovremennyj anglijskij rečevoj ětiket.* Leningrad

5. Übersetzungswissenschaftliche Arbeiten

Barchudarow, L. (1979): *Sprache und Übersetzung. Probleme der allgemeinen und speziellen Übersetzungstheorie.* Moskau/Leipzig
House, J. (1977): *A Model for Translation Quality Assessment.* Tübingen
Kade, O. (1981) (Hrsg.): *Probleme des übersetzungswissenschaftlichen Textvergleichs. Übersetzungswissenschaftliche Beiträge 4.* Leipzig
Kutz, W. (1981): „Zur Auflösung der Nulläquivalenz russischsprachiger Realienbenennungen im Deutschen". In: Kade (1981), S. 106–138
Neubert, A. (1968): „Pragmatische Aspekte der Übersetzung". In: *Grundfragen der Übersetzungswissenschaft.* Hrsg. von A. Neubert. *Beihefte zur Zeitschrift „Fremdsprachen" II,* Leipzig, S. 21–33
Neubert, A. (1973): „Invarianz und Pragmatik". In: *Neue Beiträge zu Grundfragen der Übersetzungswissenschaft.* Hrsg. von A. Neubert und O. Kade. *Beihefte zur Zeitschrift „Fremdsprachen" V/VI,* Leipzig, S. 13–26
Neubert, A. (1977): „Zur kommunikativen Äquivalenz". In: *Linguistische Arbeitsberichte,* 16, Karl-Marx-Universität, Sektion Theoretische und Angewandte Sprachwissenschaft, Leipzig, S. 15–22
Neubert, A. (1985): *Text und Translation.* Hrsg. von Gert Jäger und Albrecht Neubert. Übersetzungswissenschaftliche Beiträge 8. Leipzig
Schmidt, H. (1981): „Zur Textkomprimierung beim Übersetzen aus dem Russischen ins Deutsche". In: Kade (1981), S. 38–69
Tietz, H.-E. (1982): *Probleme bei der Übersetzung nichtreferentieller lexikalischer Bedeutungskomponenten (Englisch-Deutsch).* Diss. A., Karl-Marx-Universität Leipzig
Walther, W. (1983): „Aspekte der Übersetzung von Metaphern". In: *Studien zur Sprachkonfrontation (Englisch-Deutsch).* Hrsg. von K. Hansen, Humboldt-Universität, Sektion Anglistik/Amerikanistik, Berlin, S. 76–83

6. Quellentexte für Analysebeispiele

Ayckbourn, A. (1975): *The Norman Conquest. A Trilogy of Plays.* London.
    Part One: *Table Manners*
    Part Two: *Living Together*
    Part Three: *Round and Round the Garden*
Bernal, J. D. (1969 repr.): *Science in History.* Vol 4: *The Social Sciences.* London
Braine, J. (1957): *Room at the Top.* London
Braine, J. (1962): *Life at the Top.* London
Braine, J. (1964): *Ein Mann der Gesellschaft.* Gütersloh
Douglas Home, W. (1963 repr.): *The Reluctant Debutante.* London
Heller, J. (1979 repr.): *Catch 22.* London
Heller, J. (1975³): *Der IKS-Haken.* Deutsche Übersetzung von I. und G. Danehl. Berlin
Hughes, M. V. (1979 repr.): *A Victorian Family.* Oxford – New York – Toronto – Melbourne
    A London Child in the 1870s
    A London Girl of the 1880s
    A London Home in the 1890s
Osborne, J. (1959 repr.): *Look Back in Anger.* London
Stoppard, T. (1982): *The Real Thing.* London
Taylor, J. R. (1971 repr.): *Anger and After. A Guide to the New British Drama.* London
Wolf, Ch. (1968): *Nachdenken über Christa T.* Halle/Saale.
Wolf, Ch. (1971): *The Quest for Christa T* (Translated by Ch. Middleton). London

Pressetexte

Morning Star (25-7-1980; 3-3-1981; 5-12-1983)
New Scientist (23-10-1980)
The Sunday Times Magazine (25-9-1983)

Sachindex

Abbild 25, 83
   Objekt ~ 14, 24, 26, 44f, 61, 129
   Sachverhalts ~ 14, 16, 24, 44, 82, 101, 105, 129
Ablautverdopplung 59
Ablehnungsformel 142
Ableitung 13, 23
Abschiedsformel **129f**
Äquivalenzbeziehungen 132, **165f**, 167, 169f, 178f
   funktionale Äquivalenz 168, 175
   Nulläquivalenz 167f, 176
   partielle ~ 167f, 171, 173, 177
   scheinbare ~ 169
   vollständige ~ 167, 171
Allgemeinsprache 37, 64, 78, 94
Alliteration 47, 51, 67, 79, 85, 87, 114, 127
Analogie(bildung) 21, 51f
Anomalie 59f, 97
Anspielung 32, 45f, 70, 74, 77f, 86, 104, 106, **122f**, 170
anthropomorphe Metapher s. Metapher
antithetische Aussage/Antithese 115, 126
Antonomasie 77
Antonym 74, 79, 82, 86, 89, 99
Aphorismus 104, 186
appreciative 32
archaic s. archaisch
archaisch 33, 35
Assimilation 13
Assonanz 51, 114
Aufforderungsformel **145f**
auktoriale Rede 177

Bedauernsformel 129, **137f**
Bedeutung 14
   denotativ-übertragene ~ 22, **28f**, 39, 50, 55, 60, 109, 122, 129, 156
   denotativ-wörtliche ~ 18, 22, **26f**, 55, 60, 102, 156
   „exosememische" ~ 54
   fachspezifische ~ 37
   gegenständliche ~ 26, 170, 176
   „konkrete" ~ 26
   „litterale" ~ 26, 29
   metaphorische ~ 14
   metonymische ~ 14
   operative ~ 46
   usuelle ~ 28
„Bedeutungsanomalie" 54
Bedeutungserweiterung 52

„Bedeutungsisolierung" 54
Bedeutungsnuancen 26
Bedeutungsübertragung 52, 54, 103
Begrüßungsformel 129, **132f**
Belletristik 19, 119, 157, 165
belletristischer Text s. Belletristik
Benennungseinheit 22
Beschwichtigungsformel 129, **130f**, 147, 151
Beteuerungsformel 129, **149f**
Betonungsmuster 15, 24, 58, 140, 148
Bild 27, 88
Bildhaftigkeit 34
Bildkraft 103, 126
Bildsphäre 27, 88, 112f, 167f
Bildungsmuster 92
Binnenreim 51, 67, 79, 85, 89, 99f, 114, 127

collocational range 39, 67
colloquial 33, 36, 145, 162

dated 35, 51
Defektivität 58
   transformationelle ~ 58
Denotat 25, 53, 71, 83
denotative Bedeutung s. Bedeutung
Denotatsbereich 27
Derivation 22, 52
   deonymische ~ 179
   dephraseologische ~ 22, 52, 125, 182
derog(atory) 31
Determinans 18, 84
Determinatum 18, 75
diachronische Betrachtungsweise 51, 53
Diskursanalyse 131
Drillingsformel 81, 86, 101

Eidesformel 150
Eigenname 63, 65, 77, 123, 125, 179, 183
einfaches Wort s. Wort
Einschränkungsformel **143f**
Einzelwort 19
Eliminierungstest 20, 61
Ellipse 25, 46, 73, 133
Endreim 47, 127
Entlehnung 116, 123
Entschuldigungsformel 129, **136f**, 147
Erfahrungssatz 120
Erkundigungsformel 129, **135f**, 170
Ermutigungsformel 129, **138f**
Erstaunensformel 129, **148f**
Erwiderungsformel 130, **139f**, 143, 148, 170
Etymologie 13
euphemistic 32
Euphemismus 32, 181
„exosememische Bedeutung" 54
Expressivität 103

facetious 32
Fachsprache 29, 35, 37, 63, 94
Fachwortschatz 37, 78, 93
false friends s. falsche Freunde
falsche Freunde 169
feste Wendung s. Wendung
festes Syntagma s. Syntagma
feste Wortverbindung s. Wortverbindung
figurative 28
Figurenrede 177
Fluchformel 129
foreign 33, 35
formal 33, 67
   informal 67, 145, 162
   nonformal/not formal 33, 156
Formativ(struktur) 17
Formel 25
   Ablehnungs~ 130, **142f.**
   Abschieds~ 129, **132f**
   Aufforderungs~ **145f**
   Bedauerns~ 129, **137f**
   Begrüßungs~ 129, **132f**
   Beschwichtigungs~ 129, **138f**, 147, 151
   Beteuerungs~ 129, **149f**
   „Entgegnungs~" 140
   Entschuldigungs~ 129, **136f**, 147
   Erkundigungs~ 129, **135**, 170
   Ermutigungs~ 129, **138f**
   Erstaunens~ 129, **148f**
   Erwiderungs~ 130, **139f**, 143, 148, 170
   Glückwunsch~ 129, **135**
   „kommunikative ~" 31, 34, 37, 47, 52, 129, 135, 148
   Konversations~ 36, 129, 131
   rhetorische ~ **150f**, 153
   Routine~ 36, 47, 52, 103, **129f**, 179
   Warn~ 129, **144f**, 151
   Zustimmungs~ 130, **140f**, 147
„Frasmus" 180, 182
Fremdsprachenunterricht 54, 130f, 165, 169, 179
„*frozenness hierarchy*" 57f, 181
Funktion 129
   direktive ~ 129
   expressive ~ 129f
   intensivierende ~ 37, 66, 84, 103, 161
   kognitive ~ 129
   kommunikative ~ **153f**, 183
   phatische ~ 129f
Funktionalstil 38, 153
„Funktionsverbgefüge" 68f, 184
Funktionswort 16, 38, 102

gambit 48, 131
Gebot 47, 151, 158
Geflügeltes Wort 47, 70, 115f, 122f, 126, 180, 185f

Gemeinplatz 25, 47, 70, 104, 119f, 138, 144
Gesprächsanalyse 130f
Gesprächsschritt 131
Glückwunschformel 129, **135**
Graduierung der Idiomatizität 55f
Gruppensprache 37
Grußformel 59

hard word 26
Hauptton 143, 150
Höflichkeitsformel 135
Homonymie 29
humorous 32
Hyperbel 66

Idiom **28**, 38, 42, 44f, **54f**, 156, 161f, 173
   bilaterales ~ 55f, 74f, 84f, 90, 99
   multilaterales ~ 56f, 74, 80, 86, 96, 101
   unilaterales ~ 55f, 71, 82, 87, 97
Idiomatik 24, 54
Idiomatisierung 19, 52
Idiomatizität 14, 44f, 49f, 52, 54, 59, 84, 97
   Graduierung der Idiomatizität 44, **55f**, 82, 102
immediate constituents s. Konstituente
Individualstil 158, 161, 164
informal s. *formal*
intensivierende Funktion s. Funktion
Interferenz 169
   interlinguale ~ 169f
   intralinguale ~ 169
Interjektion 137, 140, 143, 148, 151
Internationalismus 36
Intonation 148
irreversible binomials 46, 58, 73, 182

Jargon/*jargon words* 93
jocular 32

Klassifikation der Idiome 61
Klimax 126
Klischee 35, 59, **63f**, 67, 104, 183
Kollokabilität 38, 41, 153, 181
Kollokation 24, 35, **38f**
   offene ~ 39, 41f, 82, 162
   restringierte ~ 39f, 41f, 44, 54, 59, 63f, 164, 183
Kommentarformel 121, 175
Kommunikationsbefähigung 130
kommunikative Formel 31, 34, 37, 47, 52, 129, 135, 148
Kompatibilität 24, 38, 181
komplementäres Verhältnis 73f, 79, 86, 89
Komplementarität 100, 112
komplexes Wort s. Wort
Komponente 17f, 55
Kompositum 13, 18, 23, 80, 168
   idiomatisiertes ~ 15, 24, 58, 180

Konfiguration 19, 75
Konjunktion 45, **101f**
Konnotation **31f**, 40, 83, 111f, 132, 138, 140, 143f, 148, 180
   euphemistische ~ 160
   expressive ~ **26f**, 79, 83, 94, 101, 153f
   fachspezifische ~ 37
   kulturhistorische ~ 32
   „Null-~" 33
   poetische ~ 33, 35
   politische ~ 32
   stilistische ~ 26, **33f**, 94, 101, 124f, 140, 153, 168
Konstituente 50, 55, 102, 106
   unmittelbare ~ 50
Kontext 33, 52, 122, 159
Konversationsformel 36, 130f, 139
künstlerischer Text s. Belletristik
Kurzform 13

Latinismus 36
Lexem 13
   mehrgliedriges ~ 14
   Wortgruppen~ 14
lexikalische Einheit 13
Lexikalisierung 45, 50, 140
Lexikographie 39, 48
Lexikologie 13, 15, 38, 44, 48, 50, 103, 165
Lexikon 41f, 45, 50, 153
literarisch gehoben 33
literary 33, 35, 124
Lobesformel 141
Losung 47, 70, **126f**, 145
   Werbe~ 47, 104

Maxime 47, 109, 116, 186
Mehrgliedrigkeit 17
Metapher 27f, 44, 71, 76, 82, 91, 97, 160, 168
   anthropomorphe ~ 19
   Autoren~ 162
   Tier~ 76, 79
Metaphorisierung 55
Metonymie 27f, 44, 71, 77, 91, 97, 168
Modell 13, 50, 54, 180
Modellhaftigkeit 50
Modelliertheit 50
Modifikation von Phraseologismen 60, 148, 165
Motivation 26, 50, 145
Motivationszusammenhang 29
Motiviertheit 13, 50

Namenkunde s. Onomastik
Negation 20
   Aufhebung der ~ 20
Neologismus 52, 125, 140
neutral 33, 67
Nominalisierung(stransformation) 60

Nomination 14, 44, 48, 62f, 71f, 122, 183
„Nominationsstereotyp" 63, 66, 167
nominative Funktion s. Nomination
nonformal s. *formal*
Norm 34, 38, 130, 151
   kommunikative ~ 34, 48, 136
Nullableitung 52, 74
Nulläquivalenz s. Äquivalenzbeziehungen

offenes System 22
okkasionelle Bildung 19
old-fashioned 35, 51
Onomastik 63, 179
onymische Einheit s. Eigenname
operative Bedeutung s. Bedeutung

Paarformel 27, **46**, 61, 66, 70, 73, 79, 88f, 99f, 101
   irreversible bzw. unumkehrbare ~ 46, 58, 73, 182
paradigmatische Veränderung 39, 58, 104, 187
Paraphrase 17
Parömiologie 104
partielle Äquivalenz s. Äquivalenzbeziehungen
Permutation 166
Permutationstest 61
Personifizierung 157
phrasal verb 26, 29, 36, 90, **92f**, 145f, 155
   trennbares ~ 94
   untrennbares ~ 94
phrase 80
„Phraseolexem" 57, 182
Phraseologie 13, 44f, **50f**, 81
   Gegenstandsbestimmung der ~ 13f
   peripherer Bereich der ~ 45, 49, 62
   Übergangszone der ~ 45f, 62, 122
   zentraler Bereich der ~ 45, 62
phraseologische Variation 182
Phraseologismus 13, **16**, 19, 40, 162, 165
   nichtidiomatisierter ~ 44, 48f, **63f**, 74, 167
   satzähnlicher ~ 25
   wortähnlicher ~ 15
„Phraseoschablone" 186
poetic s. poetisch
poetisch 33, 35
Polysemie 26, 28f, 37, 52, 93
   metaphorische ~ 30, 73, 93
Prädikation 42, 60
Prädikationstyp 18, 22, 55, 180
Präposition 45
   idiomatisierte ~ 17, 45, **101f**
Presse und Publizistik 119
Proposition 14, 25, 44, 48, 62, **103f**, 110, 122, 183
   partielle ~ 49, 103
   vollständige ~ 49, 103
Pseudo-Idiom/*„pseudo-idiom"* 122, 184

Quasitautologie 120
Quellensprache 165f, 177f, 179

range of collocability 39
Realien 53, 168
Redensart s. sprichwörtliche Redensart
Reduktion 25, 46, 52, 182
register/Register 33, 37
Reihenbildung 21, 67
Reimverdoppelung 59
Relikt 51
   historische Relikte 51
Reproduzierbarkeit 44f, 50, 129, 140
Restriktion 61, 84, 89, 123
rhetorical 35
rhetorische Formel **150f**, 153
Rollentyp 18, 22, 55, 180
Routineformel 14, 19, 36, 47, 52, 70, 103f, **129f**, 170
Rückableitung 58

salopp-umgangssprachlich 33
satzähnlicher Phraseologismus s. Phraseologismus
„Satzlexem" 57
Scheltformel 129
Schwurformel 149
Selektionsbeschränkung 39
Semantik 54
Semem 17, 19, 39, 55
"semi-idiom" 39
Sentenz 106, 186
Simplex s. einfaches Wort
Slang 33, 36, 145
Sprachgebrauchsebene s. Stilebene
Sprachpflege 63
Sprachporträt 158, 175
sprichwörtliche Redensart 37, 45, 53, 56, 79, 90, 101, **103f**, **105f**
Sprichwort 14, 25, 37, **45f**, 53, 103f, **109f**, 145, 158
Sprichwortfragment 45, 56, 104, 106, 160
Stabilität 21, 153
   semantische ~ **20**, 44f, 50, 103, 129, 140
   syntaktische ~ **20**, 44f, 50, 103, 129, 140
Stabreim s. Alliteration
Stammlexem / Stammwort 14
Stilebene 26, 31, **33**, 67, 124, 132, 140, 153, 168
   gehobene ~ 33, 124, 149
   gesenkte ~ 33
   neutrale ~ 33, 140, 151, 162
Stilfärbung 33
Stilistik 48, 54
stilistische Konnotation s. Konnotation
stilistisch markiert 124
Stillehre 54, 63
Stilsignator 33

style marker 33
Substitution 17, 111f, 132, 162, 171
Substitutionstest 20, 61
synchronische Betrachtungsweise 51
Synonym 75, 80, 82, 86, 89, 99, 114, 120, 162
Synonymie 26, 68, 100, 111
synonyme Varianten 153
Synonymreihe 83, 112f
Syntagma 17, 24, 28, 60
   festes ~ 14, 57, 103
   variables ~ 57
syntagmatische Veränderung 15, 58
Syntax **22f**, 38, 81, 103

taboo 31, 33, 145
Tabu 33
Tautologie 75, 80, 99f
terminologische Wortgruppe/Wortverbindung 64, 78
Terminus 37, 64f
Text 121, 151, 153, 170
Textlinguistik 131
Textsorte 153f, 161, 165, 170
Truismen 120
Typ 13, 50, 180

Übergangszone der Phraseologie 45f, 62, 122
Übersetzen 166
Übersetzung 166
Übersetzungstechniken 165f, 171, 179
„Umdeutung" 54, 133
   volksetymologische ~ 114
Umgangssprache 31, 38, 139f, 148, 151
umgangssprachlich s. *colloquial*
Unika 25, 60
Unikalität 21
usage label 33

Variabilität s. Variation
Variante 21, 179
   morphologische ~ 20
   synonyme ~ 20, 27, 112
Variation 125, 182
veraltet s. archaisch
Vergleich 38, 81
   stereotyper ~ 46, 51, 82, 87
Vergleichsbild 82f
Vierlingsformel 81
Volksetymologie 114
vulgär/*vulgar* 33, 37

Warnformel **144f**, 151
Wendung 133
   klischeehafte ~ s. Klischee
wendungsinterne Bindung 51, 100
Wort 13
   einfaches ~ 13, 50, 52, 92, 102, 173

komplexes ~ 13, 22, 50, 52, 55, 182
Wortäquivalent 45
Wortart 14
Wortbildung (Syntheseaspekt) 58
„Wortbildungskonstruktion" 182
Wortbildungslehre 13, **22f**, 50, 59, 81, 84, 180
   diachronisch orientierte ~ 13
   synchronisch orientierte ~ 13
Wortbildungsmodell 50
Wortgruppe 81, 84, 183
Wortgruppenlexem 13, **19**, 27, 44, 46, 52, 80, 85, 92, 169, 180
Wortpaar s. Paarformel
Wortschatz 19

Wortspiel 177
Wortstamm 50
Wortverband 68, 78, 183
Wortverbindung 40, 54, 78, 103, 129, 162, 183f
   feste ~ 13, 15f, 44, 48, 50, 54, 103
   halbfeste ~ 41
   terminologische ~ 179, 183

zentraler Bereich der Phraseologie 45, 62
Zielsprache 165f, 171, 178f
Zitat 16, 25, 47, 59, 64, 104, 109, **125f**, 158, 185
Zitatfragment 46, **122f, 124f**, 161
Zustimmungsformel 130, **140f**, 147
Zwillingsformel s. Paarformel
Zwischenebene 103